活著的職責

Duty 塞謬爾·斯邁爾斯 ——著

王潔萱 ——譯

以良知支配自由、拒絕誘惑做自我、學會服從與自律，
塞謬爾·斯邁爾斯談生而為人的責任

一個人在來世的真正財富是他今生對同類所行的善。
當他臨死時，人們會說：「他留下了什麼財產？」
但考驗他的天使將問：「你來此之前都做了什麼善事？」

良知、信仰、自由、道德、真誠、仁愛、寬容……

15 項準則，塞謬爾·斯邁爾斯探討「責任」

目錄

CONTENTS

第一章
用良知去支配自由

他的身後，為人處世的那些品行，總離不開良知，這位堅定的支持他的鬥士。

—— 米爾頓（Milton）

無論你屬於哪個種族或說哪一種語言，你們都是相同的；在你們的眼裡，責任是永不熄滅的火焰，以它那永恆不變的光芒照耀著世界 —— 無論是白天還是黑夜。

—— 《生活的頌歌》

可憐的人哪，你為什麼要詛咒這個世界呢？這個世界曾經美麗無比，它以一種完美的理想模型，在我們的眼裡閃爍著燦爛的光。而在你眼裡，它之所以陷入骯髒和邪惡，僅僅是因為，在這種美好中，你自己無法擺脫骯髒和邪惡。

—— 馬爾西利奧·費奇諾（Marsilius Ficinus）

人並非僅為自己生存。除了自己的幸福之外，他也應該為別人的幸福而生存。每個人都有自己必須履行的職責。富人和窮人概莫能外。而對於某些人而言，生活是快樂的；對另外一些人來說，生活卻是痛苦的。因此，最有價值的生活絕非是那種只追求自我享樂，甚至沉迷於沽名釣譽的方式，而是在每一項美好的事業中，都能扎扎實實、兢兢業業的為社會做些能帶來希望和益處工作的生活。

希耶羅克勒斯（Hierocles）說過，我們每個人都是一個圓心，在它的周邊環繞著無數層同心圓。從自我的圓心出發，最先抵達的是由父母、妻子和孩子組成的圓圈；然後則是由各種親朋好友關係組成的圈子；接著是自己所屬族群的同胞關係；最後，圈子無限向外拓展、延伸，與整個人類世界構成和諧關係。

我們需要對上帝賜予我們的所有能力進行開發和培養，這樣在人世

間，我們才能夠始終如一並堅定的履行著自身的職責，無論對上帝還是對人類來講，這些至關重要。上帝已經把神聖的一切給了我們，他那至高無上的意志，引領和指導著我們前行的方向。正是那些關於是非、善惡、美醜和好壞之類的良知，使得我們今生在履行對人類的責任、來世在履行對上帝的責任中，不存在固定的界限。它存在於人生的每一個時空點，使我們的一生，富有或者貧困、幸或不幸，都無法選擇，而我們之所以能夠執著的選擇去履行那些無時無處不在的職責，甚至不惜一切代價和甘冒一切風險遵從它的召喚，僅僅是因為它屬於那種最高尚文明生活的本質表現。過去還是現在，人們為之奮鬥、為之神往、為之奉獻生命的偉大事業，它永遠是天空中那片最燦爛的陽光。

責任這一概念其實與士兵的職責環環相扣。想想 1,800 年前，那位在龐貝古城中因履行職責而死在工作崗位上的異教徒衛兵吧。當時，龐貝古城附近的維蘇威火山突然爆發，古城被火山灰徹底埋葬。這位士兵是一位真正的戰士。在火山爆發時，人們忙於倉皇逃命，而唯有他仍然堅守在屬於自己的崗位上。職責在呼喚著他。他在守衛神聖，毫不退縮。最後因吸入火山灰中過多的硫化氣體窒息而死。是的，他的肉體在那時化作了灰塵，而精神卻剎那永恆，永存於人類的記憶之中。今天，當我們在拿坡里的國立考古博物館，看到這位士兵曾經使用過的頭盔、長矛和胸鎧，我們的心靈受到一次真正的聖潔的洗禮。

在職責面前，這位戰士兢兢業業而出色的完成了他的使命。鞠躬盡瘁，死而後已，在某種意義上，是他恭順的服從職責，即服從父母、服從師長、服從長官等召喚的最佳詮釋。這是每個品行正直的人需要認真學習的課程。從少年時代開始，人們就應該學習和養成一種恭順的心態，即聽從責任的召喚。在有限的生命中，戰鬥至最後一刻。是的，職責，從其最純粹的形式上講，它具有無法逆轉的強制性，以至於一個人在盡職盡責的

過程中根本就忘卻了自身的存在。這就是它的核心所在。它要求我們在履行職責的過程中不能瞻前顧後、患得患失，而應當不折不扣的全心投入。

也許拿 1,800 年前龐貝古城那位英勇的士兵作典範，時間久遠斑駁了些，那就讓我們看看新近的一個例子吧。西元 1852 年 2 月 27 日，航行在非洲海岸的「伯克哈德」號船隻的失事譜寫了一曲 19 世紀的英勇戰士們壯麗的人生死亡之歌。當船隻緩慢的沉入大海的萬頃波濤之下時，威靈頓公爵（Duke of Wellington）正在參加英國皇家學會的一個宴會。消息傳來時，麥考利（Macaulay）說：「我注意到（美國當時的部長勞倫斯先生也這麼認為）當時公爵在給他死去的士兵頌詞中，根本就沒有提及『勇敢』一詞，而總是談到他們的紀律性和服從。他多次重複這個意思。我猜想，在他眼裡，勇氣已被視作一個當然的東西了。」

職責就是自我犧牲，它不僅僅是毫不畏懼。古羅馬的角鬥士能以獅子般的勇敢與獅子進行搏鬥，是受到觀眾的熱情刺激。西班牙冒險家皮薩羅（Pizarro）特別能吃苦耐勞，是因為受到熱愛金子欲望的驅使，他的冒險是為了金條。

「你希望成為偉人嗎？」聖奧古斯丁（St. Augustine）問道，「那麼，請從小事做起。你渴望建築一棟高聳入雲的大樓嗎？那麼，先打好底層堅實的基礎吧。你建的大樓越高，它所需要的地基就必須越深。要記得，溫和的謙遜是美麗的王冠。」

最美好的責任通常是在祕而不宣、無人知曉的情況下完成的。以這種方式履行職責可以把事情辦得忠誠而高貴，而且可以不必遵循那些明哲保身的日常規範，使自己的行為，不像發送廣告一樣，在世人面前四處宣揚。這種職責，它服從並遵奉許多信念和神聖的準則，尊重每一個個體生命，使人類的每一個行動都從履行對人類的永恆義務出發。而大多數人一生中所引發的那些罪過往往來源於我們自身邪惡或不顧後果的行為，長此

以往，不加節制，人性將會遠離。

那麼，人們怎樣才能學會履行自己的職責呢？這之間是否存在某些困難？首先存在著無處不在、永恆的對上帝的責任感；然後是他們對家庭、對鄰居的其他責任；主人對僕人的和僕人對主人的責任；對國家的責任，當然也包括國家對公民的責任。這些職責中的許多責任都是在私底下履行的。公共生活的內容存在於人們的視野，但那些靈魂和精神層面的內在生活空白於我們的眼睛，我們是可以自主的選擇這種生活，可以決定它是否有價值。因為沒有人能毀滅我們的靈魂，它只能中止於自己的死亡。如果我們能夠使自己和別人變得更美好一些、更聖潔一點和更高貴一些，那麼我們也許就做了我們所能做的最好的事情。

下面講述一位美國立法者恪盡職守的故事：

100 多年前的一天，在新英格蘭發生了一次日食現象。當時，天空變得非常黑暗，恍若末日審判就要來臨。康乃狄克州的議會例行會議正在召開，當黑雲壓城般的黑暗逼近時，一位議員建議休會。這時，一位年邁的清教徒議員、來自史丹福的戴文波特（Davenport）先生立即從座位上站了起來並說道，即使末日真的來臨，他仍然希望自己堅守崗位，履行職責。為此，他建議在議會大廳點上蠟燭，以便議會繼續履行它的正常職能。堅守自己的職責崗位是這位明智老人的忠實信條，他做到了對自己信條的踐履躬行。

有一位身體很瘦弱的人把大量的時間用於慈善工作上。他探望、照料病人，坐在病人悲慘的家裡與他們談心，以各種方式協助他們。他的朋友勸告他別耽誤了自己的正經事情，並恐嚇他那些肺病患者和即將死亡的人會把病傳染給他。但他不為所動，「我應該為我的妻子兒女照管好自己的事情，但我也認為一個人對社會的責任要求他去關懷那些不是他家人的人們。」他以如此堅定而又簡短的話回答了他的朋友。

　　這就是一個心甘情願履行職責的忠實僕人的真誠話語。捐獻錢財給別人的人並不是真正的恩人，只有那些把自我奉獻給別人的人才是別人的恩人。捐獻錢財給別人的人也許會在人世間名聲大噪，但只有那些奉獻出自己的時間、精力和靈魂的人才會被別人敬愛。前者也許會被人們遺忘，而後者則會被人們永遠銘記於心，因為他在人間傳播的美好種子永遠不會隨著他生命的結束而消逝。

　　那麼，職責的基礎是什麼呢？朱爾‧西蒙（Jules Simon）曾寫過一本有價值的書《論義務》。在書中，作者認為職責的存在源於自由的出現，職責與自由密不可分，息息相關。正如自由塑造了人們自己的人格品性一般，而為了履行公共職責，人們也必須生活在自由之中。思考的自由，必須輔於行動的自由。雖然，自由的權利有時也許會被人們濫用於邪惡，而非美好。多數的暴政比單個人的暴政更加邪惡、可怕。因此美國學者梭羅（Thoreau）指出，現代自由只不過是把人們從封建制的奴隸變成了輿論的奴隸而已。

　　從歷史的角度來看，被所有的人都一致崇尚的自由是一個出現得比較晚的理念。在遠古時期，那些所謂「自由的」人享有由奴隸為他們服務的權利。不但整個國家存在奴隸制，家庭也存在著奴隸制。正如在君主制下存在著奴隸制一樣，在共和國裡也存在著奴隸制。羅馬共和國最節儉的傢伙、年邁的老加圖（Cato）竟然把年老的奴隸活活殺死以免除供養他們的負擔。而那些體弱多病的奴隸則被送往位於臺伯河上的埃斯庫拉比島，任憑他們被疾病或飢餓折磨而死。在羅馬帝國，羅馬的普通民眾是靠別人的施捨過日子。在英國也是一樣，當窮人再也得不到寺院的賑濟以後，國會制定並通過了一項濟貧法，作為對窮人喪失自由的補償。

　　但是，還有一個比自由更加鏗鏘有力的詞，那就是良心。自從人類文明肇始之初，這一詞彙所具有的力量就得到世人的公認。在耶穌基督誕生

300 年前，一位雅典詩人曾熱情的謳歌過良心。「在我們自己的胸懷裡，」他說，「有一個上帝 —— 我們的良心。」接著，他又說道：「我們不僅僅是為了生活過得滿意，不僅僅只是為自己而生存。無論什麼時候你做了聖潔的事情，你都會興致勃勃，知道上帝冥冥中也以適當的勇氣參與了你的行為。內心世界的豐富是人們渴望追求的偉大事物。」

良心也許是一種可以稱之為宗教情感的獨特的靈魂潛能吧。它第一次出現時，正值我們內心深處存在著一種高等的性情與低等的性情之間發生衝突之際 —— 也就是精神與肉體的衝突 —— 正義戰勝邪惡的美好爭鬥。無論你在教堂抑或其他什麼地方，你都可以體察到內心深處這種波動的進行。這是一場生與死的角鬥，男人和女人將為渴望得到的他們還無法得到的美好事物，遭受著同樣的苦難。

正是這種體驗產生了宗教 —— 這一更高尚的法則引導我們走向良心的法則所代表的那個最高境界。「它是一種內省，」坎農 · 莫斯利（Canon Moseley）說，「是所有宗教得以建立的基礎。人們從而走進自己的內心並目睹心中的這場衝突，從而有了自知之明，進而認識了上帝。」受這種影響，人們認識並體悟到了是非觀念，從此他就能在善惡之間做出選擇。他的選擇是自由的，所以他的選擇是負責任的。

儘管人們相信理論，但事實上沒有任何理論知識能夠在實踐中讓人們體悟到他們的行為是必要和不可避免的。我們的意志不受任何約束，正如上班一樣，我們沒有被迫去聽命遵循任何特殊的動機。「我們覺得，」約翰 · 史都華 · 密爾說，「如果我們希望證明我們有能力抗拒這種動機，那我們完全可以這樣做；只是這對我們的自尊是一種羞辱，它會使我們渴望卓越的願望變得無能為力 —— 假如我們從相反的角度思考的話。」

我們的行為是可以控制的，世人之所以制定法律，是為了讓人們去遵守，因為正如它們是普遍事實一樣，它們也是普遍的信念，人們是否遵

守，在很大程度上完全由自己決定。每個人都會同意這一點：習慣和脾性不是我們的主人，相反，我們是它們的主人。即使當我們向它們讓步時，我們也知道我們能夠抵抗；同樣的，如果我們希望全部拋棄它們，那麼，一種來源於我們自心，比我們渴望自己能夠體悟到東西更加強烈的心願或意志，也就不需要存在。

抵達精神自由的最高層次，前提是心靈必須被知識啟蒙。當心靈被啟蒙後，良心開始顯示其力量，人的責任感才會滋生。他將遵循最高意志的影響，並使自己的行為與它相一致 —— 不是被迫，而是心甘情願；而這一主宰其實就是愛的法則。在實踐自己的信仰，應用知識和信心的過程中，人性的力量充分展示。也就是說因為自己的自由行動，信仰和工作與神聖意志的宗旨和諧一致了，他處於追求善並正在獲得最高善的路上。

「沒有宗教信仰的人，」阿奇迪坎·黑爾（Archdeacon Hare）說，「是環境的動物；而宗教凌駕一切環境之上，意志使人們精神昇華並超拔於環境。」托馬斯·林奇（Thomas Lynch）說，「除非實現人與宗教的結合，否則我們將失去自由。正如在地上播種了橡樹種子，所以導致後來橡樹的出現。有信仰的人才算有了根基 —— 與上帝相連之根。我們的工作改善著我們的心靈 —— 我們的心靈由上帝收藏。」在《新約全書》中，我們發現，「哪裡存在上帝的聖靈，哪裡就有自由。」古柏（Cowper）這樣說：

「他是自由之人，

因為信仰，他沐浴在真理的自由光華之下，

而其餘不信者淪為奴隸。」

背叛神聖法則的人們，就會屈從於直覺、強烈情感和自私自利的支配。任何邪惡的癖好如果陷入不加約束的放縱，神聖的自然法則會對這種行為發出嚴厲的警告，使他們意識到自己的錯誤。良心也會因為行為之任

性和罪過而嚴厲譴責他們，他們在未來的抵抗力從而變得脆弱，意志失去了力量，當誘惑再次出現時，他們的抵抗力相應就更小。這樣一來，習慣也就自然養成。對各種邪惡行為的詛咒僅只停留在口頭上，強行做給別人看，邪惡行為仍然會接踵而至。

衰敗的墳墓無法埋葬良心，它不會就此死亡；即使我們的雙腳肆意踐踏良心，但它仍然像石縫下的野草倔強的存活。每一個過錯或者罪行，在行為發生時，與之相依存的報復女神就會隨之而來。閉眼不看或掩耳盜鈴是迴避報復女神極為無用和懦弱的方式。「正是良心，它使我們所有的人都變得膽怯、謙恭。」末日審判終有一天會來臨，當它出現在我們面前時，它將警告我們改邪歸正，促使我們回到品行端正的生活道路上去。

良心是永恆而普遍的，它是個人人格品性的本質。它賦予人們自制力 —— 即抵制誘惑和蔑視誘惑的力量。每個人都致力於拓展自己的個性，努力尋求正當的生活道路，並在道路上有所前進。意志要求他這樣：每個人都有能力成為真正的自我，而不是成為別人的尾巴、成為低等事物的回饋物、成為流行習俗的應聲蟲。真正的人性氣質來源於自律自制 —— 從服從於低階權力到服從於更高的生命法則。

自律自制的美德在各個領域都能做到並得到維繫，只能透過良心的昇華 —— 責任感的落實 —— 才能一一實現。正是良心使一個人堅定的站立起來，擺脫強烈情感和癖好的控制，從而使他的行為最符合他所屬的族群利益。真正快樂的泉源只有在履行職責的道路上才能找到。它將作為勞動的自然果實而出現，因為它，任何被人瞧不起的輕微工作將變得光榮、高尚。

當良心瓜熟蒂落之後，它會引導人們去從事那些能帶來最高意義的快樂的事情，而忽視那些不快樂的。赫伯特‧史賓賽（Herbert Spencer）說：「可以這麼講，在文明人中，很少有人會不同意這種觀點：人類的生活是

根據神的意志而存在，成為必然的。所有的宗教老師都諄諄告誡我們這一信條，它被視為是一個公認的真理，是天經地義的傳統，為每一個論述道德的作家所接受。」

沒有良心，一個人就不會擁有比快樂更高的行動原則。他就會做他最想做的事情，縱情於肉慾或滿足於感覺上的智力快樂。我們問世的目的不僅僅是為了成為那種低等衝動的奴隸 —— 沉溺於自我滿足之中。所有的自然法則都反對這種生活理念。心靈絕不應該成為屈從於肉體衝動的奴僕。除非採取措施，消除人類法律的某些不良後果，否則自我犧牲、自律自制等美德就很難出現。

一個具有上述品性的民族，即使像個人一樣擁有智力和熱情，但缺乏良心這個最高主宰所施予他們行為的影響，那麼，這樣的民族很快就會陷入徹底的無政府主義深淵，然後在相互破壞中走向毀滅。最近，在德國和俄國所流行的由虛無主義所導致的人類生活的狂亂行為中，這樣的後果已經部分顯現。這種原則若不加控制，在整個社會生活中氾濫開來，就會導致徹底的道德崩潰 —— 包括個體的、社會的和民族的。

救治這種弊病的唯一方法就是喚醒人們的責任感。我們的父輩所爭取到的權利，將在我們這代人的手上，透過教育和宣傳義務與責任，把它發揚光大，不可否認宣傳正義和仁慈 —— 正義是美德的光芒，仁慈是美德的姐妹，也是其中最關鍵的一環。在基督教福音傳道者中盛行這樣一句箴言，它應該醒目的寫在道德教科書的每一頁。「要想別人怎樣對待你，你首先應該學會怎樣對待別人。」「在生活中，」威爾·馮·洪堡（Wilhelm von Humboldt）這樣說，「尤其值得讚美的是，我們關注的並不是快樂和不快樂，而是我們應該全心投入到認真而不遺餘力的履行職責的過程中，這以後，我們發現快樂就不請自到 —— 而且，它竟然就從充滿了煩惱、瑣碎的私事生活中脫繭而出。」

「你的職責是什麼？」歌德問道，「就是完成每天擺放在你面前的各種事務。」但這是一個很狹義的職責觀念。他又問道：「什麼樣的政府才是最好的政府？那種教會我們實現自我管理的政府就是最好的政府。」普魯塔克對羅馬皇帝圖拉真（Trajan）說，「讓你的統治受你思想的指揮，但把統治的基礎安置於你的情感支配之下。」這就會出現三個詞：自我克制、職責和良心。「總有一天，」胡克（Hooker）主教說，「這三個充滿著慈愛、善良與溫和的詞會獲得非常神聖的讚譽。」

職責、寬厚和仁慈是奉獻愛心行為的三大元素，它排斥了自私自利的狹窄目標，比那些純粹為賺錢而產生的行為要好上 1,000 倍。我們的心靈熱衷於關注這些，是因為人的一生中，很多事情是為仁愛而做。奉獻愛心的行為，將強烈激發英雄主義和自我獻身的精神，而純粹為賺錢而產生的行為則隨著金錢的消亡而死亡。花錢購買的職責其實不值一文。「我認為，」阿諾德（Arnold）博士說，「比財富、榮譽甚至健康還要重要的是擁有屬於高貴心靈的感情；因為成為一個具有美好、大方和真實氣質的人，就是一個具有真正自我的人。」

每個人都需要自己做出奉獻，既為個人也為旁人。事實上，生活的價值，除非透過履行職責而呈現，此外毫無意義可言。「那就向世人宣示那些品性吧，」馬可·奧理略（Marcus Aurelius）說，「它們凝聚在你的力量裡 —— 真誠、莊重、吃苦耐勞、厭惡享樂、知足常樂、仁慈、真誠坦率和寬宏大量。」

也許一個人智力很高但卻絲毫沒有寬宏大量的氣質。因為寬宏大量來源於人們心靈中的最高力量 —— 良心，來源於最高能力 —— 理性和信仰的力量 —— 而透過這些力量的幫助，人們就能理解除感覺之外的更多存在。正是這一點使人成為了理性的動物，而不僅僅是一般的動物。達爾文先生正確的說過：「與悔改和責任感密切相關的良知動力正是人與動物的

最重大的區別。」（注：《人類的遺傳》，第 1 卷第 2 章。）

我們只相信自己的眼睛。那些肉眼能看見的、雙手能觸摸到的東西，其實只是世界的一個方面。而陌生於我們感知之外的，我們所不相信的、無法理解的東西，往往是真實的，儘管它偏離於我們的視野。事實上，我們能徹底認知和理解的東西少得可憐，我們在世間存在的深刻悲哀之一就是我們只能看到事物的表面現象，「就像置身於黑暗的玻璃之中。」外在的事物若有似現，生活的奧祕對於我們是一個無法深入的謎，關於意志、感覺和精神活動等現象的起因我們一無所知，知道它們的存在，但不能理解。

當一位年輕人向帕爾（Parr）博士宣稱他絕不相信他所不理解的事物時，博士對他說：「那麼，先生，你的信仰將是我所認識的人當中最脆弱的。」西德尼‧史密斯（Sydney Smith）講述過一件比這更能說明問題的事情。在荷蘭國會舉行的一次晚宴上，一位外國人宣稱自己是一個唯物主義者。不久，西德尼‧史密斯注意到一個聲音尖叫道：「一個多麼好的蛋奶酥哇！」那位唯物主義者應聲答道：「是的，先生，它是一個非常可愛的蛋奶酥。」「請允許我順便問一下，」史密斯先生以他那擲地有聲的口吻問道，「先生，你怎麼會碰巧相信一個廚子的手藝呢？」

我們所無法理解的成千上萬的事物，及其之間的相互結合其實就像生命一樣神祕而不可測度。看看那些在茫茫宇宙中運行在各自軌道上的壯麗而數不清的遙遠世界吧，或看看我們自己所居住的藍色星球，看著它每天如何運行在圍繞太陽旋轉的軌道上吧。我們對這類運動的起因能理解多少呢？除了眼睛或借助科學力量看到的表層現象之外，隱藏於其背後的東西像一個無限大而深遠的漏斗，吞噬了我們恐懼的想像。「太陽在天空的運行範圍，」帕斯卡（Pascal）說，「儘管非常廣闊而龐大，但與由恆星所組成的廣大運行範圍相比，它就像是宇宙間的一個細微的小點而已。如果我

們的視線就此停止，那就讓我們的想像超越此靜止。軟弱無力的與其說是提供材料的自然界，倒不如說是我們的構思能力。這座可見的世界，它只不過是大自然廣闊懷抱中一個難以察覺的痕跡，沒有任何觀念可以近似它。儘管我們把概念膨脹到超乎一切想像的空間之外，但比起事情的真相只不過稱其為原子而已。這不僅是宇宙的無限性，也是自然的無限性。終於，我們的想像力會泯滅在這種思想裡。凡是這樣思考著自己的人，都會對自己感到恐懼，並且當他思考到自己是維繫大自然所賦予他的在無限與虛無這兩個無底洞之間的一種特質之內時，他將會對這些奇蹟的景象感到戰慄，並且我相信，隨著他的好奇心之轉化為讚仰，他就會越發傾向於默默的思索而不是去臆測、研究它們。萬事萬物都出自虛無而歸於無窮。誰能追蹤到這些令人驚訝的過程呢？這一切奇蹟背後的造物主是理解它們的，任何其他人都做不到這一點。」

品行是生命的核心，孔子這樣教導他的門徒。「不要胡思亂想，行為要有美德。知識、高尚和精力具有普遍的約束力。莊重、心胸寬廣、真誠、熱心和友善等構成美好的品德。」這些話出自 2,000 多年前遙遠的東方古國一位偉大的教師之口，他的門徒稱他是聖潔而先知的孔聖人。

但所有這些美德都源於能引導我們思想的良心，並從中推論出一切行為規則。它的內在力量潛移默化的作用，使我們自覺做認為是正確的事情，禁止做認為是錯誤的事情。當良心充分成熟之後，它就引導我們從事那些能為別人帶來快樂的事情，而非不愉快。每個人都應當增強自己履行職責和樂意做那些正當事情的意願，這是人們應該獲得的最大教訓。快樂和內在的安寧源於獨立於我們存在的自性。我們需要不斷尋找自己的本來而獲得永恆的超脫。不可否認，良知是用來制服我們內心弱點的爭鬥工具，它是一種靜悄悄的活動。潤物細無聲，從而改善自己獨特的意志力和神聖的精神。

高貴的古希臘人，他們的某些關於職責的知識是一個借鑑。蘇格拉底（Socrates）被視為古希臘哲學的創始人。正是因為信仰導致他很奇特的被神明指控從而喚醒了人類的道德意識。他誕生於西元前 469 年的雅典，接受了當時雅典人所能得到的最好教育。他首先學習雕刻藝術，在這個領域還獲得了一定的聲譽；然後加入國家軍隊服兵役，履行所有雅典公民應盡的職責。和當時所有的年輕人一樣，他發出了如下誓言：「我的國家委託給我的神聖武器，我絕不會讓它蒙受恥辱；我的國家委託我守衛的每一寸領土，我也絕不會讓它喪失。」

蘇格拉底在自己參與的所有戰鬥中都表現出了軍人堅毅果敢、英勇頑強的氣概。在一次發生在波蒂迪亞的戰鬥中，阿爾西比亞德斯（Alcibiades）在敵人的陣地上負傷了。蘇格拉底衝進敵人陣營中去救他，把他連同武器一起帶回自己的陣營。由於這一勇敢的行為，蘇格拉底被授予當時公民所能享受到的最勇敢的獎勵 —— 勝利勛章。在德魯姆進行的一場艱苦混戰中，蘇格拉底又救了色諾芬（Xenophon）一命，他在戰場上扛著色諾芬，邊戰鬥邊前進，為自己開闢道路。在軍隊服役的整個過程，他還參與過其他很多次這樣的戰鬥。

蘇格拉底在立法機關當議員期間同樣表現出他在軍隊服役期間的勇敢。他不僅不畏懼死亡，而且勇於與公共輿論唱反調；他不僅勇於公然蔑視某個暴君，而且勇於公開蔑視暴民。阿格紐戰鬥結束之後，指揮戰鬥的海軍司令遭到審判，原因是他沒有打撈那些死難者的屍體。蘇格拉底獨自一人為這位將軍辯護。起訴將軍的那群暴民憤怒了。蘇格拉底被解除了他在立法機關的職務，而那位將軍也被判處死刑。

隨後他把自己的精力奉獻於教育事業。為了宣揚他的關於人類思考與行動範圍和價值的理論，他時常出沒於市場，走進手工作坊，走訪學校。有一段時間，他以一個徹底的懷疑論者的面貌出現，並試圖把人們從對自

然形上學的思考中超拔出來。因為這種思考當時已經把人們引入了無法解脫的懷疑與混亂之中。「生活的意義是什麼？」像這類問題就是當時流行的眾多問題中的一個，這種問題今天也還存在。蘇格拉底引導人們轉向自己內心世界。當人們都在謀求神明對自己好感的時候，他則堅持個人的道德品行是他在今生和來世獲得幸福的依據。

蘇格拉底到處講學，他的學識吸引了當時許多明智的人和年輕學生。他的弟子阿瑞斯提普斯（Aristippus）要提供一大筆錢給他，但立刻遭到拒絕。他講學的目的不是為了這個，而是為了宣揚智慧。他宣稱他所能擁有的最高獎賞就是希望看到人類透過自己的勞動獲益。

他並不純粹從書本上尋求解釋。「書本，」他說，「無法提出問題，無法解答問題。」他這樣進行口頭辯論，「因此，它們沒法教育人們。我們只能從書本上學到以前我們早已了解的東西而已。」他致力於把事物還原成它們最初的元素，以達到作為真理唯一標準之明確性。他信仰美德的統一性，並斷言它可以作為一門科學來講授。他贊成這種觀點：唯一有價值的哲學就是那種能教給我們道義的責任和宗教的希望的哲學。他痛恨非正義和各種類型的愚蠢，從來不放棄任何揭露它們的機會。他表達了對民選政府之能力的蔑視。只有智者才適合統治，而這樣的人又是少數。

拒絕國家規定的神學，而引進一些新的神學。蘇格拉底被視為一個邪惡的傳播者和年輕人心靈的毒害者，在他 72 歲那年，因為這些所謂的罪狀和莫須有的理由，遭到指控並被帶到法官面前，接受審訊並被判處死刑。在監獄中，他依然不改初衷，就他喜愛的話題與朋友們進行了長達 30 天的對話。克力同（Crito）為他提供了從獄中逃跑的機會，但遭到拒絕，他放棄繼續活下去的機會。有一次，他談到了靈魂的不朽。「如果死亡，」他說，「僅僅意味著一切的結束，那麼壞人們在死亡時將會作成一筆好交易，因為他們將愉快的擺脫包括肉體及自己犯下的罪惡連同骯髒的靈魂。

但是現在，靈魂已被公開宣稱是不朽的，因此也就不存在逃避或從邪惡中拯救的問題了，除非是為了獲致最高的美德和智慧。」（喬伊特〔Jowett〕：《柏拉圖對話錄》，以下簡稱《對話錄》）。他還談到了勇氣、美德、自我克制、絕對的美好，談到了他的妻子和孩子們。

死亡是因為擁有了更大信仰後所獲得的一種更高形式的新生。蘇格拉底是這樣認為的，所以他安慰他那些流淚的朋友，不要抱怨法庭對他的判決不公正。他早已多活了許多年頭，儘管再稍等短暫時光的話，他的死亡就會遵循自然的進程而安享天年。在監獄看守把一杯毒酒送到蘇格拉底眼前時，他的死亡時間終於來臨。他勇敢的端起毒酒杯，一飲而盡，在平靜安詳中離開了人世。「這就是我們的朋友的最終結局，」斐多（Phgedo）說，「可以這麼講，他也許是我曾經認識的所有人當中，真正稱得上是最智慧、最公正和最好的人。」

「他的美德和他的命運是後來時代極為珍惜的回憶，」雷威斯（Lewes）先生說，「但後來的人卻沒有從他的表率作用中獲益多少，也沒有從他的故事中學會寬容。他的名字已經成為學校孩子們和雄辯家們所談論的一種道德主題的象徵。我真希望有一天它能變成一種強大的道德影響力！」

蘇格拉底不曾寫過一本書，我們對他的所有了解都來自他的傑出門徒柏拉圖和色諾芬所寫的東西，是他們使得人們對蘇格拉底的行為、講課、錯誤和死亡等情節的記憶永存不朽。柏拉圖與他的老師一起生活了 10 年，隨後在他的《對話錄》中深入闡述了老師的觀點。但在這本《對話錄》中，很難辨別哪些觀點是柏拉圖的，哪些觀點是蘇格拉底的。當蘇格拉底死亡時，柏拉圖已年屆不惑，在西西里講學，他與敘拉古的專制暴君狄奧尼西奧斯一世（Dionysius I）成為好朋友。由於政見不同（因為柏拉圖大膽並自由的表達他的自由觀念），這位暴君威脅要處死柏拉圖。由於他弟弟狄翁（Dion）的求情，柏拉圖才撿回一條命，但暴君下令把柏拉圖賣身為

奴，他被一位朋友出錢買下後釋放，並重獲自由。

　　柏拉圖回到雅典，像他老師一樣開始教學，但他並非不需要金錢不需要回報而從事這項職業，當然就更沒有必要再去追溯他的歷史。完全可以這麼說，他把自己的一生都奉獻於對真理、道德和職責的諄諄教誨之中了。他把四大基本美德劃分成：

> ➤ 謹慎與智慧。
> ➤ 勇氣、堅貞和剛毅。
> ➤ 克制、斟酌和自我控制。
> ➤ 正義和正直。

　　美德的這種劃分是他道德哲學的基礎。他說：「無論成功或是不成功，勝利或是失敗，所有各階層的人們，都應該完美的履行自己的職責，然後滿意的休息。」在這些話語裡，未來的時代可以從中讀出很好的教訓。

　　在他開辦的學園裡，柏拉圖平靜的度過了他的餘生。被後世所讚美的《對話錄》的創作，就是對他的生活，尤其對他那生不逢時的人生的一種安慰。他被尊稱為聖人柏拉圖，他的靈魂追求真理，他說過，這應當是人類的偉大目標。和蘇格拉底一樣，柏拉圖也把神明的仁慈、正義和智慧的屬性與直接干預人類事務的觀念相連在一起。他不喜歡卡萊爾（Carlyle）式的詩詞，曾經唯一讚賞過的詩詞是關於道德方面的，這類詩詞被證實是哲學。值得注意的是，他生活的時代比耶穌基督早 400 年左右。柯勒律治（Coleridge）稱讚柏拉圖是天才預言家，他預言了基督教的時代；而喬瑟夫・德・邁斯特（Joseph de Maistre）則常說：「在我們沒有求教於柏拉圖之前，千萬別扔掉任何一個大問題。」

　　《新約全書》為人類一種可能的生活提供了一個美好的理想，但對於那些努力要在自己的生活中實踐這種理想的人來說，則會非常辛苦。一些比

壓在我們身上的某些事情還要更好的事情需要我們去做，因為職責無處無時不在，它必須由人們去履行，無關夢想或懶惰。「無論你的雙手適合做什麼，你都要盡你所能的去做它。」這句箴言包含著多麼健康和幸福的哲理啊！一個人只要盡力而為，不管其命運如何，他就一直走在前進的道路上。

曾經有這麼一個人，當時他陷於極度的絕望之中，他大聲呼喊道：「仁慈善良頂個屁用！因為你不可能是善良的，即使你是善良的，它也絕不會為你帶來絲毫益處。」這是一個喪失了希望、正直和信仰的人的話。其實，我們每個人都可以在日常生活中做一些力所能及的細小的善良之舉。能力告訴我們有義務去完成它。我們沒有任何的權利使自己的能力喪失從而毀掉自己。

正如對偉大的事物講究信義一樣，對於渺小的事物我們同樣也不例外。造物主賦予人類各種天賦，必須充分發揮它們的作用。誠實、正直、勤奮，被證明是我們行走在履行職責道路上的指路明燈，遵奉良知發出的指令，這是出於對每個人自己的尊重，即使到了生命的盡頭，我們仍不可喪失信義。有誰不會被一個即將被一位買主買走的奴隸的回答所震驚呢？當時，那位買主問：「如果我買你，你會忠誠老實嗎？」奴隸回答：「會的，無論你是否買我。」

馬克利‧奧德（Macleod）博士在格拉斯哥巴羅尼教堂向工人階級所進行的一次布道中，對品格提出了一個很好的標準。這個標準的目標是建立從最高層次到最低層次的品格。他認為「艾伯特親王（Prince Albert）留給世人最有價值的東西就是品格。他非常清楚的知道，許多貧苦的人民都認為他們不可能擁有品格。這是不正確的。在他看來，任何一個男人或女人，不管他們多麼貧窮，只要有能力，那麼，看在上帝的分上，他們就絕不會與地球上最崇高的東西 —— 品格 —— 無緣；上帝讓他們的母親成為虔誠的婦女，或他們的父親成為虔誠的男人，他們成長起來的後代將會如

此感謝世界。」

品格是由講求忠誠的履行許多細小的職責所塑造的 —— 自我克制、自我犧牲、善良的愛心行動和職責。品格的主要支柱在家庭，無論家庭氛圍是好是壞，它都會深深的影響一個人的行為。「在小事上講信義的人也會在大事上講信義，在小事上不講信義的人在大事上也不會講信義。」仁愛收穫仁愛，正直和信用會收穫更多的正直和信用。某些細微的仁愛行為比某些含混不清的詞彙更能了解一個人的品格。人的生命也許是短暫的，但品格的影響力卻歷久彌新。

任何美好的事物都不會從人們的記憶中消失。沒有任何事物會消亡，即使是生命，它也只是從一種存在形式轉化為另一種存在形式罷了。美好的品行、典範會世代承傳，永遠不會消亡。當承載著美好事物的架構開始腐朽並消失之後，那些美好的行為其實早已在人們心中留下了難以磨滅的印記，它們將塑造未來無數代人的思想和意志。時間並不是衡量高貴工作的標準，未來的時代將永遠分享我們的歡樂。一個與眾不同的德行會提升整個村莊、整個城市、整個民族的德行。「眼前的每時每刻，」歌德說，「都是一個威力強大的神。」人們的品行就是他的幸福並能使他的思想聖潔化，而這種思想一旦付諸實踐，它就會影響無數的時代、無數的人。正如播種在地裡的細小種子生長出了最好的果實，來自良知的內在指導和由職責所激發的規訓造就了最美好的品格。

嚴厲的立法者！可你有著
神情最慈祥的寬厚仁愛。
我們不知道，世上的什麼
如你臉上的微笑那樣美：
花壇上的花在你面前歡笑，
馨香從你的落腳處飛飄；

第一章　用良知去支配自由

你呀，使星星無法越出軌道；
最古老的天空因此而新鮮曼妙。

第二章
真正的行動起來

記得，把一切託付給上帝，
然後在生活的道路上忠於職守；
牢記主的教誨，堅定不移，
你必將心想事成。

—— 路德（Luther）

動手去做那些高尚的事情吧，
別耽於幻想，做些白日夢，
這樣，無論是生是死，
人生便是一首莊嚴甜美的歌。

—— 查爾斯·金斯萊（Charles Kingslby）

哦，人世間的勞動者，
未開化的地球，
屈服於你們粗壯有力的臂膀，
就像一切惡行，
屈從於魔鬼的符咒；
年輕的水手、士兵和學生，
你們辛勤耕耘，經受苦難磨練，
從而獲得生活的技藝。
它們雖然粗鄙，
但蘊育無窮生機，含融雄奇偉力，
必將開花結果。

——《生活的頌歌》

　　如果一個人能認真考慮過他所擔負的責任，那麼可以令人信服的說，他將因此隨之立即採取行動。個人的行動是我們唯一有能力支配的東西。這些行動的總和不僅形成了我們的習慣，而且決定了我們的性格。

同時，履行職責的過程也並不是一件輕而易舉的事。在此過程中，許多困難和阻力將成為需要克服的障礙。或許，我們擁有明瞭自己職責的睿智，但卻沒有採取行動的決心和力量。對於那些猶豫不決的人而言，前進的道路上確實存在許多臆想出來的攔路虎。譬如他們冥思苦想，注重道德教化，但卻耽於幻想，不願付諸行動。「不需要什麼理解，也不需要什麼幻想，」一個辛勤的勞動者說，「只要你付諸行動。」

不僅要控制個人的喜好，而且也要避免沽名釣譽，這一點更難於做到。一個人在採取行動之前，如果總是首先要問：「人們會對此說些什麼？」那麼他會一事無成。相反，如果在採取行動之前，他學會問：「這是我的職責嗎？」那麼，在道德評價方面他就如穿上堅固的胄甲，時刻準備抵擋人們的責難，甚至勇於面對人們的冷嘲熱諷。「對善舉我們要有信心，」克萊特勒（Cretélle）說，「對惡行我們要存疑。即使遭遇不測也比舉棋不定要好得多。」

責任道德是在家庭中學會的。一個小孩降臨人世之初，他不能自立，包括健康、營養、生理和心理的發展等在內都需要依賴別人。他充分吸收各種思想，然後透過正確的引導，因此學會了服從、自制、對別人友善、忠實和快樂。他有自己獨立的意志，儘管在很大程度上受到父母雙親的影響，良好的或者是極其糟糕的引導。

意願的習慣稱之為目標。根據前面的論述，在幼年時期形成正確的目標，這在人的一生中的重要性是顯而易見的。「性格，」諾瓦利斯（Novalis）說，「是完全成形了的意志」。而且，意志一旦成形，它就會相對穩定甚至終生不變。一個真正的人，如果傾向於善行，堅持自己的目標，那麼對世俗的名利他就不會十分在意；他的良心時刻會感到安樂滿足，而且「輝煌的成就」也會在前面等待著他，他將會得到最好的報酬。

意志，如果不考慮它的方向，那麼，它其實就只是堅定不移、不屈不

撓和堅韌忍耐這些元素的組合。然而，如果在品格方面引導失誤，那麼，堅強的意志將成為一種災難性的力量。它像惡魔一樣殘暴專制。濫用職權，不受約束，也不懂得節制。它統轄著無數的臣民，煽起他們的熱情，使他們成為戰爭狂人，並以征服、破壞和施行暴政為滿足。正是不受約束的意志產生了一個亞歷山大或者一個拿破崙。亞歷山大因為再沒有哪個王國可以征服而痛哭流涕；而波拿巴（Buonaparte）在蹂躪了歐洲之後，他的鐵蹄又踏上俄羅斯的雪地。「征服創造了我，」他說，「也只有征服才能維持我的生命。」但是，他是個毫無道德原則的人，當他的破壞工作完成之後，歐洲人便把他拋到了一邊。

　　堅強的意志，對有的人來說是一種災難，但是，如果它與良好的動機糅合在一起，那麼它可以是一種福祉。這樣的人會影響別人的行動，激發別人的心靈和良知。他使別人接受自己關於履行職責的思想觀點，帶領人們竭力保護好某些有價值的東西，引導輿論揚善抑惡。一個意志堅強的人會在自己的行動中留下烙印。他精力充沛，堅定不移，為自己所在的團體、所生活的社會甚至所出生的那個民族營造了一種特殊的影響深遠的氛圍。膽小害羞的人覺得與他在一起是一種快樂；遊手好閒的人則認為是一種永久的責備。對於前者，他透過給予希望而使他們站立起來；對於後者，他甚至也可以透過自己的表率作用而使他們改邪歸正。丁尼生（Tennyson）以下面的詩句表達了這一思想：

　　　哦，生命的意志堅定不移，

　　　當一切都似乎遭受了打擊，

　　　而堅如磐石的意志，使我們再次站起，

　　　它滲透於我們的行動，喚醒純正動機，

　　　從塵埃中飛升，

　　　有一個聲音可以傾聽，

有一雙手在隱約操縱，

我們所信仰的上帝，

他與我們的事業同在。

自制來於信仰，

它無限接近我們所共愛的，

支配我們行動的心靈，

那個時候，忠誠得到了證明。

社會上，在那些具有強烈而良好意願和強烈而又歹毒意願的人之外，還存在數量龐大的意志十分薄弱的或者根本就沒有意志的人。他們毫無個性，既沒有崇尚邪惡的堅強意志，也沒有追求美德的堅定決心。他們只是意念的被動接受者，而且，在接受之後也不會恆久的堅持。他們似乎既不會前進也不會後退。無論風從哪個方向吹來，他們的風向標都保持一種左右搖擺的態勢。任何一種精神都可以把他們當作傀儡，任何一種意志都可以統治他們。他們絕不會珍視更談不上堅持任何真理，也不知道「認真」為何物。在任何一個社會中，這樣的人往往占多數 —— 缺乏思考、消極被動、逆來順受、意志薄弱，並且無關緊要。

因此，注重意志的改善和磨練是至關重要的事情。因為沒有堅強的意志，就無法做到獨立自主、持之以恆，也就不可能擁有鮮明的個性。沒有堅強的意志，我們就無法賦予真理應有的力量，給道德確立正確的方向，也就不可能把自己從無價值的傀儡手中拯救出來，而只能成為一架受人操縱的機器。智力方面的教育並不能賦予人果敢的品格。哲學家們只會討論，而果斷的人卻行動。「不能做出決定，」培根說，「本身就是一種決定。」—— 這個決定就是什麼事也不做。

「青少年時期是對意志進行鍛鍊的最恰當時機，」洛克說，「我們的心胸能夠擴展、大量的知識能夠獲得和儲藏、熱情願意屈從於理性的統治、

正確的原則能夠在內心並在未來生活中發生重大影響的時期是一定的，但是這個時期既不是人的整個一生也並非人生的一個相當長的時期，它只限於人生的短短幾年之中。如果在這期間我們疏忽大意，那麼這就是一個錯誤或者說是無知。按照事物的發展進程，我們就會受到限制。意志將成為我們的法律；而欲望也就獲得了使我們日後無力抵抗的力量。」

第一代沙夫茨伯里（Shaftesbury）伯爵在和洛克的一次談話中，闡明了自己關於人的品格和行動的觀點。他認為智慧存在於人的心靈深處而不存在於人的頭腦之中。人採取愚蠢的行動，生活毫無規律，不是由於缺乏知識，而是源於他剛愎自用的意志。這樣的人太過於理性。對任何事情，他或許會深思熟慮，權衡每一種可能性，但卻做不出任何決定，不採取任何行動。這樣，知識就成了行動的絆腳石。意志必須鑑於一種精神和理解的力量才會採取行動。因為，精神導致人的行動，使人生活充實。

實際上，學習字母、單字或遣詞造句並不像有些人想像得那麼重要。學習與善行或幸福毫無關係。相反，它可能會破壞人性，使人自高自大、不可一世。人類社會進步的主要動力並不是文學。精通文學的人往往會產生一些偉大的思想並影響各個時代的人，但是，他們卻很少採取行動去成為道德上的楷模。

並不像很早的地質時代群山一同出現那樣，人類是不可能使整個群體一同得到昇華的。人類精神道德的昇華只能以個體的形式進行，因為只有個體的提升才能為群體的昇華提供切實可靠的保證。教師和牧師可以從外部進行思想灌輸從而對人們產生影響，但是行動本身卻主要來自個體內在的精神力量。個體的人必須發揮自身的力量，自己拯救自己，否則，別人是絕不可能會向他提供什麼有效的幫助的。「肉體的習慣是透過外部的行動形成的，」巴特勒（Butler）博士指出，「而精神的習慣則是透過內在的實踐的意志的運用形成的 —— 這些意志付諸實踐或採取行動 —— 這樣，就

形成了服從、誠實、公正和仁慈的準則。」

說到巴特勒，史蒂芬（Stephen）先生在他最近的著作中指出：「僅僅從道德方面看，他的觀點是非常感人的；他的偉大也是無可爭辯的。在他的著作《推理》和《訓誡》中，顯而易見，他的布道自始至終都將『良心』奉若神明。他將一切行動最終都歸結到職責上去，無論受到什麼疑慮和煩惱的困擾，他都始終堅信世界的祕密最終會被揭開，任何問題都可以透過道德來解決。」

學校教育與道德之間極少或者說根本就沒有什麼關聯。純粹的智力開發對人的行為幾乎產生不了什麼影響。死記硬背的信條不可能根除一個人的不良嗜好。才智只不過是一種工具，它要透過隱藏在它後面的力量來推動和發生作用 —— 這些力量包括情感、自我克制、自我約束、想像、熱情和各式各樣的給予品格力量的因素。這些原則大多是在家庭中完成灌輸過程的，而不是在學校裡。如果家庭一直處於一種令人壓抑、毫無益處而又沒有道德原則的氣氛，那麼這樣的家庭還不如沒有的好，同樣的，學校也只不過是一個學習和服從紀律的場所。另外，家庭是培育美德的真正的溫床。家庭中的日常事務遠比學校和團體的日常事務更接近我們的生活，影響更為深遠。據調查，在家庭中受教育的那段時間被認為是真正的品格形成時期和最有自信心的時期。

充分進行家務培訓是老年人的職責，而遵循父母的教導並增長才幹是青少年的本分。教育是一種具有權威性的和受人尊敬的工作。按照基佐（Guizot）的意見，基督教是一所世界上已經出現的最偉大最讓人崇敬的學校。只有宗教教義才會教人自我犧牲、崇高的品德和可貴的思想。它滲透於人的良心之中，使得生活可以讓人愉快的接受，而非怨天尤人。

「培訓最根本的目的是為了獲得自由，」一位偉大的作家指出，「對一名兒童來說，你越早讓他形成自己的行為準則，你就越快使他長大成

人。」杜潘洛普（Dupanloup）殿下曾經說過：「我對最年幼兒童的自由尊重比對成人的自由尊重更小心在意，因為成人有自我防衛能力，而小孩卻沒有。當我一想到小孩是可塑性極強的人，我就絕不會侮辱他們，因為在他們身上會打上我意志的烙印。」

父輩的權威和家庭的獨立自主是神聖不可侵犯的。這一原則稍有片刻的模糊就會招來麻煩，基督徒的情感就因此不能容忍並奮起抗爭，直到這些權威最終得到恢復。然而，爭鬥並不是獲得自由的唯一方式，馴服、自制和自我管理都是理想的狀態。它不靠教育灌輸而來，而是透過榜樣的示範作用而非直接的言語教誨而達到目的。身教勝於言傳，因為身教相對而言更為困難一些。同時，最良好的影響往往是慢慢產生的，它逐漸的符合人性的需求。

因此，道德的本質要求在於正確的行動。良好的意願並非一切，它不總是帶來善行。而堅定不移的行動才是最為重要的準則，孜孜不倦的做好一件事會給予那些旁觀者一種無聲的潛移默化的力量，這種力量使我們無法估量。在聖保羅教堂的演講中，利頓（Liddon）牧師大人曾經意味深長的向年輕人提出工作是人生的真正目的。「人的生命是由行動和耐力構成的，」他說，「人生的成就是與高尚的行為和持之以恆的耐力成正比的。當然，真正的勞動者並不僅僅是體力勞動者，思想生活不能排除在勞動之外，因為真正的思想本身就是一種不動聲色的勞動……人的一生如果好逸惡勞，處於一種道德的昏睡狀態，那麼這是一種墮落，因為生命只有透過勞動才能獲得崇高。」

高尚的勞動往往是真正的教育家，而遊手好閒則是肉體、靈魂和良心的徹底敗壞者。世界上的邪惡和悲慘十有八九起源於懶惰。沒有勞動，就不會有人類的幸福和社會的進步。至高無上的特權總是伴隨著無法忍受的悲慘。假如一個懶惰的人受到讓他永遠年輕的懲罰，而身邊的人卻在衰

老和死亡，那麼他將會真誠的呼喚死神的到來以求得解脫。「世界上最弱小的生物如果把他的力量集中於一個特定的目標，他必將能成就一些事業，」卡萊爾指出，「而那些最強大的生物如果把力量分散到許多事情上，他們很可能一事無成。」

我們不是有許多需要克服的困難嗎？那麼，透過勞動來戰勝它們吧。驅除惡魔的咒語沒有哪一個比勞動更為奏效的了。精神和肉體的懶惰就像鐵鏽，它比勞動對人的腐蝕摧殘要可怕得多。「我寧願工作而死，也不願鏽蝕。」一個高尚的勞動者說。席勒（Schiller）也曾經指出，他發現人生的最大幸福在於完成一些基本的職責。他還認為「美感永遠不會幫助你履行任何一個職責」。人類的最高秩序不在於做出決定，而在於憑著感覺去行動。

最大的困難往往出於我們平常所忽視的地方。令人痛苦的事情的出現，或許是為了考驗和檢驗我們的實力。我們能獲得心靈上的平靜，很多時候在於我們堅定不移，承受住了考驗，從而為完成了相應的職責而心滿意足。「最野蠻的戰爭是日常生活中那些令人痛苦的戰爭，」諾曼‧麥克勞德（Norman Macleod）說，「它們的偉大就是我們的偉大，它們的悲哀就是我們的悲哀，它們的勝利和失敗就是我們的勝利和失敗。正像它們有榮耀、失敗和勝利一樣，我們也是如此。」

承受磨難是接受道德原則的最好學校。當遭遇困難已是不可避免時，我們要有勇氣而面對它們。幸福與其說存在於我們的目標之中，倒不如說存在於我們的精神之中。亞里斯多德這樣說過，與困難搏鬥是戰而勝之的最可靠方法。實現某一目標的決心與相信自己能夠完成這一目標的信心，實際上成正比關係。才智必須透過我們的需求得到磨練。在遇到和克服困難的過程中，個人才能夠更好的前進。

因愚蠢而失去了自己機會的人，他們的回憶錄將寫滿令人痛苦而又難

忘的篇章，但卻充滿了給這個世界的啟示。「一個人只要忠實於自己，只要他強壯健康，他就不會被世界所遺忘。為了對年輕人有所裨益，我想對 1,000 個下決心努力奮鬥的人進行精確的統計，看看其中失敗的人數到底有多少。我認為它不會超過百分之一。」埃比尼澤‧埃利奧特（Ebenezer Elliot）說。人類的成功需要付出極大的代價，它需要一系列的失敗作為鋪墊。如果一開始便遭受失敗，接下來又是接踵而來的失敗，直到最後，所有的困難因我們的堅持而逃得無影無蹤，人們才算真正獲得了成功。

軟弱和懶惰的一個最明顯的象徵是想獲得成功又不願承擔獲得成功的代價。要知道，想得到任何值得欣賞和擁有的東西都必須愉快的付出勞動，這就是實踐中力量的奧祕所在。「一個人或許寧願辛勤勞動，也不願遊手好閒。因為遊手好閒使得一個人的全部才華處於一種昏睡和遲鈍狀態，而無法得到充分的運用和發揮。從長遠來看，自身才能的運用本身就是真正的幸福的泉源，隨之而來的收穫比當下的直接所得要大得多。」

據說，有這樣一位大法官，他從不放棄任何一次依法辦事的機會，但是，他從不肯貪贓枉法，做任何一件違法的事情。在他的一生中，無論做什麼事情都全力以赴全心的投入。如果他付出的勞動導致了失敗，他不會自責，因為他已經盡力而為，無怨無悔。

我們應當勞動，應當堅信：我們所播種在泥土中的善良的種子，必將生根發芽，成為善行。每一個人一開始為自己所打算的，上帝會為他來完成。的確，僅靠我們自己是什麼事情也不能完成。我們的工作所停止的地方，是其他人工作的起點，他們會使我們的工作更接近於完美。因此，我們必須留給後來者一個美好的藍圖，使我們值得被他們去效法模仿。曾經做得好的，正在好好做的，準備好好做的，他們成為環環相扣的整體，這是所有時代不可分割的連續的狀態。

很少有人會意識到自己在這個世界上是毫無用處的。只是他們的生存

這一事實使得他們的存在成為必要。世界是先於他們而存在的。只是因為他們選擇了善良，他們才生活得有價值。相反，如果選擇懶惰與邪惡，他們便一無用處。他們用自己的時間和金錢做了些什麼呢？他們是否向這個世界顯示他們的生存具有價值呢？他們是否因為自己的存在而使別人生活得更好呢？他們的一生是否懶惰、自私、貪圖安逸和無足輕重呢？他們是否在追求快樂呢？快樂總是拍打著翅膀從遊手好閒者面前飛過，而幸福也是懶人們所可望而不可即的。快樂和幸福是工作和勞動的果實，但絕不是粗心大意和平庸者的報酬。

一個感到活在世界上毫無意義的年輕人，因為事業的不成功，決定當眾結束自己的生命。這件事情發生在美國伊利諾州卡普龍鎮。這個年輕人受過良好的智力方面的教育，但對其他方面一無所知，包括職責、美德和信仰都一竅不通。由於他是一個唯物主義者，對來世的報應毫無恐懼。他刊登了一則廣告，說自己準備進行一次演講，然後從頭部開槍自殺。這次聳人聽聞的演講的入場券是每人一美元。這筆收入部分的用於他的葬禮的費用，其餘的用來購買英國 3 個唯物主義者的著作，這些書準備存放在市鎮圖書館。當時，整個大廳擠得水洩不通，入場收入相當可觀。在他結束這場演說之後，按照諾言，他拔出大口徑手槍向頭部開槍，就這樣結束了世俗的生活，急匆匆而又血淋淋的站到了上帝的面前。這件事發生在西元 1868 年 8 月。

或許，這種可怕的行徑是精神空虛的結果，或者目的在於虛張聲勢的製造聳人聽聞的新聞。他的名字將會寫進書本。有的人或許會為他的勇氣而呼喊。但是，這與其說是勇敢，不如說是怯懦。這樣的事情即使滿足了他們的虛榮心，也是極為荒謬的做法。雪爾頓（Sheridan）曾經說過：「把貪婪、欲望和野心當作偉大的熱情是一個錯誤。它們根本就不是，充其量只是渺小的熱情。虛榮是一切熱情的支配者，它既可以激勵人們做出最悲

壯的英雄事蹟，又可以驅使人們犯下滔天大罪。要是我能免於受這種熱情的支配，我就可以笑傲他人。他們只不過是一個頑童，而我卻是個巨人。」

無論是完成那些艱鉅的任務，還是敏捷迅速、精力充沛和沉著冷靜的克服那些在每個人的生活道路中千百次出現的困難，堅強的意志都是必不可少的，而且也是所必不可少的。因此，在履行職責的過程中，勇氣和正直廉潔是同樣必需的。這種力量在完成單個的職責中或許是渺小的，但是，它卻使我們在遇到一個又一個的困難時不感到意外，不驚慌失措、怨天尤人。它是人類精神的最終收穫之一。

每一代人都必須承擔生活的重壓，度過各自的危險，承受多重的考驗。每一天我們都面臨著各式各樣的誘惑，或者是懶惰、自我放縱，或者是邪惡。責任感和勇氣的力量使我們不惜犧牲任何世俗的利益，來抵制這些誘惑。當美德已成為一種日常習慣，我們便擁有了個人的品格，在很大程度上，就為實現我們被創造出來的目的而優先做好了準備。

缺少一點勇氣，對這個世界的損失是件多麼慘重的事呀！有做某事的意願，但卻沒有去完成它。世界就是這樣，它是如此依賴於我們的行動，每一件事情似乎都在對每一個人大聲疾呼：「想做什麼事情，就要行動，行動！」那些可憐的鄉村牧師在各自的教區中和各種邪惡勢力搏鬥，和違法、犯罪、不公正及各種惡劣行徑鬥爭，他們的責任感比亞歷山大大帝還要崇高。而有一些人只不過是個濫竽充數的勞動者，他們裝模作樣的工作，或者做個兩股戰戰的旁觀者，卻沒有勇氣縱身投入。每一天，都有無數默默無聞的人被送進墳墓，如果他們曾經有勇於行動的勇氣，或許他們也獲得了輝煌的成就，因而能名垂青史。

愛丁堡大學的威爾遜（Wilson）教授在教導學生時，總是把責任感放在首位，而且，是指採取實際行動的責任感。他的演說深深的影響了那些聽課者的品格。他鼓動他們在人生的戰場上英勇奮戰，像古代丹麥英雄那

樣「英勇無畏，意志堅強，在完成自己職責的道路上絕不動搖退縮」。這就是他的人生信條。

　　世界上之所以有如此眾多的挫折和失敗，大多是因為缺乏勇氣。當路德對伊拉斯謨（Erasmus）說「難道你想在雞蛋上行走而不踩破它們，和在玻璃上漫步而不壓碎它們」時，膽小怕事而又優柔寡斷的伊拉斯謨回答說：「對基督的事業我不會不忠誠。至少時代允許我這樣做。」路德的性格則與他截然不同。「我要砸爛這些寄生蟲，雖然各種邪惡勢力會糾結起來，像房頂的瓦片那樣厚實，共同反對我。」或者像聖保羅（St. Paul）一樣，「我不僅預備被人捆綁，而且準備被送到耶路撒冷處死。」

　　亞歷山大‧巴恩斯爵士（Sir Alexander Barnes）說：「我的性格特徵十分嚴肅認真，對於我所從事的任何事情都不會漫不經心的去對待。事實上，只要我答應去做的事，我就不會心不在焉。」這就是一個堅強的人和一個懦弱者的全部區別所在。在生活中勇敢者衝鋒陷陣，戰死沙場；高談闊論者卻被拋到了後面；那些貪生怕死者則逃之夭夭。行動顯示了我們到底是個什麼樣的人，言語則只是顯示我們應該做個什麼樣的人。在勤勉工作的任何時候我們都可能獲得決定性的勝利。

　　悲觀主義者認為，工作或者說工作的必要性是人類的敵人。與此相反，卡羅（Caro）閣下認為，不可抑制的本能使人類採取行動，而且透過行動產生了一些為我們始料不及的快樂，產生了我們期盼已久的幸福，也完成了那些強加給我們的職責。這種不可壓制的本能不是別的，正是生命的本能。行動對人生做出了解釋和概括總結。與此同時，它昇華了我們自身的內在情感，從而衡量了人生的真正價值。真正的快樂在於：面對各種困難時，經過堅持不懈的努力，最終獲得了勝利，達到了自己的目的。這種力量一開始只是它自身的主人，然後才成為生命的情人，不管是在征服者的邪惡意願中還是在戰勝科學文化或工作的困難中，總而言之，它是人

類忠誠的朋友和安慰者。它使人類克服了自身的各種弱點，變得純潔和高尚；自覺抵制各種庸俗的誘惑，幫助他度過日常生活中的悲痛，甚至完成他從一時的極度悲傷中的自我解脫。在現實生活中，一旦我們第一次克服了疲勞感和厭煩感，我們就會從此受到鼓舞。撇開它所產生的其他結果不談，工作本身，就是一種最實在的快樂。像悲觀主義者那樣，把工作當作一個敵人，這正是對快樂觀念的一種誤解。一個勞動者當他看到工作在自己手中或在自己的思想中蓬勃發展時，他會在其中發現自我、發現自身的價值。這正如亞里斯多德所說的那樣 —— 不管他是獲得了豐收的勞動者，是建造了房屋的建築師，還是完成了塑像的雕刻家 —— 不管它是一首詩還是一本書，這都無關緊要。

　　創造的歡樂多於辛勤勞動所得的回報；克服外部困難的有意識的勞動，是生命覺醒了的首次獲得的歡樂，而完成了的工作則是最大的喜悅。只要我們局部性的暫時的抑制住了自然，我們就充分發揮了生命的價值，勝利的果實因而奉獻給上帝。這就是努力或者說行動中的意志的真正性質。」

　　人具有不可思議的天才，僅僅是因為他具有不可思議的勞動能力。力量可以征服環境。行動的準則則具有無堅不摧的力量，任何環境都無法抗拒。行動為自己掃清了道路，使自己超越於一切對象之上，凌駕於幸與不幸、正義與邪惡之上。在這個世界上，能為我們帶來歡樂的是我們的勞動能力不斷強大，它把我們引向成功。人的智慧表現在他的行動之中，因為每個人都是他自我勞動的產物。里希特（Richter）指出：「善行如一口鐘，它清脆的聲音迴盪在天空中。」

　　在日常生活中，人與人之間積極活躍而又富有同情心的接觸和互動，比任何形式的苦思冥想和離群索居，更能充分的為將來健康而又精力充沛的行動做好準備。「通向天堂的生活方式，」史威登堡（Swedenborg）說，

「不是那種離群索居的生活，而是在現實中積極行動的生活。仁愛，包括在任何活動和工作中都誠實公正，聽從上帝的旨意，這並不困難。但是，僅僅過一種虔誠的生活，是與通向天堂的路背道而馳的。儘管一般人認為這種生活方式是通向天堂的。」他所說的話，對那些認為為在天堂中生活得更長久，就得發誓在塵世中忍受貧窮和過隱居生活的錯誤觀點進行了反駁。

對很多人來說，信仰純粹是個口頭上的言語問題。就言語本身而言，我們只說那些我們認為正確的話。但是，言語不會產生行動、思想和舉措，也不會通向純潔、善良和誠實。人們在宗教信仰方面的敷衍太多，而具有的勤奮工作熱情太少。關於信仰方面的著作已是汗牛充棟、浩如煙海了，但是，展現在人的品格和行動之中的真正信仰比這些著書立說要有益得多。一個人如果不具備真實而又堅強的意志把他引向善行，他要麼成為沉溺於聲色享樂的玩物，要麼成為一個遊手好閒的無恥之徒。

當前，困擾著英國青少年的一個最大危險就是懶惰。那種稱之為「文化」的東西實際上什麼也不是。它或許是與最卑鄙下流的道德品格緊密相關，對權勢者奴顏婢膝、搖尾乞憐，對下層社會和窮苦百姓則傲慢無禮。這些舉止輕浮、懶散無禮的青少年沒有任何信仰，不崇拜任何偶像，也沒有任何志向。他們甚至對正義最終戰勝邪惡也心存疑慮。在這個世界上，有許多女性化了的男人，他們總是說「男女都是一樣的」，「這沒有什麼意義」。其實男女並不是一樣的，即使 100 年以後男女也不會一樣。個體的生活反映著整個社會的生活。每一個人都有自己特殊的職責需要完成，有自己特殊的工作需要去做。否則他將遭受痛苦，別人也會因為他而遭受磨難。他的懶惰傳染給了別人，樹立起一個極壞的榜樣。毫無意義的生活只不過是一種過早的夭折，使人成為行屍走肉。

許多年輕人總是滿腹牢騷，成天發個不停，卻不肯採取任何行動，著

手去做那些自己夢寐以求的事情。強尼（Channing）博士注意到了他們的這一缺陷。他悲嘆著說，許多年輕人都會在一所絕望的學校中成長。生活有意義嗎？當然沒有，如果我們只是在無所事事中虛擲光陰，甚至連閱讀也常常被認為是智力的浪費。他們對教養毫無興趣，因此，你所見到的都是些怨天尤人、漫不經心和老於世故的青少年。他們的精神只對智力和精明感興趣，喜歡對別人的行動極盡挖苦諷刺之能事，而他們自己卻什麼事也不做。他們對別人的認真和熱情冷嘲熱諷，這些理性的漂泊者被一種可悲的冷漠主宰著。他們的靈魂，如果他們還意識到自己有靈魂的話，是在隨風飄蕩、任意東西。他們不相信自己所了解的東西。這樣的心靈所接受的思想當然不會產生任何行動。他們沒有任何原則或信仰，信仰的成分全然被忽視了。他們沒有信念，當然也不會有任何成就；他們沒有效仿高尚人物的期望，沒有獲得高尚思想觀念的熱情，更沒有擁有高尚品格的志向。

擁有太高的智力，卻毫無信念；擁有太多的知識，卻毫無智慧；這些年輕人具有太多的「文化」，卻毫無仁慈之心。一個國家可以只擁有優雅的舉止，而不再擁有其他任何東西。知識和智慧有天壤之別，不能混為一談，兩者之間風馬牛不相及。博學是否會產生智慧和善行，是大可值得懷疑的。芬乃倫（Fénelon）曾經說過，與其熱愛好書，不如自己做一本活生生的好書。各式各樣的閱讀資料或許會為我們帶來愉悅，但不能為心靈提供精神食糧。聖安瑟莫（St. Anselm）說：「上帝往往成就那些沒有知識的人的生活，因為他們追求的是神的事業；而不回應那些擁有才華的博學者的生活，因為他們追求的都是他們自己的事情。」

一個偉大的法國作家向他的同代人描繪了這樣一幅肖像：「在每一方面你都會深切的感受到，他們對信念和職責漠不關心，他們有的只是對感官快樂和金錢的熱情，因為它們能獲得你所需要的一切東西。任何東西都

可以用金錢來購買——良心、榮譽、信仰、觀念、尊嚴、權力、體貼和自尊。所有的真理和所有的美德都只剩下龐大的殘骸。而一切哲學理論，一切不敬神靈的學說，都已自我解體，被這種漠不關心的制度所吞噬。真理和謬誤同樣赤裸裸的被拖進了墳墓，而這座墳墓現在已空空如也，連屍骨也找不到一根。」

然而，我們將透過「文化」得到補償。這是一個來源於德語的新詞。很多人都崇拜「文化」。「文化」是他們唯一的信仰。這是一種經過了精巧的修飾的理智上的犬儒主義和懷疑論。持這種學術觀點的人往往在生活中表現出一種極度的超越，就像莫里哀（Molière）在《偽君子》中所塑造的那些人物，「沒有什麼東西能使之感到驚訝」是他們的座右銘。他們嘲笑那些由來已久的美德，諸如勤奮、自制、充滿活力和自助等。唯一的信念就是無情的否定。在他們那裡，沒有什麼東西值得崇拜，也沒有什麼東西可以期望。他們懷疑一切，自己什麼事也不做，卻對別人的工作全部否定。除了自己，他們不相信任何東西。他們就是他們自己的上帝。

歌德是感性或者說是文化的創造者，但是，和席勒的一樣，歌德的詩沒有展示出任何行動。他的著作都是不結果實的花朵。他是一個只與女人的愛情做交易的商人。他透過自己的魅力使女人依附於自己。「如果他的心中沒有了女人，」歌德的傳記作家寫道，「他就會像一個沒有了解剖對象的解剖學外科醫生。他曾經說過巴爾札克（Balzac）的每一篇好的小說似乎都是挖掘了一個痛苦女人的心中隱私。巴爾札克或許也可以用同樣的話來回敬他。歌德幼年時期對自然史非常喜愛。他說『我還清楚的記得，當我還是個孩子的時候，我曾經把花朵撕成碎片，想看看那些花瓣是怎樣鑲嵌在花萼之中；甚至還拔掉鳥的羽毛，看看它們是如何插在鳥兒的翅膀上。』貝蒂娜（Bettina）曾經對霍頓勛爵（Lord Houghton）說他也以同樣的方式對待過女人。他的所有情人，不論其地位高低，都強烈反對他的這種

活體解剖方式。他的魅力是非凡的。或許是為了達到一定的藝術效果，他總是想表現出這種強烈的感情，在肆意誇張這種感情時他毫無顧忌，也不會受到良心的譴責。就像一個畫家為了表現出被釘在十字架上的基督這個典型人物所受的肉體上的極大痛苦，在創作時往往會在他的身體肋部插進一根長矛。這種情況下，洞察秋毫的能力需要相當的冷靜。我們可以想像一下歌德，他就像《厭世者》中的英雄。當所要求的一定程度的激動已經抵臨時，他把手指放在脈搏上，避開過分的狂熱和高度興奮。歌德直言不諱的告訴我們，他把任何事情都當作冒險或愛情來考慮，習慣從審美的角度來看待他所熟悉的任何一個女性，他發現減輕一種災難或者失望的最好方法就是把它寫出來。」（注：《歌德》，A·海沃德（A. Hayward）著。）

與富有的心靈相比，炫耀自己僅有的智力是多麼的愚蠢啊！它無用、卑賤，乾硬的軀體無法承載包含所有的理解能力，等待破譯。如果靈魂無法為軀體增添溼度和活力、物質和現實、真理和歡樂，那麼，它將只是一個死氣沉沉的骨架，一些機械連結在一起的乾癟的骨頭。每個人都會記得謙虛的牛頓所說過的一句名言。牛頓，或許是有史以來最偉大的人，他創立了流體力學，發現了萬有引力定律，發現了光的可分解性。他感到自己只是一個在海邊玩耍的孩子，在他面前是無邊無際的真理的海洋，這都等待著人們去探索。現在，哪一個哲學家會做如此坦率的表白呢？

「真理，」德·邁斯特伯爵說，「人只能透過他心靈的精神去獲得。一個善良的人往往會吃驚的發現那些才華出眾的人總是拒絕接受那些顯而易見的真理。這些人欠缺某一方面的才能，事情就是這樣。即使是世界上最聰明的人，如果他對上帝沒有敬畏感，那麼，我們不僅不能征服他，而且也沒有辦法使他理解我們。」漢弗里·戴維爵士也說：「在生活中，理性往往是一種沉重的負擔，它摧毀了人的感情，而代之以謹小慎微的原則。」

然而，關於職責的最廣闊的天地是在文學領域和書本知識之外的。

人，與其說是有理性的動物，不如說是社會性的存在。人類文明的精髓是從社會互動中而來的，諸如禮貌、自尊、相互容忍和為了利他而自我犧牲。人類的經驗要比文學寬闊得多。生活本身就是一本與生命共始終的書，不過，要讀懂這本難度很大的書是需要智慧的。

「在我們這個時代，」維爾尼夫人（Lady Verney）說，「文明的觀念是與讀書寫字密不可分的。現在，只有愚蠢和無知的人才不會讀寫。但是，在 50 年以前，讀書，除了最高形式的教育外，是例外的事情。那些極其聰明的男人和女人們，除了《聖經》外，幾乎不需要憑藉其他什麼協助，就可以提出一些極其難能可貴的思想。那時，即使在上層社會的女性中，讀書也不是很普遍的現象。『我的祖母在寫字時，幾乎不知道單字該怎麼拼寫。除了《聖經》外，她沒有讀過別的什麼書，』一位很有鑑別能力的法國人說，『但是，她比現在的女性要優秀和聰明得多。』」

在古代，通常會把一些職責交由男孩子去完成，以此作為一種考驗。如果他失敗了，這是非常有失體面的事情；如果他順利完成了，那他也只不過是在履行自己的職責。「至於透過教育的方式把人類提升到一個非常高尚的道德境界這樣一種夢想，」休·米勒（Hugh Miller）說，「只是時代的一種幻想，就像幻想只透過一種煉金術的方法就可以點石成金一樣。」

畢竟家庭是進行培訓的最好學校。家庭生活是上帝用以薰陶青少年的方法，而家庭主要是由女性來營造的。「法國的希望，」奧爾良（Orleans）大主教說，「寄託在母親們的身上。」英國也同樣如此。但是，天哪，我們到處可以聽到婦女們的大聲疾呼，她們在抗議自己的女性氣質，在竭盡全力的拋棄她們身上所具備的那些最為可愛的品格。她們要求權力 —— 政治的權力，殊不知，世界的面貌完全是由她們在家庭中所造成的影響決定的。她們堅信選舉的可能性，要求「給予選舉權」。難道她們真的相信：如果她們擁有每 3 年或 5 年在議會代表選舉中的選舉權，那麼這個世界就

會因此更美好嗎？聖保羅給了待在家中和在家中工作的女性榮譽勛章，因為他意識到家庭是社會的結晶體，家庭中的愛和職責是來自我們最親愛的人的最好的保護傘。最近有一個作家，在描述了女性所應具備的天性之後，她指出，「看到現在的女性很容易被人煽動，去追求那些新潮的思想和工作，這真讓人感到擔憂。通向天堂的路，對她們比對她們的母親和祖母要遙遠得多。對她們來說，信仰是蒼白無力的，她們沒有把自己託付給安全可靠的上帝，也沒有想著去完成仁慈的上帝所授予自己的職責，因而心靈空虛。」而這位作家本人就是個女性。

在最近發生的普法戰爭之前，斯托費爾（Stoffel）男爵受派遣去調查普魯士和法國的輿論和道德狀況。他在調查報告中指出：「軍隊中的紀律取決於社會和家庭中的紀律。普魯士國家的青少年都被訓練成了普遍服從、尊重權威的人，尤為重要的是，他們能夠恪盡職守。但是，這些在法國家庭中不存在的紀律又怎能在法國軍隊中存在呢？而且，讓我們看看家庭之外的圈子，在法國公立中學、中小學和大學中，我們是否採取什麼措施使孩子們尊重他們的父母、忠於職守、服從權威和法律呢？更重要的是，是否使他們相信上帝了呢？沒有，連與此相關的事情我們都不曾去做。其結果是，每年我們送到部隊去的那些年輕人，完全缺乏宗教原則和正確的道德觀念；他們從孩童時代起，就不習慣約束、服從，對任何事情都討價還價、不尊重。然而，卻有人偽稱：只要這些毫無紀律毫無原則的青少年進了軍隊，我們就可以立即使他們習慣於紀律。這些人也承認軍隊中的紀律只不過是個人生活中的原則——即責任感、服從上級的指派、遵守政府的法令和各種規章制度。……在環境的壓迫下，一時建立起來的虛假的紀律，持續的時間是極其短暫的，一旦面臨嚴峻的考驗，它就會立刻化為烏有。」不用說，事實證明，斯托費爾男爵的這些話是千真萬確的。

在英國，是否也在經歷著同樣的過程呢？規模不斷擴大的民主潮流正

淹沒了那些與人相處的原則和高尚的道德品格。這個虛榮心極重的民族，到處炫耀著自己的財富、力量、資源、海軍和其他軍事力量以及在商業方面的優勢。但是，所有這一切都可能在幾年之中喪失殆盡。和荷蘭一樣，可能成為一個富裕但又相當弱小的民族。民族取決於組成它的各個個體。一個民族的公民，不論是個體或者群體，如果都不具備高尚的品德，不忠於職守，不崇尚榮譽和公正，那麼，這個民族是絕不會因此而聞名於世。

德比勳爵（Lord Derby）在他最近的一次演說中指出：「一位品德極為高尚的人前天對我說，他認為，自從滑鐵盧戰役以來，那些使整個民族保持活力和強大的特質都在持續的走向衰落。雖然他沒有直截了當的說出來，但從他的神態舉止和說話的語調我可以推斷，他認為想恢復這些特質已為時太晚，一場重大的災難猶如洪水猛獸即將降臨。那些行將就木的人是幸運的，因為他們將不會看到這種情形。在一定的條件下，這場災難是肯定會出現的。」

這些話語是一種嚴重的警告。是否會和 100 年前的法蘭西一樣，災難如期降臨呢？諾曼‧麥克勞德博士最近指出：「目前存在的這種混亂狀況是從西元 1815 年戰爭之後不久就開始的，如同宗教改革時期一樣，時下處於多事之秋，令人最難以忍受。一方面，關於一切事物，包括社會的、政治的、科學的、哲學的和神學的陳舊的思想觀念都已被打碎。儘管那些摧毀舊的傳統的一方愚蠢而又自負，但是，人數更多的另一方，有著難能可貴的追求真理的精神和強大的責任感。如果反覆的思考，我們就會知道這些人有著對代表真理的上帝的堅強信念。至於蘇格蘭人，現在跟他們談信仰還為時過早。我們忽略了一些大的世界性問題，爭論平庸得就像粗野的女人在爭論到底是滑冰鞋還是比目魚。」

關於未來的前景，還有什麼比看到那些男人和女人用一生的精力，把他們父輩早就深信不疑的基本原則理論化或加以懷疑而更令人憂慮呢？只

有信仰這些基本的準則，他們的忠誠、善良和成就才會有保障。有兩種思想，一旦被心靈所接受，就會改變我們全部的生活過程 —— 這兩種思想，一種認為塵世只是永無止境的生存狀態的開端；另一種則認為今生活著的人還會有來生。每個人既可以選擇善行，也可以選擇邪惡。那麼究竟誰的力量更為強大呢？這就完全取決於我們自己 —— 取決於我們覺醒的良心和受到開化的意志。我們在完成各式各樣職責的過程中或許無法避免困難和悲傷，但是，這些職責必須完成，而且必須心情愉悅的去完成，因為這是上帝的旨意。善行給予我們自己力量，同時也激發他人去行善。善行是實業家的寶貴財富。因此，讓我們振作起來，強化精神的力量，為將來的行動做好準備吧。這，就是人生的歷程。

第三章

真誠的力量

任何工人都無法
在急速匆忙的情形下把工作做好。
唯有安寧專注，心情如一，事方可諧。

—— 喬叟（Chaucek）

也許你可以放心的撫摸金子，但是
一旦它黏住了你的手，它就會
損傷你的皮肉。

—— 喬治・赫伯特（George Herbert）

誠實的人儘管貧窮，
但他是人類真正的國王。

—— 伯恩斯（Burns）

　　正直和誠實情同手足、密不可分，正直就是誠實，誠實也就是正直。誠實本身尚不足以塑造一個偉人，但它是偉大的品格中最重要的因素。誠實的人使雇主放心，並且使受僱於他的人充滿信任。誠實是堅持原則、人品正直、獨立自主的核心要素，是每個人的第一需求。完全講真話對現在來說，比歷史上任何一段時期都更必要。

　　說謊，通常說來，連說謊者本人都要貶斥它。他會強辯說自己在講真話，因為他知道真實普遍的受到尊敬，而謊言無論在哪裡都要被譴責。說謊不僅是不正直的表現，而且是懦弱的兄弟。「要勇於說真話，」喬治・赫伯特說，「任何事情都沒有撒謊的必要，危害最深的說謊者是那些所說的話總和真實情況沾點邊的人。他們繞著圈子來表達，而沒有勇氣說出真相，於是說出的話其實就是假話。半真的謊言是最壞的謊言。過著戴面具的生活其實近似於在言語上說謊一樣惡劣。行為和語言一樣能清晰的反映一個人的品格。行為卑鄙的人表裡不一，他並不按照表面上相信的原則做事，

過著兩面派的生活，但他也需要誠摯和真話。真誠的人說自己想說的話，相信表面上相信的東西，像公開表白的那樣去做事，並實踐自己的承諾。」

「另一類實際情況也是常見的，」司布真（Spurgeon）先生說，「有些人隨心所欲，還有些人狂熱的鼓吹和平，或者對肆意的行為過於放縱。我們現已知道，那些為慷慨進行辯護的人自己往往卻十分吝嗇。我們聽說過對『真實』非常在意的人──意味著某種形式的教條主義──卻在生意往來中，或在關於他們鄰居聲譽的事情上，或在家庭生活事務中並不尊重事實。」

說謊是最普遍、最慣常的惡習，它在所謂的「社會」中十分流行。「不在家」是對一個訪問者最時尚的回答。說謊在人類事務中成為如此必須加以貫徹的原則，以至於人們心照不宣的採納它。一個謊言可能被認為是無害的，或者是微不足道和非故意的。幾乎沒有謊言是共同的。無論多麼寬容，對每一個思想純潔的男女來說，說謊終歸令人憎惡。「謊言，」拉斯金（Ruskin）說，「可能是輕微的，或是偶然的，但它們是濃煙中的灰塵，如果我們不僅僅只關注最大、最黑的煙塵，而是把一切灰塵清掃出我們的心靈，生活將更美好。」

「為了國家的利益而對外說謊」過去常常是外交官們的座右銘。然而，一個人應當比重視生命更重視他的諾言。當迦太基人讓他們的囚犯雷古盧斯（Regulus，？～西元前 250 年，羅馬將軍，西元前 267～西元前 256 年任執政官）由特使護送到羅馬尋求和解時，條件是如果和平未能達成，雷古盧斯應當回來繼續坐牢。雷古盧斯發誓說他將會回來。到達羅馬後，他要求元老院議員們繼續堅持戰爭，並不同意互換俘虜。這牽涉到他要返回迦太基被囚禁。元老院議員們，甚至大主教都認為他所發的誓言由於是被暴力脅迫所做出的，不一定要遵守。「你們決心要損毀我的名譽嗎？」雷古盧斯說，「我並不是不知道等待我的將是死亡和折磨，可是由於不光彩

的行為而造成恥辱或者由於負罪的感覺而受到傷害，我將無法容忍。雖然我是迦太基人的奴隸，可是我還有羅馬人的精神。我已發過誓要回去，回去是我的責任。讓神保佑其後的一切吧。」雷古盧斯返回了迦太基，並受盡折磨而死。

「他將會生活得很愉快，」柏拉圖說，「回歸真實，從此以後他將不必再痛悔。」讓我們再引述馬可·奧里略皇帝的一段話，「品行不端的人是對神的不敬；由於大自然已經使有理性的動物學會了互相關照，出於本性而互相幫助，但絕不互相傷害。那些違背自己良心的人在至高無上的神的面前，其罪過無可掩飾。那些說謊的人在同一個神的面前也一樣是有罪的，因為無所不包的自然的一切事物和自然存在的萬物之間有著密不可分的關聯。」

這個無所不包的自然的名字就叫「真實」，並且是產生一切實際存在的事物的第一推動力。因此，一個故意說謊的人犯有不敬神的罪過。因為他欺騙的行為是不正當的。一個不是有意撒謊的人也有不敬神的罪過，因為他與自然為敵而擾亂了這個世界的秩序，他站在了與真實相反的一邊，即使他已經從自然中獲取了力量，但他忽略了這力量現在不能再辨別真偽。實際上，一個只知道追求享受逃避痛苦的人也一樣犯有對神不敬的罪過。

真實和正直透過不同的形式表現出來。它們賦予一個人公平處事的品格，使生意人誠信可靠，使人們不會利用特長瞞上欺下。正直是真實的最坦率也最謙遜的證明方式。給足尺寸，不缺斤短兩，樣品真實，服務周到。嚴格履行責任，對任何一個人的品格來說都是必不可少的。

舉個普通的例子。塞繆爾·福特（Samuel Foote）抱怨一個小飯館給他的啤酒不夠分量。他把店主叫來，對他說：「先生，請問，你一個月能賣幾桶啤酒？」「10 桶，先生。」店主回答說。「那麼你希望能賣 11 桶嗎？」

「當然，先生。」「那我就告訴你怎麼做，」福特說，「把分量給足！」

但這個例子所能說明的遠不只於此。我們往往抱怨缺斤短兩以及摻假的商品。要買的是一樣東西，但拿到手的卻是另一樣。但是商品總是要賣的，如果有利可圖當然更好。當賣主了解到這一點時，顧客已走到別處去了。許多年前勒普勒（Le Play）訪問英國時，發現那裡的製造商很有商業道德。「他們展示的樣品，」他很欣賞的說，「和他們托運到國外的貨品在品質和數量上非常精確的一致。」

現在他還能說這話嗎？關於製造商的墮落——裝載的棉花裡摻雜著陶土、澱粉、鎂和鋅，難道我們沒有在公共法庭上聽到過嗎？我們曾看過裝船，因此知道實際運的是什麼貨。棉花發霉變色再也賣不掉。黴菌是一種真菌，一旦澱粉變得潮溼，就在其上生長起來。中國是英製棉布的許多大市場之一，但是自從黴菌出現，與中國的貿易就絕跡了。

中國有句諺語是說「變戲法的不騙敲鑼的」，中國人像我們一樣也是行騙的行家能手。他們把鐵屑放在茶葉裡，並用水浸透絲綢，因此他們明白無誤的知道自己是在欺騙別人。「後果是，」在煙臺的英國領事說，「我們的紡織品落下惡名。美國的鑽機雖然比英國的要貴40%，但是正在把英國貨趕出市場，我們不再被信任。英國牌子過去是貨真價實的保證，但現在不再是這樣了。」

印度的情況也一樣。英國棉布不能洗。當陶土和澱粉被洗滌乾淨時，棉布變成了破布片。印度人種植棉花，他們是聰明的工匠，有靈巧的、富有創造力的手指，紡出的線像曼徹斯特的工人紡出的一樣光滑。印度的本錢在累積，許多工廠已經建成，現在印度人可以為他們自己而生產了。

在工業製造區，所有這些都無人不知，並在公共集會上廣為談論。變更尺寸、用澱粉處理、在棉布裡摻上陶土，任何一個地方都知道這種勾當。梅勒（Mellor）先生公開譴責在商品中摻假的製造商。他們似乎認

為，除了他們自己，全世界的消費者都是傻瓜。他提到一位工程師的例子，在他穿越印度洋時，披著用麥斯林紗裝飾的穆斯林頭巾。「它是英國產的嗎？」有人問他。「不，它產自瑞士，英國貨弄得我手指黏黏的，很討厭。」這說明了我們是如何丟掉我們的生意以及怎樣碰到倒楣時光的。

美國的棉製品在倫敦、曼徹斯特及其他北方地區銷售，相當有利可圖。印度的棉製品銷往中國、澳洲，儘管孟買的紗線比英國的原紗價格要貴。但現在，印度本地的棉布產量已經相當於曼徹斯特銷往英國國內外的產量之和。這難道不是令人吃驚的事實嗎？我們現在正對我們的工匠進行技術培訓。而如果有了欺騙與說謊，技術培訓又能有什麼用呢？一位年輕的婦女買了一軸標為 250 碼長的棉線，當她實際用時發現只有 175 碼長，那麼她會怎樣看待國人的信譽呢？

大眾、公共道德和政治原則的墮落是無可否認的。當杜賓（Dupin）男爵約百年前訪問英格蘭時，他用敬佩的目光看著我們那些勇敢、智慧、生氣勃勃的商界人士。「支撐他們國家工商業霸主地位的不僅僅是勇氣、聰明和活力，這遠不是他們的才智和節儉所能達到的，最重要的是他們的誠信無欺。一旦有一天，英倫三島的市民丟掉了這些傳統美德，我可以有把握的說，雖然英國有最強大的海軍保護，在外交上有遠見卓識且積極的拓展空間，政治科學無比精深，但是它的貿易船隊將逐漸衰落，從各個港口被驅逐回來，終將很快的從如今鋪滿黃金的海面上消失。而正是靠著大海，用以貨易貨的方式，這 3 個王國以工業品換取了這些金銀財寶。」

尋找規避之法無疑是對競爭的敏感反應，也是對政府在通向自由生產之路上設置的障礙的應對之策。製造商被各種嚴格的法律束縛住手腳，其中有些法律很有進步性，例如把婦女和兒童從煤窯工廠中解放出來以及縮短勞動時間等。但是工廠法似乎有些過分。肯特森（Kitson）先生在里茲說，在工廠法案通過後，英國國內的幾家工廠差點都倒閉了。比利時從英

國引進了小尺寸的鋼鐵棒材的生產，因為在生產中可以僱用年齡小的男工。小型引擎曾經是英國外貿的重要產品之一，但現在都在法國和比利時生產。他指出，透過這種方法，國會正在使英國的各種行業絕跡，並且由於這些行業要自行承受損失，不公平的程度更加擴大。另有人在一次會議上說，雖然在蘭開夏郡遍布工廠，但他的公司卻從比利時進口鑄鐵，因為那裡的價格比英國更便宜。

工廠經營者們不僅深受法律束縛之苦，更飽受罷工之害。每當生意剛有些起色，工人們便開始罷工要求更高的薪資。工廠被關閉，煉鐵爐被倒空，建築停下來，一切陷入停頓。我們把可以採取的方法和機會都拋在一邊，而外國人卻利用我們不顧後果的魯莽行為大發其財。工人們把他們的雇主看成天生的敵人，這不僅是不幸，簡直具有毀滅性。

但是工人們製造出產品的品質又如何呢？當人們在工作中傾盡心智之時 —— 也就是他們以產品品質為榮之時 —— 他們的工作就如喬叟在本章開頭所描述的那樣 ——「唯有安寧專注，心情如一，事方可諧。」但現在又如何呢？磨洋工一樣工作 —— 不用技巧，不加用心，缺乏精益求精的精神。後果呢，隧道常崩塌，鐵橋常垮塌，大樓常倒塌，房子建造了一半以後再也沒人管，排水渠閘沒修好就置之不理，傳染病到處蔓延。哦！這些粗心大意缺乏責任心的英國工人！你過著什麼樣的生活，你使得我們的生活像街道的灰燼，毫無生氣。做完工作後，你就不再關心完成得究竟怎樣。在工作中你沒有盡力，沒把自己的精力真正投入進去。工作畢竟做完了，你就馬馬虎虎囫圇交差。所有這些不正直的、不光彩的行徑，可鄙的英國工人！這將作為你們自己的缺點書寫恥辱。在無知中長大，你們所受的教育中缺乏同情心的培養，彷彿這個世界都是在和你們作對，然而你們忘了，它也時時給予你們關懷。

所有不盡心盡職的工作都是在撒謊，是徹頭徹尾的不誠實。你為做好

一件工作而獲得報酬，但實際卻做得很糟。也許再掩飾一下可以勉強看得過去，但事情往往在無可補救時，過失才會被發現。問題的嚴重性就在於此。只要事情還在這樣繼續下去，談論勞動者的尊嚴或所謂的勞動人民的社會價值都是徒勞的。在沒有誠實勞動的地方就不可能有勞動者的尊嚴。尊嚴不可能存在於空洞和玩弄手法之中，而依賴於實在和力量。如果今天的工作在所有方面都比我們的父輩那時要粗糙、浮誇得多，那麼尊嚴從何而來呢？尊嚴只能來自於熱心和競爭，以及想要快速致富的心態。

甚至玻里尼西亞人也看透了我們，當派特森（Patteson）主教在傳道的過程中途經南洋島時，他發現當地人拒買我們的商品。「只不過是不值得佩戴的華而不實的玩意，」他說，「在他們眼裡根本就毫無價值。給他們的東西不論貴賤，哪怕價值一個先令，也一定要物有其用。例如，一把製作粗糙的單刃刀子，他們花一個先令買下來還很滿意。但是如果一把刀子有6個刃，他們幾乎會馬上扔掉。」所以李文斯頓（Livingstone）博士發現非洲居民不願買英國的鐵器，因為它「無用」。

蘇格拉底闡釋了一個人下決心要以身作則而力求完美是多麼有用和了不起。因此，如果他是一個木匠那他將是最好的木匠；或者，如果他是一個政治家，也將是最出色的政治家。這樣的話是用來說明他達到了真正的成功。這樣的木匠，蘇格拉底說，將會贏得木工業的桂冠，儘管這桂冠是由刨花作成的。

再看一看韋奇伍德（Wedgewood）的例子，他具有真正的工人的精神。雖然出身低下，但他在盡全力做好工作之前從不自滿。他尤其看重其工作的品質，看是否滿足別人的需求或受別人欣賞。這是他的力量和成功的泉源。他對低劣的產物不可忍受。如果做出的東西不符合他的設想，他就會揮起棍子把器皿打碎並扔掉，嘴裡還說：「這不是約書亞·韋奇伍德（Josiah Wedgewood）做的！」

當然，他會盡最大的細心追求盡善盡美，比如注重幾何比例、上釉、造型和修飾。他可以為某些效果的改進而毀了一爐又一爐，並從屢次失敗之中學到了完美。他發明並改進了幾乎每一樣工作中用到的工具。在工作臺上與他的工人一起度過了大部分時間，手把手的教他們操作。他是一個華麗的成功，其作品即將展出。

　　另一個可以提及的例子是一個真正正直勇敢的偉大的承包商的事，那人是托馬斯‧布萊西（Thomas Brassey）。即使當敷衍塞責普遍流行時，他也總是認真的對待自己的諾言和工作。當有 27 個拱的巴倫丁高架橋快完工時，在一場大暴雨之中由於淫重不能承受，整個橋全垮了。這場災難的損失達 3 萬英鎊。

　　無論在道義上還是在法律上，承包商都不必負責。因為他已經一再反對在建築中所使用的材料，法國的律師們堅持認為他的反對使他免於負責。但是布萊西先生卻不這麼認為。他說，他已經簽下合約要建造並維護這條路，法律也不能使他不履行他的承諾。於是布萊西先生自己出資重建了這座高架橋。他的一生是我們能提供給這代人作為榜樣的最崇高的範例之一。

　　我們既有得意的時光也有倒楣的時刻，但結果總是一樣的。我們幾乎不考慮未來。只有當沒有金錢來滿足私欲時，我們才想到節省。布拉福的一位企業家最近說，大約五、六年以前，我們處於商業繁榮時期，商人階層的腦袋幾乎要發昏了。每個人都夠迅速致富，並且他們非常傾向於存錢，以至於他們似乎認為能賺的錢是沒底的。勞工階層也共用了繁榮，他們像他們的雇主一樣失去了理智，罷工要求更高的薪資，並且一度達到了要求。限制產量，並要求減少勞動時間。他們從勞動中得到的報酬越高，勞動就越傾向於減少。但是，蕭條時期接踵而至，那些罷工和聯合的努力不可能餓著肚子再做下去。他對工人說，如果他們希望回到美好的日子，

必須正直、誠實的盡職盡責，改變現在工作中偷懶的習慣，並且盡可能的不僅僅是為金錢而工作。

在愛丁堡郡的一次工人協商會議上，一位發言者歷數罷工的好處。「我的理論是，」他說，「出盡可能少的力，拿盡可能高的薪資。」假如這個理論能成立，勞動者的職業道德將會出現大幅滑波；工人們變得遊手好閒，無法勝任工作，而不盡忠職守。另一位發言者持相反的觀點。他說，「為了罷工而組成聯盟是極其不道德的。有一天，人們在愛丁堡的大街上看到一個人。他獨自走著，很慢而且很愜意。一個小孩路過這裡，對他說：『你今天過得很自由自在。』『這是我主人的時間。』這人回答。」他接著說，「這個人有一個先入為主的觀念，在罷工制度下，雇主的損失就是他們的好處；整個制度的結果就是，做好任何一件工作都將成為不可能。」要是工人們能夠看清他們真正所處的位置就好了。他們現在正在和整個歐洲大陸及美洲的工人競爭工作職位。過去人們常認為英國勞動力的高素養將會在外國競爭者面前保持優勢。儘管曾經可能確實這樣，但現在這一優勢卻徹底不存在了。我們最好的機械所具有的優勢外國人同樣擁有，並且是最新改進的技術。他們現在為自己生產機器；已經學會像英國的操作工一樣快速的工作；學會在星期日像在星期六一樣上班。在法國，他們一週工作 72 個小時；而在英國，工人一週僅工作 56 個小時。但國外工匠的薪資要比英國的低 25%。而英國工人完成得並不如法國工人那麼好、那麼誠實。面對這些事實，我們又如何能堅持競爭下去呢？法國和德國的棉製品長驅直入英國，而我們的產品在缺乏責任心的情況下到達不了法國和德國的港口。我們喪失了曾一度擁有的貿易壟斷地位，並且永遠也不可能再重新擁有了。我們棉製品的銷路很快將僅局限於英國國內市場；並且如果產品不能做到物美價廉的話，也將被法國和美國的紡織品驅逐出市場。任何一種其他商品都面臨同樣的境況。

郝來沃克（Holyoake）先生在駁斥工聯主義的錯誤時，道出了什麼是正確的精神。他表達了自己的觀點——無疑，這也是工人階級中菁英分子的觀點——關於有同情心的責任，以及雇主和雇員之間的真誠相待。「回首這 14 年來我身為一個工人的經歷，」他說，「假如保證每天工作 8 小時的薪資，使我在年老力衰之前有一份能勝任的工作，並且假如我可以自由發揮而把工作做到最好，那麼我就會把我的自豪、品味和性格融入到我所做的手工藝品中去，並且我有理由保證在退休之後，繼續保持這種誠實認真的心態，我現在將以這種心態與人來往。我將會成為雇主的朋友；他的好名聲就是我的驕傲；他的利益也就是我的利益。他會非常細心並會得到真誠待人的報酬——利潤。而我呢？將舒適愉快的學習和鑽研技術。」

毫無疑問，我們國家擁有世界上最好的物質條件，和願意工作且能圓滿完成工作的勞動者。但我們需要的是優秀的而非敷衍馬虎的工作。我們有反對得到法定薪資的罷工，但沒有反對劣質工作的罷工。我們需要的是更優質的工作而非更長的工作時間。那些使英國貨在世界各大市場中丟臉的工人是不正直、不誠實的。「工作，」郝來沃克先生又說，「沒有什麼樂趣，因為它不帶來光榮。對雇主來說，找到一個甘願把工作做糟的人應當是不可能的。它是對誠實勞動的一種犯罪，是對買主的欺詐行為。沒有什麼比如下的事實更能直接說明手工業的不公正狀況了：我們有各式各樣的組織來支持一個拒絕接受低薪資的工人，但是沒有一個組織是公然救助一個拒絕不誠實勞動的工人。」如果讓這一切繼續下去，那麼世界上的科學和技術學校將不再承認英國是一個偉大的商業國家。

同樣的呼聲來自美國。「密蘇里以西沒有上帝」這句諺語在那裡處處得到驗證。萬能的美元是真正的主宰，對它的崇拜無時不在、無處不在。沙加緬度的一篇文章說，「美國人是一個熱愛金錢和製造金錢的民族。沒

有女王或貴族來約束他們，他們的貴族就是金錢。」對財富的渴求超越了其他一切考量，商業欺詐不是例外而是規則。在提供的糧食中摻假不惜製造毒害；甚至用便宜的材料製成有毒的藥品；賣假冒的毛料製品；用膠合板當實心木材出售；用劣質磚塊和灰漿以及還在發綠的木材建成簡陋的窩棚還把它們叫作房子。是的，我們是如此在每一椿生意中掠奪和欺騙周圍的每一個人，並且因為專注於賺錢，以至於沒有時間使自己免遭明顯的欺詐，反而安慰自己要向前看，並靠欺詐別人來彌補損失。我們為自己的國民特性付出了沉重的代價。正直、誠實的民族意識正在迅速的泯滅。相反，在那些由帝王統治的蒙昧而落後的國家，正直和誠實使人們生活得比我們還要好。在那裡，欺詐被看作是犯罪，而冒名頂替者一旦被查出就要受到嚴厲的懲罰。在那些不知自由為何物的落後於時代的舊式國家中，沒有美國獨立日，沒有華爾街，沒有鱈魚或冒牌貴族。他們無所謂這個事實。

生命、自由和追求幸福的權利使每個人有權欺騙近鄰並拒絕賠償。說得奇怪一點，美國人開始認為，工作的壞處和不自願做好工作在某種程度上是公共教育系統的結果。每個人在成為體力勞動者之前都受到良好的教育，美國人再也沒有學徒也沒有僕役。當然我們並不是毫無依據的這樣說。曾經有一位作家在《作家月刊》中提到，「美國人在他們的教育系統中塑造了一個神，說它的任何壞話都是背叛。任何一個對其價值抱有懷疑的人被當作危險人物加以教育。但是我們不妨睜開眼睛看看這個事實：在人們為進入工作生活做準備，尤其是那種依賴於手工技巧的工作時，這種教育卻是個明顯的障礙和敗筆。它只能使人一知半解、華而不實，倉促接受並未消化的東西。」

文章的作者說，老的學徒體制現在已經基本廢棄不用了。孩子們透過學校受到教育，不能再到某一行業當學徒。因此許多手工工作都由外國人做了。年輕人，尤其是那些憑著受教育時的聰明才智有一個成功開端的年

輕人，再也沒有靠靈巧的雙手在普通的僱傭生活中掙碗飯吃的想法。他對體力勞動不再感興趣，他要麼找份輕鬆的工作，要麼靠自己的才智生活。（注：「如果有人問為什麼沒有為恢復學徒體制而進行普遍的努力時，我們的回答是，在這條道路上有一頭可惡的獅子，這就是協會。它虎視眈眈。一位鋼琴製造師抱怨說，他召不到足夠的人來做這項工作。原因是他的雇工都屬於一個協會，該協會控制著他被允許帶的學徒的數量指標。他們把這個指標減少到一個人，當然這遠遠滿足不了需求，雇主也對此無能為力。他沒有別的辦法，只能從國外僱用受過培訓的熟練工人。簡言之，整個國家的協會之間存有一個共謀，就是使美國的男孩子們不能進入有用的行業。工業教育處於如此一種令人無法容忍的體制的禁令之下，那麼，它應當早就該被法律的強有力之手推翻。當普通的學校把大多數學員從手工業拉走的時侯，那些想要進入這個行業的人卻沒有這樣做的自由，因為一個強大的協會軍團牢牢擋住了去路，雇工像對雇主一樣受他們控制。」）

> 在一株濃密的栗子樹下，
> 那是村裡鐵匠的工作臺。

朗費羅（Longfellow）如此說。村裡鐵匠的工作臺不再有了。當阿姆斯壯（Armstrong），一位有色人種的漢普頓學院的將軍，到北方去尋找鐵匠時，他發現沒有一個美國人可以僱用。每個鐵匠都是愛爾蘭人，並且他們的下一代，每個孩子都受到良好的教育，再也不會接手繁重的體力勞動。一位紐約牧師，他擁有個大家庭。最近，為糾正這種趨勢，在布道壇上宣布他打算讓他家庭裡的每一個年輕人都學一份手工職業，以便在緊急情況下可以謀生。富裕和貧窮都是在相似的職業教育中產生，如果可能有技巧的話，都盡量被傳授；富人很可能變窮，正如某些窮人將會變富；如果一種教育沒有使人學會在一生中照顧他自己和依賴於他的人，那麼這種教育就屬於失敗。

生意難做，在很大程度上難道不是由我們自己的過失所造成的嗎？在帳房那裡，二加二並不總是等於四。有多少詭計 —— 絲毫談不上正直 —— 被用來比別人更快的賺錢哪！大多數人並不是依靠耐心細膩的工作過著適度的生活，而是想在一夜之間暴富。這個時代的精神不再是商業精神，而淪為賭徒心態。時代的腳步太快，以至於不允許任何人停下來詢問一下那些已經被甩在後面的人。他們被強加於競賽中，而財富上的競賽是為跑得快的人準備的，他們的信仰就在於金錢。我們的不幸與商業中的賭博和欺詐的罪行之間、與社會的奢侈和空虛之間，以及與廣泛的冷漠和苦難之間的關聯，其實沒有必要由哪位先知指出。

「我的兒子，」一位父親說，「來到這個世界，可能會誤入歧途；但是如果他真的走到那一步，我希望他寧可騙人也不要被騙。」另外有人說：「如果能正當的賺錢，就正直些，但假若不能，就不擇手段。」第三個人說：「正直要比不正直更好，但我對兩者都討厭。」當然，我們引述這些話是為了說明對待誠實和正直的態度是多麼的不同，但在商人階層中是否存在占優勢的更高的行為準則，則令人懷疑。一個年輕人開始步入商界，他小心謹慎然而步履安全。雖然獲利的可能極小，但行為正當。「一個誠信的人將獲得保佑，但假如他厭惡致富則是有罪的：他有一雙容易使別人遭殃的凶眼，並且沒考慮到貧困可能就在後面跟著他。」在大型商業城市，年輕人驚詫於商界領袖們頭上的榮光。每一扇門都向他們打開，他們被認為是巨富，在社會上呼風喚雨；舉辦舞會、聚會和宴會。他們的房子裡滿是最偉大的畫家們的作品；壁櫥裡裝滿了最名貴的葡萄酒。他們談論的話題卻不那麼宏偉，葡萄酒、騎馬或價格經常掛在嘴邊。他們似乎在由大量財富堆積起來的金色海洋中盡情遨遊。

年輕的商人常常因為這些成功的範例失去自我控制。除非意志堅定的勇敢者，否則他們易於循蹈前人的足跡，第一筆投機買賣或許就能做成。

這個成功又會被他人模仿，從而在對財富的渴求下，一步步走下去。行事變得毫無道德觀念，肆無忌憚。在折扣市場上，到處可見他們的債券。為了維持信譽，他們花更多的錢買名畫，甚至捐款給慈善團體。先前，貪婪而不走正道的人靠暴力從他人那裡掠奪財物；現在，他們靠欺騙性的破產來掠奪。先前，每一個意圖都是公開的；今天，每一件事都是祕密的，直至最後一件事發生導致一切暴露。企業經營者破產了，債券一文不值，名畫被賣掉，膽小的人到處躲避可能找上門來的債主。

在一個破產案中，從帳面上可以清楚的看到，有一筆值 39,000 英鎊的帳單花在了孤兒院和慈善機構的身上！在一次債權人的集會上，一位發言者說，「在會計方面我可以肯定的說，這家公司在四、五年前，就已經開始大量收購資產向外擴張，並延伸到東方市場。當他們無錢還債陷入絕境時，還在堅持做不計後果的生意，我敢打賭這是為了公司恬不知恥的財政目的，用通俗的話說，就是『籌款』。雖然資不抵債，但他們仍然慷慨無度的對待慈善事業的行徑令我震驚。這使我想起我們的一位主教（在曼徹斯特）的提示，他說我們當中有些人從他們不乾淨的獲利中拿出一部分錢籌修教堂，想以此鋪好通向天堂之路。」

有誰不知道呢？由於投機和欺詐而破產的銀行，其後果是造成所有債券持有者的財產損失和家庭毀滅。席勒說：「膽敢盜用一百萬，絕不是像偷竊一只皇冠那麼簡單；當小罪過減少時，真正的罪行卻大行其道。」近年來，盜用一百萬已經不再被視為令人震驚的事了。現款從銀行儲蓄中提領出用來買鐵路股份，或在遠方殖民地買土地。由投機造成的繁榮假象，通常的結果就是毀滅性崩潰。然後，「銀行破產」和危機終結，男人們受欲望驅使而發瘋，女人們祈禱他們的生活能得到拯救。

可憐我們吧，上蒼！我們五人在此祈望，
六十年已過，仍像孩童一般耽於幻想。

恐懼和憂傷，無時無處不在啊 ——

善待我們的寡婦，遠離不幸死亡。

他們不再多等一會嗎？在我們不會把他們留得太久之前。

即使艱苦的生活，依舊流淌勇敢的歡唱。

只願留下那座古老的房子，因為往日的回憶深鎖。

為了可憐的房子，我們！寧可要墓地的祥和！（注：沃爾特‧C‧史密斯〔Walter C. Smith〕博士，這幾行詩的作者，出現在愛丁堡的一次集會上，他說，他收到了一大堆關於銀行破產的信件。有一類記者愛問他，當他看到自己被不乾淨的錢財弄出一大堆麻煩時，怎樣做到轉變信仰。他說，當前的災難不幸的為他的夥伴和他自己帶來一大堆苦難，他對於一個幾乎毫不同情他們同胞所受苦難的宗教並不怎麼感興趣。可能已經發生在他們這些誠信的人中間的欺詐行為，使他感到羞恥，但是他希望親愛的國家能夠保持清白、正直並走向繁榮，並且在比以前更純潔、更健康的氣氛中進入生機勃勃的工業時代。他被問起這 5 個老姐妹的例子。5 姐妹中大部分都讀過書，是否確有其事很難說。這是件真實的事情，他永遠不會忘記，在銀行破產 9 天後他第一次見到這些女士時的情景。在那段日子裡，廚房裡沒有煮過一頓飯，衣服從未離過身體，她們甚至沒有在床上躺過一次，茫然不知所措，驚詫不已，喃喃的盼望著仁慈的上帝能夠降臨並把她們從即將到來的苦難中帶走。）

人們已經富裕了，但急切的想變得更富有。在瘋狂的投機生意中，他們迷失了自己，結果只會是接踵而來的無望的破產。許多事例都已經證明了這一點。一位蒂珀雷里的富裕銀行家 —— 一個激進分子和政治煽動家 —— 想方設法進入了國會。為了使他安靜下來，在開會時他得到了一個財政大臣的官位。在他的眼中，烏紗帽是金光燦爛的。但他隨即又失望了，他在義大利、美國和西班牙的鐵路投資損失慘重。萬般無奈之下，他

開始偽造地契、財產轉讓證明，以及數十萬英鎊的債券。當然這雖然聰明但違法的計畫失敗了，他發行的債券無人買帳，毀滅在即。最後，在一個晚上，他進入書房拿出一小瓶氫氰酸，遊蕩到漢普斯特德荒野，飲鴆而死。

在他的死訊發布以後，瑟勒斯和蒂珀雷里的大街上是怎樣的一副淒慘景象啊！老人們為自己喪失的一切而號哭；寡婦們跪在大街上問上帝是否她們真要永遠以乞討為生。這一切完全是真實的，銀行家和財政大臣損失了他們銀行裡的最後一個先令，用從欺詐走向更深的欺詐來彌補損失。而這只能導致更加瘋狂、更加絕望的毀滅。

他最後的幾封信中有一封是寫給他的堂兄的。他說：「我作惡多端，一步步走向聲名狼藉。我是數千人遭受毀滅、痛苦和恥辱的罪魁禍首。哦，我怎麼對得起那些就要遭受滅頂之災的無辜的人們哪！我可以承受一切懲罰，但無法面對他們的不幸。我多麼希望從未離開過愛爾蘭！又多麼希望能抵制住第一次捲入投機生意的誘惑！假使那樣，我還能保持真正的我，誠實又可信。而現在除了死亡，我毫無選擇。即使痛哭流涕，又能有什麼用呢？（注：「不光彩的追求舒適和快樂，」彼得伯勒的主教說，「墮落的崇拜財富；不道德欺詐和貪婪占有的不正直行為；經常享受奢華並揮霍無度；厚顏無恥的作惡，因驕傲和酒足飯飽而臉紅，甚至不再屈尊說些偽善的對美德的讚頌之辭；品格低下而玩世不恭，對那些正使民族過上更有尊嚴的生活，而構築起來的好一點的想法和高一點的目標嗤之以鼻；利益競爭氾濫成災，階級之間的戰爭在一天天的擴大和深化，這是窮人的嫉妒性自私對抗富人炫耀財富的自私；那些片面的不顧一切的帶著對整個社會框架刻骨仇恨的人認為這個框架只是用來壓榨他們的龐大機器；革命製造了把一切變得相似的狂熱夢想：勞動者再沒有勞苦和異化，都能享受到現今的少數有產者所能享受的一切，但這永遠僅是帶著痛苦的企望

而已 ── 這些是邪惡種子的一部分,由我們的雙手親自撒播在土壤裡,經過發芽、壯大,將會生長出一支不可控制的軍隊,它遠比國外入侵的敵人更可怕。我們現代文明的光輝可以一時隱住這些潛在的危險,但無法忽視的是我們國家最寶貴的偉大之處正在一片狂熱氣氛中湮滅,而在另一個黑暗的角落,文明陽光照耀不到的邪惡東西正在壯大成熟;如果,僅僅是如果,我們看不到這一點或者看到了也不去糾正,那麼將會有一天,我們會無奈的借助犀利而令人清醒的戰爭方式 ── 甚至不惜承受戰敗後的恐怖審判和苦難 ── 把我們從自由和平時期培養出來的無比恐怖中拯救出來。」)

國家和政權像個人一樣卑鄙。它們的行為可以由占它們總數3%的政府來衡量。西班牙、希臘和土耳其的商業界是不誠實的。西班牙被她的財富毀掉了,她的人民被她征服的南美殖民地流入的黃金慣壞了,他們懶散成性。今天,一個西班牙人不會恥於乞討,但會恥於工作。希臘賴掉了好多年的債務,像土耳其一樣,她沒什麼東西可用來償還。在這些國家,所有工業上的工作都是由外國人來做的。

對美國的費城和她的其他好多年前就已經賴掉了債務的州來說,也許希望會多些。這些富裕的州從國外借來錢,透過修路開渠造福人民使自己更富有。可敬的西德尼·史密斯 ── 把他的「過著窮困的生活而存了一輩子的辛苦錢」借了出去 ── 讓全世界都知道了他的損失。他在華盛頓的國會大廈前抗議,後來還發表了抗議書。「美國人,」他說,「自吹革新了舊世界的秩序,但其惡行一點不少。一個鞭撻了世界各地暴君的偉大國家,像歐洲最墮落國家的最卑鄙的君主一樣,犯下了空前的欺詐罪行。」

伊利諾州倒是行為高尚,雖然它很窮。為了完成州內建設,它像費城一樣借了錢。當富裕的費城居民揭發出他們被賴債不還時,許多更窮的州也想效法費城。由於每家的戶主都有一票的投票權,所以如果他們不那麼

正直，債是很容易賴掉的。後來在伊利諾州的首府史普林菲爾德召開了一次大會，關於賴掉債務的法令送交給了會議討論。在法令就要通過時，被一個正直的人阻止了。當時史蒂芬・A・道格拉斯（Stephen A. Douglas）（讓他高貴的名字在這裡被提起吧！）正因病躺在旅館裡，他是被抬著出席大會的。因為實在病得走不動了，他躺著寫下了如下意見，作為那個賴債法令的替代決議：「伊利諾一定要誠實無欺，儘管它從未還過一分錢。」

這份決議觸動了每一位大會成員正直的情感，它被熱烈的通過了。這是對賴債不還這股歪風的致命打擊。運河債券立即升值了，資金和移民湧入這個州。現在伊利諾成為美國最繁榮的幾個州之一。它擁有比其他任何州都長的鐵路線。它廣闊的平原是一塊大農田，其中星羅棋布的點綴著數十萬祥和、幸福的家庭。這就是正直的力量。

事實是，我們已變得太自私，考慮自己勝過考慮別人。全力尋求享樂，其後果就越是不考慮自己的同類。這兩者是反比關係。自私的人對別人的需求是毫無幫助的。在甲殼裡生活，沒有防禦武器。無論痛苦還是窮困都會襲擊他們。他們的感情似乎只對滿足他們需求的人開放。「有些人，」聖金口約翰（St. Chrysostom）說，「來到這個世界上似乎就是為了追求享樂，以及養肥這上帝賜給的軀體……只要天使一看到裝滿奢華食品的桌子 —— 上帝就被激怒了 —— 這是魔鬼的狂歡 —— 有德的人被震驚了 —— 甚至僕人也要譏諷嘲笑他……正直的人看也不看一眼，就會把這奢華的宴會留給暴君以及用犯罪手段發財的人。他們正是這個世界遭受苦難的根源。」

我們漠視在艱苦條件下如何生活的情形，片面追求奢侈和豪華在時代流行。然而一個人生命的價值並不在於他所占有財富的豐厚，儘管貧窮，仍要誠實。節減掉無用的開銷，甚至某些生活必需品也削減，連同古人的品格力量，是通向基督徒忘我境界的大道。我們這個時代最需要的是那些

滿足適當的需求，並不貪多的人。「一間小屋裡藏著一顆偉大的心，」拉科代爾（Lacordaire）說，「是一切東西中使我感受最深的。撒播真和善的人是幸福的，豐收也不能使他們墮落！」

這裡有一個關於貧窮的德國農民的正直而守信的範例。聖皮埃爾（Bemardin de Saint-Pierre）在他的《大自然的考察》中講述了這個故事。西元 1760 年，當他住在黑森時，是一家名為聖日耳曼的公司的一名工程師。在那裡，他第一次面臨並熟悉戰爭的恐怖。他日復一日穿行於掠奪過後的村莊、被毀掉的田地和農場。男人、女人和孩子流著眼淚從村舍中逃出來。武裝分子到處毀壞他們的勞動果實，並以此為榮。但是當地一位窮人表現出來的高貴品德使聖皮埃爾在這麼多暴行當中找到一絲安慰。那位窮人的屋舍和農田正好處在軍隊前進的路上。

一個騎兵上尉被授命帶隊外出搜尋糧草。當他們找到一家貧陋的小房舍並開始敲門時，一位白鬍子老人出現了。「把我帶到能為我的部隊找到糧食的田地裡去。」這個軍官說道。「馬上就去，長官。」老人回答說。他前頭帶路領著他們順著山谷向上爬。行進了約一個小時之後，出現了一塊大麥田。「這下可解決大問題了。」軍官說道。「先別動手，稍等一會也不遲。」他們又出發了，又找到另一塊大麥田。士兵們跳下馬來，收割著莊稼，並捆成束放在馬背上。「朋友，」這個軍官說，「你為什麼把我們帶這麼遠？我們第一次所看到的麥田長得和這塊田一樣好。」「確實一樣好，」這位農民說，「但那塊田不是我的！」

第四章
拒絕誘惑，做真正的自我

如果需要教給你什麼真理，

那就是，一定要果敢；

真誠的生活，

臣服於偉大而又高尚的信條。

每個人都給予、奉獻和付出，

這世界該多麼美好；

可是，如果生活只是乞討、索取和報復，

暗無天日便瀰漫寬容的天空。

　　　　　　　── 鮑沃爾 - 利頓（Bulwer-Lytton）

親愛的朋友，美名之與男人和女人，

正如最直接的財寶隱藏於他們的靈魂；

偷盜了我的錢包，

其實他只是偷了點廢物，這無關緊要；

金錢，是我的，是他的，是千百萬人的奴僕。

但是　　如果誰盜用了我的聲譽，

他搶劫來的東西雖然不會使自己富裕，

卻使我一貧如洗。

　　　　　　　── 莎士比亞（Shakespeare）

　　某些人是可以收買的。無數的流氓無賴為了金錢和享樂，樂意出賣自己的靈魂和肉體。行賄受賄和貪汙腐敗使得選舉成為徒有其表的形式，這樣的事情誰還未曾耳聞目睹呢？這當然不是享受自由或保持自由權利的方法，這些出賣自己的人是奴隸，而那些收買別人的人是不誠實和無道德的。他們都是自由的騙子。「我站在自由的土壤上。」一位演說家宣稱。「你沒有，」聽眾中有一位製靴匠反駁說，「你腳上穿的那雙靴子，你至今還沒有付錢給我。」

人，都有一種從眾心理 —— 因為這樣可以得到大家的交口稱讚。「大多數能意味著什麼呢？」席勒說道，「真理往往掌握在少數人手中。投票應該考慮的是投票者的分量，而非考慮得票的多少。如果一個國家的大政方針是由那些搖擺不定而又愚昧無知的大多數來決定，那麼這個國家是遲早要毀滅的。」

在脫離蘇格蘭長老會以後，諾曼·麥克勞德說，繼續站在不受歡迎的少數派一邊，按照自己的良心所喻示的職責行事，這對自己是一個極大的考驗。不管他出現在什麼場合，等待他的總是嘲笑和噓趕。「我今天看到了一座墳墓，」他在一封信中寫道，「它在一座保留有基督受難十字架的小禮拜堂裡，基碑上的碑銘是『這裡躺著一個誠實的人！』我多麼希望以同樣的方式生活，讓人們給予我完全同樣的悼詞呀！」

愚昧無知和粗心大意的人極易受那些沒有道德原則的人所擺布，而且愚昧無知的人仍然占人群中的大多數。在法國巴黎，由於妨礙了新橋渡口的交通，一個騙子被帶到了改造法庭。地方法官對他說：「小子！你是怎樣把人群吸引到你身邊並詐取那麼多錢財的？難道就靠兜售你那『確實可靠』的廢話？」「先生，」這個騙子回答說，「當時經過新橋的人數，您想想會有多少呢？」「我不知道。」法官說。「那麼，我可以告訴你，大約有10,000人。你認為其中有多少聰明人呢？」「哦，或許100個。」「100個恐怕是估算得太多了，」這個騙子說，「不過，我把這100個聰明人交給你們去管理，而其餘的9,900人則是我的主顧。」

缺乏任何誠實正直的品格、自尊，喪失做人的尊嚴，直接或間接導致了人們貪汙腐敗行徑的氾濫，否則，各方面的賄賂對他們將產生不了任何效力而遭到抗拒。政府官員剝扣經手的各種貨物，不管是否有用於己。因此，士兵們那些粗製濫造的鞋子總是在行軍途中爛壞，以次充好的軍衣破爛不堪；罐裝食品出現腐爛變質。奈爾斯（Nares）上校神色悲傷的談到北

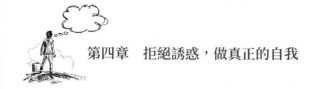

極地區他們那些海軍的物質供給。這些軍需品由於運輸途中的賄賂和貪汙，到達士兵手中時已不到國家規定的現役軍人物品供給的四分之一。

人們的許多做法都是違法犯罪的。一張支票總會透過各種方式轉到某個官員手中，這個官員又會把它轉到自己的銀行戶頭上。因此，一個人薪水很低卻可能成為富翁。公開招股公司的職員道德極其敗壞時，為了清除這種影響，辦公室的大門上會貼上這樣一張字條：「本公司的職員不允許接受賄賂。」然而，廚師會從零售商手中拿回扣，僕役長與白酒供應商會有彼此心照不宣的約定。

「這種違法犯罪行為，」《泰晤士報》評論說，「極大的損害著各種健康的商業關係。但是，如果任由這種風氣越演越烈，從公司職員和市場侵入政府機關工作人員當中，那麼，政府官員的辦事效率和信譽就會大打折扣而徹底完蛋。公務員應該廉潔和忠於職守，這是極為重要的事情。如果每一個公務員都有收取小費或有行賄受賄的嫌疑，那麼一個精神淪喪、道德滑坡的時代就要來臨。」

有一個發明家提出了對政府官員進行財產登記的建議，並且要求這項工作不能交由祕書去做。「對我們來說，這也是毫無用處的，」他說，「我們需要一個使人誠實的機制，但是，我們恐怕做不到。」我們需要誠實的人！到處都迴盪著這樣的呼聲。那些騙取了人們信任的人，他們的偷盜和詐騙行為往往被警察局和法院揭穿，其結果是聲譽掃地。人們最需要的是可以值得信任的品格。一個人的品格是可以信賴的，當然這需要你透過自己的行為來證明，並以此取信於人。

國外的情況也大體差不多。俄國、埃及和西班牙的情形最為嚴重。在俄國，官員的腐敗甚至高層官員的腐敗都十分普遍。無論做什麼，都得留下買路錢，賄賂以一切可能的形式滲透於每一個角落。從買賣商和管轄他們的官員之間的約定，到商品的直接移交，腐敗之風極為盛行。這些政府

官員的藉口是他們的薪水太少。從莫斯科到聖彼得堡的鐵路花費了鉅額資金，給工程師和築路工人的薪資數目也十分龐大，但是大多數被工頭和主管人員盜用了。緬什科夫（Mentchikoff）王子陪伴沙皇在經過莫斯科的短途旅行中，想刺激正在俄國訪問的波斯大使。這位波斯人視察了黃金砌成的圓頂屋、大理石的柱子和長達數英里的店鋪，但是，他對這些東西都態度冷淡，全然不以為意。最後，沙皇俯下身子在王子耳邊問道：「我們能不能找到什麼東西讓這個傢伙感到吃驚呢？」「當然可以，陛下，」王子回答說，「讓他看看從莫斯科修築到聖彼得堡的鐵路所花的費用吧。」在埃及，在亞歷山大城，情報「走漏」現象是極為嚴重的，除非用金錢去收買當事人。在西班牙，進入口岸的每一艘船都必須事先賄賂海關官員。他們的藉口和俄國官員一樣，不接受賄賂，西班牙官員就不能生活下去。

即使是生活在共和政體下的人們也已習慣和樂意於接受賄賂。金錢可以克服無數的困難，解決許多問題。在美國，共和國的菁英們開始肆無忌憚的行賄受賄。政府官員僅有的那點微薄的薪水是不夠用的，即使是最高層主管也會接受馬匹和馬車，甚至是現金的賄賂。假公濟私和貪汙腐敗正在迅速的破壞行政管理的效率，降低公共道德的水準。（注：見西元 1871年 1 月《北美觀察》。）雅各布‧考克斯（Jacob D. Cox）先生認為在整個美國中為了爭權奪利，道德正在淪喪。所有的村落無一倖免。在這個國家中，哪個政黨在選舉中獲勝，它就會對每一個角落進行清掃，把自己的人員安插在有權有利的位置。對戰爭的歡呼是「屬於勝利者的戰利品」。「雖然讓人感到羞辱，但是我們不得不承認，」考克斯先生說，「金錢和地位對於我們的政治就像『美色和戰利品』對於一支進駐一座被征服了的城池的軍隊。他們的掠奪已使我們習以為常，我們不得不對自己的冷漠感到驚訝，我們已開始意識到公共事務的良心已部分死亡。」那些目光遠大和誠實正直的美國政治家覺察到了這一點，他們為此憂心忡忡。

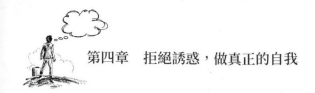
世界各地也概莫能外。政體的形式——不管是君主政體、貴族政體、還是共和政體，這些都無關緊要。產生差別的不在於政體形式的本身，而是進行管理的人。如果統治者殘忍自私，那麼政治權力就是一種禍端。如果統治者富於理性而又公正無私，政治權力就將是社會的最大福祉。如果自私從統治階級開始，那麼整個國家都會籠罩在一片悲哀之中。邪惡自上而下蔓延，滲透到每一個階級，甚至是最窮困的階級。人生的歷程就僅僅是為了錢財和自我。一切原則都被廢除，誠實正直成了被人遺忘的美德。信仰漸漸化為烏有，社會成了一個爭奪金錢和地位的戰場。

然而，在任何時代，都有一些拒絕出賣自己的人。即使窮困潦倒到了無以復加的地步，如果為人生的職責所感召，他們也會拒絕被金錢所收買。在北美的印第安人中，追求財富是被一個勇敢的人所不齒的行為。所以，部落首領往往是該部落中最貧窮的人。在以色列、希臘和羅馬人中，部落的功臣都是些窮困者。當以利沙（Elisha）被任命為以色列先知時，還正在耕田。辛辛納圖斯（Cincinnatus）被任命為羅馬軍隊的統帥時，正在田野工作。蘇格拉底和伊巴密濃達（Epaminondas）都是古希臘最貧窮的人。耶穌也是如此，可他卻是我們信仰的締造者。

緣於他的不屈不撓和誠實正直，阿里斯提德（Aristides）被人稱為「正義」的化身。他擁有毫無瑕疵的正義感、無懈可擊的自我克制能力。他的一生曾參加過馬拉松戰役和薩拉米斯戰役，指揮了普拉提亞戰役。雖然他是國家的最高階官員，但死的時候卻非常貧窮。沒有什麼能夠收買他，沒有什麼能夠誘使他背離自己人生的職責。據說，雅典人品德變得更為高尚，是因為阿里斯提德為他們樹立了一個光輝的榜樣。阿里斯提德曾出席過埃斯庫羅斯（Aeschylus）的一場悲劇演出，當演出者說出了一句關於善良美德的臺詞時，觀眾的目光都不自覺的從演員身上轉移到了他身上。

雅典將軍福基翁（Phocion）被視為一位非常勇敢而又有先見之明的

人，被人稱為「善良」的化身。當亞歷山大大帝占領了希臘後，他想方設法企圖讓福基翁歸順自己。亞歷山大大帝給他無數的珍寶，並讓他從雅典任意挑選 4 座城市。但是，福基翁絲毫不為所動，不肯讓自己的品格沾上汙點。「如果亞歷山大真的想使我獲得新生，」他說，「那麼請讓我做一個誠實正直的人吧。」

然而，狄摩西尼（Demosthenes）這位雄辯家卻是個可以被收買的人。當哈帕拉斯（Harpalus）被亞歷山大派往雅典擔任首領時，那些演說家們都緊盯著他的金錢，狄摩西尼也不例外。不誠實正直的雄辯家會是個什麼樣的人呢？當狄摩西尼去拜訪哈帕拉斯時，這位首領注意到狄摩西尼對他的一個精雕細刻的茶杯非常欣賞，他請求讓他掂量掂量這個茶杯的輕重。「這個杯子值多少錢？」狄摩西尼問道。「它可以為你帶來 20 個塔蘭特（古希臘貨幣單位）。」哈帕拉斯回答說。當天晚上，這個茶杯裡面裝著 20 個塔蘭特，一同被送到了狄摩西尼家裡，狄摩西尼沒有拒絕這份禮物。當時的處境導致了這位演說家的恥辱。事隔不久，他就服毒自殺了。

與此相反，西塞羅（Cicero）不僅拒絕來自敵國的禮物，而且拒絕來自朋友的任何禮物。在他被人刺殺後的一天，凱撒（Caesar）發現自己的一個孫子手捧著一本西塞羅的書在閱讀。這個小孩試圖把書隱藏起來，可是凱撒把書從他身上拿了過去。在匆匆瀏覽一下之後，他把書還給了這個小孩並且說：「孩子，這是個雄辯的人，並且是個愛國者。」

在被迫逃亡時，有人問拜爾斯（Bias），為什麼不像他的同胞那樣，帶上一些私人財產。拜爾斯回答說：「你的好奇毫無道理，我其實已帶上我所有可貴的東西 —— 誠實和正直。」

在羅馬皇帝戴克里先（Diocletian）脫下帝王所穿的紫袍一段時間之後，馬克西米利安（Maximilian）邀請他重新執掌政權。戴克里先回答說：「看看我在薩洛納所親手種植的蔬菜和快要成熟的瓜果，看看我在住宅周

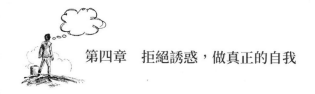
圍所種植的花卉，你就會明白：我不會為了追求權勢，而迫不及待的放棄我現有的快樂和幸福。」

他是為自己的努力成果而工作，他身上蘊含著勤奮吃苦精神。而正是這種精神讓勞動者堅韌不拔，給予勇士膽識，給予政治家堅定。勞動關閉了通向不誠實的第一條道路，開闊了展示自己才華的廣闊天地，激發了人們完成每一個社會的和宗教的職責的活力。因此，羅馬人希望戴克里先回到他的政治職責上去。

自得其樂是自然的財富，也是比華貴和權勢好得多的東西。瑪麗（Mary），伊莉莎白（Elizabeth）的妹妹，希望自己是一個在乳酪農場工作的女性，而不願當女王。這樣，她的愛情就會得到回報，而避免透過她的內閣大臣的手導致權力的腐敗，釀造痛苦。許多殉道者也因此免於被燒死。

勇敢而又誠實的人們不是為了金錢而工作，而是為了愛情、為了榮譽、為了品格。蘇格拉底寧願死去也不願意放棄正確的道德原則。卡薩斯（Bartolomé de las Casas）不遺餘力的為減輕貧窮的印第安人的痛苦而工作。他們從未想到過金錢或國家，而是致力於提高人們的思想水準和減輕人們的痛苦。

當教宗推薦米開朗基羅從事聖彼得大教堂的工作時，米開朗基羅提出的條件是不要任何報酬，他付出勞動「僅僅是出於對上帝的熱愛」。「留著你的錢吧，」布魯塞爾的威爾茲（Wiertz）對一個想購買他的繪畫作品的紳士說，「金錢對於藝術是致命的打擊。」不過，我們必須承認，威爾茲是個性格古怪的人。

在政治生涯中，對地位和金錢的追求往往是永無止境的。公職中的所得，如果不是透過對大眾的有效服務而公正的得到，那麼這往往就是道德腐敗的開始。它是用一種卑鄙的動機取代了高尚的愛國心。當然，無論它是否出於個人喜好的考慮，都敗壞了政治的聲譽，降低了人格。

安德魯‧馬維爾（Andrew Marvell）是個具有古羅馬精神的愛國者。他出生在查理一世（Charles I）統治初期的赫爾地區，生活在一個動盪不安的時代。青年時期，他在劍橋大學三一學院學習了 4 年。後來遍遊了歐洲。在義大利，他結識了米爾頓，二人終生都保持著友誼。當安德魯回到英國時，內戰已經爆發。在這場戰爭中，他似乎保持中立，儘管他是個自由的捍衛者和促進者。西元 1660 年他被選為本城鎮的議會議員。在他擔任議員時，他幾乎透過每一個郵局向市長和他的選區居民寫過信，告訴他們在議會中發生的事情的過程。

馬維爾並不贊成米爾頓反對君主政體的主張。他的傳記作家稱他是「英國人、自由和《大憲章》的朋友」。他絲毫不反對開明的有限君主制，因此，他擁護王政復辟。人們相信查理二世（Charles II）回國以後會恢復和平與忠誠，因此他們渴望這一天的到來。事實證明他們大錯特錯。朝廷為了表達沒有把馬維爾視為敵人，讓他和卡萊爾勛爵（Lord Carlisle）一同出任駐俄大使。當他不在國內的這段時間中，出現了許多醜陋邪惡的事情。復位後的國王時時在收斂錢財。他想盡一切辦法，包括賣官鬻爵和創立專利權，來滿足自己的賺錢欲望。馬維爾在寫給自己選區居民的一封信中指出：「宮廷窮奢極欲，揮霍無度，人們已極度憤怒。」在舊城堡審判兩名貴格會會員佩恩和米德時，擔任書記員的馬維爾對西班牙的宗教裁判所稱讚不已，他說：「除非我們也有類似的機構，否則情況將不會有什麼轉機。」

貪得無厭的國王仍在肆無忌憚的透過他的朝臣和變節的愛國者搜括民脂民膏。他用數千英鎊收買了這批人，但是，馬維爾是個不能被收買的人。他的諷刺宮廷及其食客的作品出版了。從國王到商人，每一個人都閱讀了他的作品。國王下決心要讓他歸順自己。他受到了威脅，又受到奉承；他受到了反對，也受到了撫愛；他受到了間諜的困擾、流氓的伏擊搶

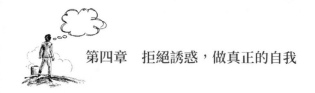

劫和女色的勾引。但是，他們都沒有找到他致命的弱點。誠實正直使他度過了危險、抵制了腐敗。道德原則使他不畏懼威脅，也不屈服於賄賂，並因此贏得了驕傲。宮廷認為沒有哪個男人是誠實正直的，沒有哪個女人是貞潔的，有錢能使鬼推磨。但是，馬維爾卻擊敗了金錢的這種魔力，為自己贏得了聲譽。

據說，王室財務主管丹拜勛爵（Lord Danby）企圖收買他的老同學，於是到馬維爾的閣樓上去拜訪他。分手之際，這位財務大臣塞給馬維爾一張由國庫支付的 1,000 英鎊的支票，然後走進了馬車。馬維爾看了看這張支票，一邊追趕丹拜，一邊喊道：「先生，我想再耽擱您幾分鐘。」他們再一次回到了閣樓，馬維爾把自己的僕人傑克叫了上來。「傑克，昨天晚上我吃的是什麼？」「難道您不記得了嗎，先生？您吩咐我從市場上一個婦女那裡買了羊的肩膀肉。」「非常正確，孩子。那麼今天晚上我吃什麼呢？」「難道您不知道，您叫我燒烤羊的肩胛骨？」「是這樣，一點沒錯，孩子，你下去吧。」「先生，」馬維爾轉向財務大臣，說道，「您聽見了吧？安德魯‧馬維爾的晚餐已經準備就緒，這是您的支票，我不需要。我明白您的一番好意。我在這裡為我的選區居民效勞。內閣或許正在尋找他們所需要的人，但我不是。」

馬維爾自始至終行為高尚，他的品格無可指責，他是自己選區居民的忠實代表。雖然並不貧窮，但他的生活方式卻是一如既往的簡單而又樸素。西元 1678 年 7 月，他最後一次拜訪了自己的選區居民。雖然以前他從未有什麼疾病，也沒有任何明顯的衰老跡象，但回到倫敦後不久就突然去世了。有人說他是被人毒死的。這可能不是事實。但他是個誠實正直的人，自始至終清正廉潔，他是正義的捍衛者。「善良的人愛戴他，邪惡的人懼怕他。極少數的人效仿他，但幾乎無人可與之媲美。」這是他在赫爾地區墓碑上的墓誌銘。

和馬維爾一樣，班・強生（Ben Jonson）也是個生性耿直而又直言不諱的人。在這位詩人備受貧困和疾病折磨的時候，查理一世很不情願的派人為他送來了為數不多的一點錢。班・強生把這筆錢退了回去，並且讓來人捎了個口信——「我想他送錢給我是因為我的生活陷入絕境，告訴他，他的靈魂已陷入絕境。」

　　戈德史密斯（Goldsmith）也是一個不能被收買的人。他深知自己的貧窮處境。他曾經遍遊歐洲，靠吹長笛街頭賣唱支付路費，也曾經在馬廄和露天下過夜。他當過演員、招待員，也行過醫。在此過程中一直都是衣不蔽體、食不果腹。爾後，他開始了創作，成了一名紳士，但他從未擺脫過貧困的糾纏。他在自述中這樣寫道：「我住在閣樓裡，為了麵包而寫作，期盼能夠多寫一點，好額外支付一杯牛奶的帳單。」有一天，強森（Johnson）接到了戈德史密斯的口信，說他陷入了極度的困境之中。這位醫生立即跑去看他，發現他的女房東因為房租問題而逮捕了他，他唯一能夠賣掉的東西就是一堆書稿。強森拿起書稿，發現是《威克菲的牧師》。強森確信這是一本很有價值的書，便把它賣給了一個書商，得了 60 英鎊的稿酬。（注：歌德說這本書對他而言是上帝的賜福。在他 81 歲高齡，一隻腳已踏入墳墓之時，他對一位朋友說，在他精神發展的關鍵時刻，《威克菲的牧師》一書對他影響至深。近來他又重讀了一遍，該書帶給他的快樂仍然不減當年。這本書從頭至尾都極有魅力。70 年來，他對作者的感激之情依然存在，並且絲毫未曾減弱。——福斯特〔Forster〕）

　　雖然戈德史密斯當時甚至至死一直都很貧窮——他臨死前還欠著別人的債務，但他是個不能被收買的人。他拒絕從事骯髒的政治活動。勞勃・沃波爾（Robert Walpole）當時答應，只要他暗中為他效勞，每年可以給他 5 萬英鎊的報酬。當時的三流作家被唆使去記錄政府機構的日常事務，以及這些政府機構的反對者之所作所為。在諾斯勳爵（Lord North）擔

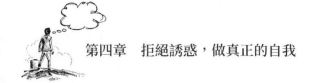

任首相時期，「朱尼厄斯（Junius）」是當時的反對派。諾斯決定僱用戈德史密斯，去遏制對他的這些可怕的諷刺挖苦。史考特（Scott）博士是三明治勳爵（Lord Sandwich）的牧師，他被委派去與戈德史密斯談判。「我在教堂的一個十分簡陋的房間裡找到了他，」史考特博士說，「我向他說明了來意。我告訴他我被授權向他支付報酬，可是，你或許不會相信 —— 他荒謬可笑的說：『不為任何黨派寫作，我所賺的錢足以滿足我的需求。因此，你向我提供的幫助完全是多餘的。』因此我離開了他的閣樓。」

就這樣，貧窮而又高尚的戈德史密斯拒絕了不義之財！他寧願用自己的筆寫出像《兩隻繡花鞋》這樣膾炙人口的兒童文學作品，也不願出賣自己而去當政客們的僱傭文人。

普爾特尼（Pulteney）是下院在野黨領袖，在一次演說中他引用了一段拉丁原文。勞勃・沃波爾爵士對這段話有疑義，並說願意為這段錯誤引文打賭一畿尼。（注：畿尼，西元 1663 年英國發行的一種金幣，等於 21 先令，西元 1813 年停止流通。後僅指等於 21 先令即 1.05 英鎊的幣值單位。）普爾特尼同意打賭。他們查找了經典原文，普爾特尼被證明是正確的。沃波爾把一個畿尼放在桌子上。普爾特尼在拿起這個畿尼時，要求下院作證，這是他第一次把大眾的錢裝進自己的口袋。現在，這枚用來打賭的錢存放在大英博物館，被稱為「普爾特尼畿尼」。

皮特，也就是查塔姆伯爵（Earl of Chatham），在被任命為負責發薪餉的軍需官後，除了法律規定他的職位所應拿的薪資外，他從不多取分文。在和平時期，軍需官是允許在自己名下保留一大筆經費的，這個數目總計可達幾百萬英鎊；他是可以把這筆錢的利息占為己有。但是，查塔姆拒絕占這樣的便宜，同時也拒絕了外國王室在償還英國債務時給他的小費，這種小費每年累計起來是相當可觀的。不僅在金錢往來上，而且在道德品格上，他同樣表現出值得尊敬和公正無私的品格。

威廉‧皮特（William Pitt）這位偉大的倫敦議會議員也是同樣忠誠的。他認為，金錢在與公共利益和人們的尊敬相比，就如同腳下的糞土。他的雙手是乾淨的。正當他與福克斯領導下的在野黨進行競爭時，羅爾斯地區的書記職位出現了空缺。這是一份工作清閒而報酬豐厚的美差，年薪為3,000英鎊。大家都知道皮特家境貧寒，人們認為他可能會委派自己。這其實也是無可厚非的事，在當時，這種情況也習以為常。但是，他卻把這個職位讓給了巴雷上校（Colonel Barré）——他的一位又窮又瞎的朋友。因為這樣可以省去政府以前決定給予他的救濟金。

　　每個人都可以體會到皮特的公正無私，可是，他卻受到誹謗、抵毀和辱罵。雖然經過他手裡的現金有幾百萬英鎊，可是，即使對他恨之入骨的仇敵也找不出他不合法收入的蛛絲馬跡，找不到任何可以指控的證據。當英國國內的那些富豪們紛紛請求給予他公爵爵位、侯爵爵位和嘉德勛位時，他自己總是婉言加以拒絕。在金錢面前，他極度輕視，不屑一顧。皮特還是個寬宏大量的人，就像亞里斯多德在《倫理學》中所描述的：那些自認為是很有價值的人，往往具備了真正的價值。高貴的貧窮提升了他的品格。

　　據說，著名的法國律師錢米爾德（Chamillard）在為一件訴訟案辯護時，因為一份十分重要的文書沒有及時取出而遭敗訴。法官的裁決報告遞交給了議會並得到了確認，再也不能上訴了。起訴者在拜訪錢米爾德時，由於財產損失慘重而悲痛欲絕。他聲稱之所以敗訴完全是由於錢米爾德未提到一份最重要的文件而造成的，它是這起訴訟案勝訴的關鍵。錢米爾德說自己沒有看到這份文件。而這位委託人堅持說這份文件是和其他文件一同交給他的。最後，錢米爾德打開自己的文件袋，經過仔細尋找，他發現了這個文件。他承認如果把這份文件拿出來在法庭上唸上一遍，這起訴訟案是完全可以勝訴的，但是，現在已沒有任何上訴的機會了。這位律師立

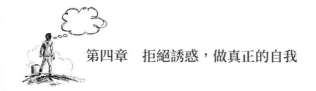

即著手採取補救措施。他請這位起訴者明天早上再來，並取出了自己的全部積蓄。第二天早上，當他的委託人到來時，他就把這些錢全賠給了他。這樣，錢米爾德就失去了自己的全部財產。然而他忠於了職守，勇於承擔了責任。不僅如此，他還跑去拜訪法庭法官，請求他在之後遞交給議會的報告中再也不要提及自己。雖然這個大的失誤發生之後，他竭盡所能的做了彌補，但他對自己再也無法相信。

阿瑟・威爾斯利爵士（Sir Arthur Wellesley，即後來的威靈頓公爵）在印度擔任公職時，有一天，海得拉巴王朝的首相向他送來了一大筆錢財。這位首相想探聽在阿索戰役之後，還會為他的國王保留些什麼特權。阿瑟爵士靜靜的注視了他片刻，然後說道：「看來，你是能夠保守祕密的？」「當然，先生。」「那我也是如此。」這位英國將軍說。他拒絕提供任何情報，並且很有禮貌的把這位首相送了出去。還有一次，基特爾特區的王公拉甲透過他的代理人向阿瑟爵士行賄 1 萬個金幣。這位將軍非常憤怒，他吼道：「告訴拉甲，不管是誰做這樣的事，我和其他英國官員都會把它當作一種侮辱。」

阿瑟爵士的親戚威爾斯利侯爵，也以同樣的方式拒絕了東印度公司的主管們送給他的 10 萬英鎊。沒有誰能讓他接受這份不義之財。「我不必提到，」他說，「我獨立的人格和我的職務所應有的尊嚴，使我只考慮自己的部隊。如果讓我去剋扣那些勇敢的士兵們的軍餉，我會受到良心的譴責。」查爾斯・納皮爾（Charles Napier）在印度期間，也展示了他嚴格的自律精神。「當然，」他說道，「只要我願意，到錫德以後，我起碼可以得到 3 萬英鎊的賄賂。但是，直到現在我的雙手還不需要清洗，尊敬的父親傳給我的這柄寶劍還沒有被玷汙。」

詹姆斯・奧崔門爵士（Sir James Outram）也是個慷慨大方和公正無私的人。在印度，當這位年輕的陸軍少校被任命為一支集結起來鎮壓馬希・

坎塔（Mdhi Kdnta）叛亂的軍隊指揮官時，他拒絕了這一令人羨慕的職位，因為他的一個朋友要比他更有資格。他認為，在需要平等的地方，任命一個像他這樣年輕的軍官擔任總指揮可能會引起他人的不滿，指出這一點是他的職責。當時在場最高級別的軍官就是那個資深的陸軍上校。奧崔門說：「這一職位是我所不能勝任的，資歷較淺的我願意服從他的指揮。就像我所認定的那樣，如果他獲得了勝利，那麼，因為我和他並肩作戰，我也盡到了自己的責任。萬一戰爭失敗了，由於對他的任命是我的提議，那麼責任應當由我來承擔。」但是當時的最高統帥不肯接受他的建議，後來經過他反覆申請，才最終得到批准。

錫德戰爭勝利結束後，上級向全體官兵分發獎金。奧崔門由於是陸軍少校，得到了 3,000 英鎊獎金，但是他拒絕了。他說，對於這些他所反對的戰利品，他分文不取，並把這筆錢全部捐贈給慈善事業。其中包括杜福（Duflfs）博士的印度教士學校；在庫索尼地區的希爾救濟院也分到 800 英鎊。勞倫斯夫人（Lady Lawrence）後來寫信給他說：「您的捐助我們很樂意接受，因為您忠誠於我們所堅信的正義的事業。」

詹姆斯・奧崔門從未想過要為自己謀私利。在他看來，金錢應當用於資助別人，否則，它就只是腳底下的糞土。他從不忸怩作態，沽名釣譽，一貫的自然、純樸。對他的生活了解得越多，我們就越是感覺到：他總是尊重別人勝於尊重自己，總是把別人的事情看得比自己的事情還重。確實，他擁有一顆博愛的心。正因為他對別人的同情憐憫，將心比心替別人考慮，使得奧崔門如此強烈的反對一切形式上的不公正。如果在印度的幾位主要統治者缺乏這種愛心，那麼那裡就會成為最令人難以忍受的人間地獄。（注：見《奧崔門的一生》，戈德史密斯爵士〔Sir F. J. Goldsmid〕著。）

據說，偉大的勞倫斯勛爵（Lord Lawrence）在為一位年輕的印度王公辦理某件極為重要事情的過程中，這位王公試圖從桌子底下塞給勞倫斯一

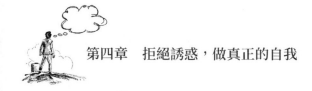

袋子鈔票。「年輕人，」勞倫斯說道，「你已經給了一位英國人他可能會接受的最大的侮辱。考慮到你年輕，這一次原諒你。但是，我警告你要吸取教訓，不應再如此粗俗的冒犯一位英國紳士。」

正是因為這樣一些人的英勇頑強和誠實正直，印度帝國才得以保存。他們忠於職守，永保節操，甚至不惜甘冒生命危險。在印度兵變的時候，在許多人全然不了解情況的情形下，立即就衝上前線的人，其中有哈夫洛克（Havelock）、尼爾（Neil）、尼科爾森（Nicholson）、歐南（Outram）、克萊德（Clyde）、英格利斯（Inglis）、愛德華（Edwardes）和勞倫斯（Lawrence）。勞倫斯的名字在西北各省是力量的象徵。以忠於職守而著稱的還有另一對兄弟，哥哥約翰（John）——艾恩·約翰（Iron John），一個鐵一般堅強的漢子；弟弟亨利（Henry），一個讓身邊的人愛戴和信賴的人。據稱，約翰的品格就足以抵得上一支軍隊。陸軍上校愛德華茲（Edwards）評價這對兄弟說：「他們確立了一種信念，創建了一所學校，這兩樣東西至今仍充滿活力。」

在印度兵變發生之際，約翰爵士（Sir John）是旁遮普省的行署專員，他所管轄的這個地區剛被英軍征服。在這裡他施行了明智有效的治理。他信任身邊的人，和他們交朋友。這裡記錄下他當時所採取的一項史無前例的行動。他把旁遮普省的全部地方軍都派到德里去援助英國軍隊，身邊沒有留下任何保護自己的武裝力量。事實證明他的這一行為完全正確，錫克人和旁遮普人無疑是忠誠的。德里被攻克了，印度得到了拯救。所有這一切都取決於約翰·勞倫斯（John Lawrence）的人格力量。而他弟弟亨利爵士（Sir Henry）的話，極為謙遜的說明了他的生活和人品，是人們準備用來作為他自己的碑銘：「這裡躺著的亨利·勞倫斯（Henry Lawrence），他一生都致力於完成自己的職責。」

科學家們同樣也展示了他們的自我犧牲精神。漢弗里·戴維爵士透過

艱辛的勞動，用易燃氣體發明了礦工安全燈。為了減少礦工們的危險，他不願為此去申請專利，而是主動將這項發明公之於眾。一個朋友對他說：「你最好還是將這項發明申請專利，這樣你就可以每年多得 5,000 至 10,000 英鎊的收入。」「不，朋友，」戴維說，「我從未想過這樣的事情，我致力於這項發明的目的也僅僅是出於人道上的考慮。更多的錢財或許會使我轉移注意力，放棄所喜愛的追求；它既不會提高我的聲譽，也不會增加我的幸福。當然，它可以使我的馬車多加上 4 匹馬，然而這對我又有什麼好處呢？人們只不過說，漢弗里爵士趕著他的馬車和 4 匹馬。」

他的後繼者法拉第（Faraday）也是如此。僅僅是為了科學，他努力工作。他不僅具有很強的科學原則，而且想像力豐富。憑藉他的才華所獲得的每一個新發現都會把他帶入一個更加神奇的世界。法拉第絕不是個唯物主義者，他的信仰是反對科學上的教條主義和宗教上的宗派主義。他虛心好學，以一種孩子般的好奇精神全心投入工作，對那些逐漸被他理解和發現的真理深感玄妙。「臭氧、氧氣占了世界重量的一半以上，這些是多麼奇妙的東西呀！但是我想我們對它們奧祕的理解僅僅是剛剛開始。」他說道。

法拉第滿足於自己這種較為貧窮的處境，他不是為了金錢而工作。如果他有心賺錢，他肯定會成為一個富豪。他把他的全部發明都公之於眾，而未申請過一次專利。是的，他承受住了金錢的誘惑，雖然這種誘惑對他而言似乎根本不存在，因為他走的是一條純科學的道路，更是一個真理的發現者，這些發現常常讓他感到震驚。「這種神奇的東西是難以計數的。現在我們已有的知識的總和，到將來當那些未知變成已知的時候，就顯得微不足道的了。」這些話使我們想起伊薩克·牛頓（Isaac Newton）的那句名言。

最近，在英國皇家學院的會議上，當丁達爾（Tyndall）教授向霍夫曼（Hoffman）博士頒發法拉第獎章時 —— 這是科學院有權授予的最高榮

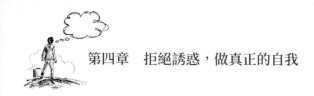
譽，他提到了關於法拉第的一個感人的事蹟。愛丁堡大學的一個年輕學生（實際上就是塞繆爾·布朗〔Samuel Brown〕，後來成了醫學博士）在學習物質和原子論時陷入了迷惑不解而又茫然不知所措的境地，他把自己的臆想提交給了這位當時最偉大的化學家。經過緊張的工作，法拉第已疲憊不堪，但是他沒有對學生的問題加以簡單的否定或廉價的讚譽。他向這位並不認識的年輕人寫了下面這段話：「我迫不及待的向你提出建議，請用實驗來支持你的觀點，因為不管你是否證實或證偽了這些猜想，你都會從自己的實驗中受益匪淺。就你的這些猜想本身而言，我只能說它們會驅使你向更深層次探索。實驗的結果往往會與你預想的理論相去甚遠。我曾經對物質粒子和原子之間的引力理論冥思苦想過，但是，伴隨著實驗的進行，思考得越多，我的物質粒子或原子的觀點就變得越不明確。」

現在我們轉向另外一個主題——賺錢的問題。羅斯柴爾德（Rothschild）的房產完全是建立在它們的創始者邁爾·阿姆謝爾（Mayer Amschel）或者說安塞姆（Anselm）誠實正直的品格基礎上的。西元 1743 年，安塞姆出生於萊茵河畔的法蘭克福。他的父母都是猶太人。在中世紀，對猶太人的迫害、折磨和殘殺或許構成一部驚心動魄的歷史，甚至直至現在情況還是如此。（注：最近我們知道，羅馬尼亞人和保加利亞人是迫害猶太人的罪魁禍首。他們自己獲得了自由，卻否認猶太人的自由權利，這些猶太人仍然生活在痛苦和悲傷之中。羅馬尼亞人和保加利亞人根本就不配享有自由，他們擁有權力，但卻缺乏公正。這種不公正將會在他們自己身上遭到報應。即俗語所說的：「詛咒他人，應驗自己。」）

在法蘭克福和在德國的其他城鎮一樣，猶太人在傍晚某個規定時間必須趕回自己的住所，否則將被處死。法蘭克福猶太人居住地的大門一到晚上就會上鎖。拿破崙的大炮轟掉了這些大門，這是他所做的好事之一。然而，對猶太人的迫害仍然持續著。

年幼的安塞姆在 11 歲時便失去了父母，他不得不依靠自己，艱難謀生。接受了一點點學校教育之後，由於猶太人之間彼此友好，他在漢諾威地區一個銀行家兼貨幣兌換商那裡當職員。西元 1772 年，安塞姆回到了法蘭克福，開始當起了經紀人和放債者。在他的店鋪上，懸掛著一個紅色盾牌標誌 —— 德語即「羅斯柴爾德」。由於他收集古幣和其他一些稀有珍貴的硬幣，那些業餘愛好者經常出入他的店鋪，其中有一個人就是威廉（William）伯爵，即後來的黑森選侯。

拿破崙占領歐洲的時候，威廉被迫離開祖國，他把自己的全部財產交給了安塞姆，由他全權代理，總資產達 25 萬英鎊。保管好這筆資產並使之增值，這是安塞姆的最大目標。當時金錢的安全保險費用十分昂貴，高達 12%～ 20%。戰爭在繼續，俄國受到了拿破崙的侵略，但是拿破崙在雪地遭到了失敗。萊比錫戰鬥打響了，拿破崙的軍隊被趕過了萊茵河。這時，黑森的威廉伯爵回到了祖國。幾天之後，邁爾·安塞姆的長子出現在伯爵的庭院，把他父親保管的 300 萬弗洛林交給了伯爵。伯爵欣喜若狂，他把這筆失而復得的錢財視作意外之財。欣喜之餘，他立即授予爵位給這位年輕的羅斯柴爾德。「像這樣誠實正直的人，」他高度評價說，「在世界上實在少見。」在隨後不久的維也納議會上，他大肆宣揚羅斯柴爾德的誠實正直。安塞姆有一個很大的家族，他們都以他為榜樣。這樣，羅斯柴爾德家族就成了世界上最大的放債者。

可以說麥考利勛爵（Lord Macaulay）也是個不能被收買的人。他在威伯福斯（Wilberforce）、亨利·桑頓（Henry Thornton）、柴克瑞·麥考利（Zachary Macaulay）等人的薰陶下長大成人，因此，他成為一名具有強烈愛國心和公正無私的人。當他透過寫作每年只能賺 200 英鎊的生活費時，西德尼·史密斯牧師並沒有給他過分的誇獎，他說：「我相信麥考利是個不能被收買的人。他對勛章、爵位、財富、頭銜都很淡漠。他誠實正直且

富有愛國心，世人不會浪費精力去收買像他這樣的人。」（注：西德尼・史密斯曾經說過，打開信封的時候他從不會擔驚受怕。麥考利是個心地正直的人，從沒虧待過任何人。如果他在財力上受到了損失，就像賓州人拒付他的債務一樣，那麼，過錯根本不在他這一方，而在於他的債務人。）

麥考利視他煩瑣的日常事務安排為一種消遣，而非什麼煩惱和憂慮。他在財務上有一個最簡單的信條：把職位薪資和文學創作的收入當作資產，所借的債務必定在 24 小時內償付。「我認為，」他說，「及時償還債務是一種道德義務，延期償付令人感到相當的不快。」他還說：「窮理查（Poor Richard）的名言千真萬確：『人的信譽債務如上交給國家的債務的兩倍那般沉重。』」幼年時期，他就形成了量入為出的習慣，對自己的收支精打細算。這是一個人樹立公眾信譽和形成個人誠實正直品格的基礎，只有這樣才能保持人格上的獨立。

當然，他的個人能力並不是很強。當蘭斯當勛爵（Lord Lansdowne）替他在印度參議院謀得一個職位時，麥考利寫下這樣一封回信：「隨著歲月的流逝，我對能夠成為富豪的願望越來越淡漠，但是，增長才幹的要求卻與日俱增。缺乏較強的理智，一個政府官員是難以做到誠實正直的，甚至他根本就沒有想過要如此做。我對自己的定位，就是透過兩條途徑生存：一是當政府官員，二是透過自己的筆。一想到做一個書商的僱傭文人，只是為了緩解經濟上的壓力，為了囊中羞澀而寫作，而不是為了心靈的充實；一想到才思已盡卻要勉為其難，寫出滿紙荒唐之言，純粹是在製造垃圾；一聽到出版商和編輯說什麼德萊頓（Dryden）抄襲湯姆森（Thomson），就我所知，麥金托什（Mackintosh）是抄襲拉德納（Lardner）的，這些都讓我不寒而慄。然而，只要我離開政府機關，我必然會陷入這樣的困境。但是，待在政府機關如果只是為了一份穩定的薪水，那麼，相比之下，這更為可怕。」

結果，麥考利在印度得到了一份令人羨慕的工作而且表現極為出色。
當他再回到英國時，才思敏捷，寫出了有名的《英國歷史》。

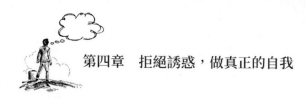

第四章　拒絕誘惑，做真正的自我

第五章
寬容是消除暴行與仇恨最好的方式

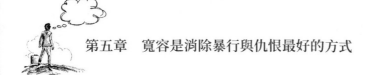

別去做那些卑鄙庸俗的事，

這本身是一種勇氣；

而當它們無奈發生於我們身上，

勇於去承受，

這同樣也是一種勇氣。

——班·強生

上蒼，即使我們失去光明，

但擁有你給予的充沛精力，

憑藉它，我們仍可以，

成為完美的人。

——喬治·艾略特（George Eliot）

在生命的河水風平浪靜之時；

突發事件爆發，即使無法避免，

如疾病、飢餓、彷徨、衝動、衰老，

死亡、危險、大喜大悲，

生命之河水流湍急之際，

真理的堅持、力量的展現同樣必要。

——羅勃特·白朗寧（Robert Browning）

勇氣是每個人都樂於擁有並引以為榮的特質，是人對生命中的突發事件應付自如的力量。堅強意志使人不畏懼於任何恐懼。如果必要，在完成人生職責的道路上，它可以使人不惜犧牲生命。

怯懦無法獲得哪怕隻言片語的稱頌，它將受到良心的一致譴責。怯懦的人卑鄙且缺乏男子漢氣概。他沒有堅持自己意見的勇氣，甘於當別人的奴隸。「當一個人成為奴隸時，」荷馬（Homer）說，「他的美德就失去了一

半。」「當他想擺脫這種奴隸狀況時，」阿諾德博士補充說，「他又失去了另一半。」

就連與怯懦的人打交道也是需要勇氣的。一個愚不可及的年輕人與菲利普‧西德尼爵士（Sir Philip Sidney）發生了爭執。他試圖激起菲利普爵士與他打架，竟然朝菲利普爵士臉上吐了口唾沫。「年輕人，」菲利普爵士說，「如果良心允許我像擦去我臉上所受的侮辱那樣放掉你的鮮血，那麼我會立即要了你的性命。」這是一種更為可貴的勇氣，它為每個人都提供了一種榜樣，那就是容忍和克制。

勇敢者對其他人而言是一種榜樣，他的影響極有吸引力，他身上的一種高貴風尚，引領人們隨他前行，臨死不懼。也許值得人們效仿的往往不是那些獲得成功的人。那些一時失敗者，會持續不斷的對人類產生一種潛在的影響。先驅者放棄了的希望或許會在後來者身上復活，但前者卻用肉體架設了一座勝利者通向目的地的橋梁。

殉道者可能會被燒死在火刑柱上，但他為之獻身的真理卻因此煥發出新的光彩；愛國者可能會頭懸城門，但他加速了他為之犧牲的事業之勝利的到來。一個偉大的生命不會隨著生命本身的消失而消失，他會活在別人的心中。這些滿腔熱情的人拋頭顱灑熱血，持之以恆的後來者會前仆後繼，直到勝利。因此，正義的事業遲早獲得勝利。這最後勝利的到來，不僅歸功於那些最後獲得勝利的人，而且同樣屬於那些曾經失敗的人。

世界上任何一項偉大的事業都是依靠勇氣來完成的。任何幸福 —— 我們所享有的包括個人安全、個性自由和憲法上的自由，都是透過長期與邪惡之間的爭鬥獲得的。作為一個國家而享有的權利只有透過各個時代的戰爭和恐怖才能獲得。基督教的確立經過了殉教者長達 4 個世紀的爭鬥，而宗教改革運動的引入也經過了一個世紀的內戰。

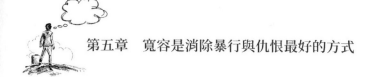

　　對真理的忠誠不渝使得殉道本身具有了永恆的價值。在爭取思想自由的進程中，不管他們所堅持的真理是什麼，所有的殉道者都是我們的烈士，他們的犧牲是為了換取我們的自由。羅馬天主教徒和新教徒、基督徒和異教徒、東正教徒和異端者，都可以分享歷史的寶貴尊榮。「殉道的天使和勝利者，」馬志尼（Mazzini）說，「是一對兄弟，他們的翅膀都翱翔在未來生命的搖籃之上。」

　　在無數的殉教者中，有一個從基督時代初期流傳下來的故事，這就是關於龐加爵（Pancratius）或者說潘克拉斯（Pancras）的傳說。他出生在弗里吉亞。一個使徒保羅（Paul）在為加拉太的教堂施堅信禮時參觀過的地區。龐加爵在成長過程中一直信仰主神朱比特（Jupiter）。但是，父親死後，他由叔父狄奧尼修斯（Dionysius）充當監護人。西元 305 年，他的叔父遷到了羅馬，居住在接近帝國宮廷的地方。龐加爵繼承了一大筆財產。在羅馬，在主教瑪策林（Marcellinus）這位德高望重的老人的照看和教誨下，龐加爵改信了基督教。不久，叔父去世，這位年僅 14 歲的少年除了財富和信仰之外，沒有任何親友。

　　當時，羅馬皇帝戴克里先正在迫害基督徒。有人報告說龐加爵已經改信基督教，他立即被帶到了戴克里先的宮廷。這位皇帝威脅說如果他不信仰朱比特，他將被立即處死。少年回答，他是一位基督徒，樂意去死。「因為基督，」他說道，「是我們的主，他照亮了他這些僕人們的靈魂。雖然我還很年輕，但我卻有勇氣為他受難。」皇帝沒有任何回答，下令把他帶到城外，按照奧勒良（Aurelian）的方式用劍刺死。龐加爵用自己的鮮血實踐了自己的證詞。他被拋屍荒野，直到第二天拂曉，一位羅馬基督徒婦女才用上等的亞麻布把他的屍體裹好，埋葬在附近的墓穴，為他覆蓋了一層鮮花，用眼淚代替香油進行塗抹。為了紀念這位殉教者，人們修建了一些以他的名字命名的教堂。（注：據在羅馬的拉特朗聖若望大殿教士介

紹,「如果你反對英國倫敦附近高門的聖潘克拉斯教堂,那麼,我可以告訴你,它是一切基督教教堂之首和之母。」聖潘克拉斯教堂的建立意味著一個年輕的聖徒對異教迷信的蔑視。在英國有 7 個聖潘克拉斯教堂,在義大利和法國同樣也有許多。)

在羅馬,早期的基督徒會在圓形大劇場中被凶殘的野獸撕成碎片。這種情形一直延續到西元 3 世紀末期。「屠殺他們成了羅馬的一個假日」。與野獸搏鬥被視為羅馬人的一種最有趣的活動。不論是撕碎基督徒還是公開表演的角鬥士之間的拚死格鬥,都為整個羅馬帝國帶來同樣的樂趣。凡是羅馬人定居的地方,都可以找到一個圓形劇場。在英國只能在肯特郡的里奇伯勒找到一個。而在阿爾卑斯山脈北部羅馬帝國的首府特里爾,還可以發現許多羅馬帝國時期圓形大劇場的遺跡。其中有一個開鑿在岩石上的圓形劇場,可以容納數千觀眾。在西元 306 年,君士坦丁大帝(Constantine)推出了「法蘭克人的活動」,供他的臣民娛樂。實際上就是讓數千名赤手空拳的法蘭克俘虜被野獸撕成碎片。這些野獸充當了劊子手,牠們何時停止撕扯聽其自便。倖存的俘虜又被強迫作為角鬥士彼此互相殘殺。而這些倖存者對觀眾的殘忍已經極度傷心。他們再也不願將劍尖指向同類,為生存進行爭鬥。就在同一年,羅馬人為了娛樂,殘忍的殺死了數千名布魯特里人。這座崩潰了的大劇場,就像野獸的拱狀洞穴一樣,至今閃著冷酷的光。

在法國,許多羅馬圓形大劇場仍然存在,只不過有一些用作了採石場。最大的兩個劇場位於尼斯姆斯和阿尼斯。尤其後者,在防禦法蘭克人時,摩爾人以它的外牆為基礎建造了 4 個城堡。在義大利維洛納的那個劇場幾乎還完好無缺,它年復一年的保存著。但是,最大的圓形劇場是古羅馬的羅馬競技場,它可以為 87,000 名觀眾提供食宿。傳說中它是由一個基督教建築師和殉道者高登提烏斯(Gaudentius)設計的。據說,提圖斯

(Titus)從耶路撒冷帶來的數千猶太俘虜參加了修建。提圖斯在祭獻時，曾在它的競技場上屠宰了 5,000 隻野獸。最近，在競技場的洞穴中還發現了一些諸如獅子和老虎等野獸的骨頭。

每當羅馬競技場上演什麼奇妙景觀之時，羅馬人都會把這一天視為假日。男人、女人和小孩，都不約而同的集結在一起去看那種血腥嗜殺的運動。地方法官和元老院議員、政府官員、貴族和平民，甚至連那些貞潔的處女，都會聚集到這裡。整個活動由皇帝主持。那些角鬥士走到皇帝面前，高喊：「萬福皇帝！」野獸往往首先發起進攻，角鬥士隨即應戰。這種活動一直持續到深夜，這些觀眾都因為殘殺而變得痴迷。

這種活動一直持續到羅馬人名義上信奉基督教為止。最後，西元 400年左右，一位年邁的隱士，對這種血腥的廝殺感到悲哀，他決定進行干預，雖然這要以他可憐的軀體為代價。但是，他的生命與這種可怕的罪惡相比又算得了什麼呢？這位殉道者的名字無人知曉。有人說他叫阿利馬修斯（Alymachus），有人說他叫特利馬修斯（Telemachus）。不管他叫什麼，他的勇氣足於顯示他生命的價值。他來自遠東，不認識任何人，也沒有任何人認識他。當在圓形劇場有格鬥場面的消息傳開之後，所有的羅馬人都聚集到那裡。這位老人和那些怯懦者一同出發了，他決心要實現自己的目的。角鬥士帶著鋒利的長矛和寶劍走入了競技場，一場殊死搏鬥即將開始。當這些角鬥士即將接觸的時候，這位老人跳過了牆面，站在了即將搏鬥的他們中間，呼籲停止流血廝殺。高聲歡呼、尖叫和怒吼，從四面八方傳來。「老頭回來！回來！」不，他不願意回去。角鬥士把他拋到了一邊，準備發動進攻。這位老人卻再次站到鋒利的劍尖中間，阻止這場流血搏鬥。「把他打倒！」在場的群眾高呼。皇帝表示贊成。角鬥士把他刺倒，從他流血的屍體上踩了過去。

這位老人的鮮血沒有白流，人們開始思考他們究竟做了些什麼。老人

為了反對他們的嗜血而獻出了生命，他們傷害了一位聖潔的老人。他們為自己的殘忍感到震驚。從這位勇於自我犧牲的老人被殺的那天起，羅馬競技場上再也沒有發生過格鬥，這位隱士的死贏得了勝利。西元402年，羅馬帝國皇帝霍諾留（Honorius）廢除了角鬥士的搏鬥制度。在此前不久，這位不知名老人的遺體被抬著繞競技場一周，然後按照宗教儀式的程序，被安葬在最近的聖克萊門特教堂。

由於腐敗、放蕩和殘忍，羅馬帝國從遠古的輝煌中衰落下去了。上層社會的不道德對社會中的各個階級產生了極其有害的影響。放蕩不羈的行為導致了放任自流的道德原則。在社會生活中，對人性的不良影響占據了上風，它熄滅了優秀道德品格的星星之火。希臘和羅馬的衰落，是因為統治階級的道德敗壞，以及由此導致的民眾的墮落。羅馬，這個古代世界的主宰者，在從中部歐洲森林中走出來的野蠻部落的進攻之下走向了衰落。因為，這些富有者沉浸在驕奢淫逸之中，而貧窮者生活悲慘，靠著施捨度日。他們無心去捍衛自己的國家。事實上，這樣的國家滅亡了更好。

爾後是基督教的傳播，它向人們揭示了宗教信仰的真正基礎。聖保羅把它帶到了羅馬，它足以使世界獲得新生。它首先被那些開明的勞苦大眾所接受。為什麼呢？因為它說明了人類的命運，它是塵世生活的詩歌，是來世幸福生活的允諾，它也為女人們所樂於信奉。在羅馬，女人們的生活任由男人們擺布，她們只不過是奴隸。而基督教為她們帶來了公正，她們第一次對這個世界懷有希望，並由此獲得了男人的尊敬和愛戴。「一切美德都在女人身上，」一個古代的爵士說，「是她們傳播了美德，使得男人的生命有了價值。」

放縱、褻瀆和不道德，被存在於個體的男人和女人心中的宗教力量征服了。作惡的動機和欲望因此而減少或被改正，宗教滿足了人性崇高方面的要求。安寧的日子是神聖的，勞動者的辛苦得到了緩解。教堂為它的成

員營造了一種莊嚴肅穆的氣氛。在它富麗堂皇的屋宇下，所有的基督徒都不分階級聚集在一起祈禱。難道他們不都是上帝的代表，不都是兄弟姐妹們？如斯美妙的一幅圖景，要是能夠持續下去，那該有多好！

哎！古代的亞當（Adam）並沒有被我們遺忘。在自然界中是根本不存在伊甸園的，於是牧師職業成了少數人利益的捍衛者，他們反對一切人的合法權利成壓迫的工具；他們和他們曾經支持過的人有著相同的命運，對宗教教義存在著不同的理解。異教徒對早期基督徒所做的事情，現在基督徒也對他們的反對者這樣做。迫害之火再度燃起，像以前一樣，殉道者被活活燒死。對於那些捍衛真理的人來說，他們仍然需要勇氣和耐力，從而勇於面對痛苦、面對死亡。

迫害首先從義大利開始，然後蔓延到西班牙、法國和荷蘭。只有德國抵制了這種瘟疫。「上帝所要求的永恆而完美的子民，」路德說，「是英勇無畏、平和與慷慨大方的人；是為了上帝的榮耀而無所畏懼，勇於輕視和戰勝一切困難的人；是坦然面對懲罰和死亡的人；他痛恨那些膽小怕事，甚至聽到瑟瑟的樹葉聲也膽戰心驚的懦夫。」

「奇怪的是，」紐曼（F. W. Newman）說，「宗教是如何變得如此殘忍的呢？在基督教取代異教信仰後而建立起來的宗教裁判所，是一套經過深思熟慮的極為殘忍的系統。在幾個世紀裡它一直作為一種迫使人虔誠信仰的制度而存在，它已聲名狼藉並且令人憎惡。然而，它卻打著溫和與熱愛宗教的旗號。」

在世俗權力的幫助下，西班牙的牧師透過純粹的物質力量撲滅了宗教改革之火。一夜之間，就有 800 名新教徒被關進了塞維利亞的監獄。他們到處被捉拿並燒死。火光在西班牙的幾個主要城市熊熊燃起。不久前，在靠近馬德里的原野上開鑿了一條水溝，這裡曾是新教徒殉身的地方。工人們刨開了很厚一層黑得發亮的灰塵，其中夾雜著被燒成了灰的骨頭和木

炭。這是那些在宗教的祈禱聲中犧牲的人們的遺骸。

這種駭人聽聞的殘忍為西班牙帶來了什麼呢？它使西班牙失去了財富，國庫異常空虛；人民變得愚昧無知和麻木不仁；僅有八分之一的人能夠讀書寫字。他們把牧師視為與自己不共戴天的仇敵，大多數人表示他們不信上帝，甚至連牧師也窮困潦倒。「在摩爾人統治下的西班牙比在基督徒統治下的西班牙要繁榮得多，」李斯（Lees）博士說道，「這是十分奇怪的事。在摩爾人的統治下政府要自由、寬容得多；人民得到了更好的教育，物產也豐富得多。自從摩爾人被趕走以後，西班牙一直在開倒車。」

西班牙的菲利普二世（Philip II）或許是建立帝國的君主中最為邪惡的。他的專橫殘暴，歷史上只有尼祿（Nero）和卡利古拉（Caligula）可與之相比。在西元 1568 年的法令中，他要求處死在荷蘭的每一個新教徒。這個殘忍至極的法令是失敗的，因為沒有足夠的措施可以執行。但是，他的首相阿爾瓦（Alva）已為此竭盡全力。在他的充滿血腥的內閣、各郡郡長和最神聖的宗教裁判所的劊子手們的幫助下，他有時能在一週之內殘殺 800 人。第一大罪犯是新教，其次是財富。因為後者的原因，天主教徒也和新教徒一樣遭到了搶劫和破壞，擁有財產使得信奉正統已成為不可能。6 年以後，阿爾瓦誇口說他已經絞死、淹死、燒死和殺死 18,000 餘人。這還不包括阿爾瓦統治時期在圍攻和戰爭中犧牲的數萬人。企圖搶劫和謀殺阿爾瓦的人不計其數。

法國的情況也和西班牙一樣糟糕。從法國依附於羅馬開始，它就對反對羅馬大主教的人進行搶劫、火焚、殺戮或驅逐。阿爾比教派曾被集體殘殺或被趕進庇里牛斯山脈。在薩伏依王室的夾擊下，瓦勒度派教徒在法國東南部和義大利西北部遭到了絞殺和焚燒。而在法國的每一個角落他們同樣受到迫害和焚燒。為了取悅西班牙大公，6 個路德教會的輔導員在巴黎被活活燒死。

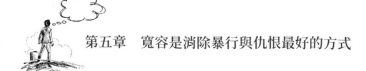

在這場近乎瘋狂的迫害中，也出現一些例外。如首席大法官德・洛皮塔爾（de l'Hôpital）力勸同一教派的人們要具備各種美德，做一個善良的人，對各種教派的人要以仁慈、禱告和勸說為武器。「讓我們放棄那些殘忍的言辭吧，」他說，「放棄那些宗派、黨派和那些混亂的名稱之爭，把路德教徒、胡格諾教徒、天主教徒都改稱為基督徒吧。」因此，這位大法官被認為是一個無神論者。

貝雲市的地方長官多特（Dorte）子爵在接到查理九世（Charles IX）要集體屠殺那裡新教徒的命令後，他回答說，他已與該市的駐軍和居民們商討了皇帝陛下的命令，發現他們都是勇敢的士兵和良好的臣民，而沒有發現一個劊子手。

接下來，是對瓦錫（Voissy）和聖巴多羅買（St. Bartholomew）思想的扼殺，這種現象在法國各地都發生過。就像一桌宴席的主菜，對聖巴多羅買思想的扼殺實際上就是對代表著歐洲新教思想的扼殺。這件事和菲利普二世的西班牙艦隊試圖侵占英國，被認為是 16 世紀下半葉的兩件大事。

被路易十四（Louis XIV）所撤回的南特法令更缺乏仁慈。根據這一法令，每一個在法國境內的新教徒都必須改變信仰，否則就要被處死。新教的貴族、紳士、商人、農民和工匠都拒絕當偽君子，他們不願意信奉他們所不相信的東西。這些貴族和財產所有者放棄了自己的地產，宣布放棄各種頭銜，把一切都留給了他們的敵人；商人和工匠逃離了家鄉，去尋找一片屬於自己心靈的可以自由信奉上帝和平靜享受自己勞動果實的樂土。

他們並不畏懼死亡。成千上萬的人被砍殺、被車裂，並遭受了難以想像的折磨。死亡不能征服他們，為自己的職責哪怕獻出寶貴的生命。我們在胡格諾教派領導人身上所發現的那些高貴特質，諸如生活和言行，都是前無古人後無來者的。事實上，法國新教徒那高貴而又寬闊的心靈以及他們那堅定的信念，產生了法國歷史上最為崇高的精神品格。即使時至今

天，那些迫害者早已經被人遺忘。

路易十四和他的軍隊並不能征服人們堅不可摧的心靈壁壘。他迫害具有聖巴多羅買思想的人長達 60 餘年。那麼，結果如何呢？在層層阻撓後他最終失敗。驅逐胡格諾派教徒，破壞了法國的商業和農業。那時的法國經濟崩潰，負債累累，全國上下陷入極度的政治混亂狀態中，從而導致了西元 1789 年的法國大革命。

「胡格諾教徒的逃離，」米什萊（Michelet）在其著作《法國史》中指出，「是一次出於忠心和真誠的高貴舉動。他們極端憎惡虛偽，而崇尚思想自由。為了堅持真理，無數的男性和女性犧牲了自己的一切，這充分顯示了人性的尊嚴。在逃亡過程中，他們甘冒喪失生命、家庭和一切的風險，這是極其難能可貴的。也許有人認為這些人只是屬於某一宗教派別，然而在我看來，他們身上閃耀著的崇高的思想光芒，向全世界人民證明了自己是全法國的脊梁。根植於自由思想之上而大眾化的堅韌不拔的精神，已深深扎根於新教移民之中，這使他們勇敢的面對死亡和保持高貴與真誠，勇於為了真理而獻身。」

在此之前，宗教迫害之火已經蔓延到了英格蘭和蘇格蘭，在倫敦的史密斯菲爾德鎮經常會燃起焚燒新教徒和女巫的烈火。和新教徒一樣，天主教也有他們的殉道者。佛瑞斯特（Forest）這個遵紀守法的修道士，由於否認亨利八世（Henry VIII）的最高權威而被燒死。論戰的雙方都實施火刑。在女王瑪麗（Queen Mary）統治時期，因為宗教原因而被處死的人數比以前增長了 10 倍。約翰·羅傑斯（John Rogers）牧師被燒死在火刑柱上，他可以在刑場上看見自己教堂的塔尖。約翰·布拉德福德（John Bradford）抱著火刑柱慷慨就義時仍在安慰他的同伴們。溫徹斯特的執事長約翰·菲爾波特（John Philpot）同時也被燒死。我們沒有必要提到拉蒂默（Latimer）、克蘭默（Cranmer）和里德利（Ridley）的名字。那時人們具有的偉大精神

完全不同於今天的人們。今天，我們會因為一個燙傷的手指而畏縮不前，那時的人們不僅可以為了信仰而被燒死，而且還為此感到光榮，這令我們驚奇。「看到我們的救世主為了我們連被釘死在十字架上的痛苦都不加拒絕，」約翰·菲爾波特說，「我能不蔑視這種火刑嗎？」

這種強加於人的良心之上的迫害一直延續到查理二世時期。威廉·佩恩（William Penn）說道：「自從國王復位以來，大約 15,000 個家庭支離破碎，5,000 多人死於獄中，並且純粹是因為他們對上帝的虔誠信仰。」查理二世和在他之後的詹姆士二世（James II）把這種迫害推及蘇格蘭人民，在過去的天主教時代，對付新教徒的唯一方式就是火刑。紅衣主教比頓（Beaton）在聖安德魯斯城堡前被焚燒。在查理和詹姆士統治新教徒時期，新教徒也同樣迫害新教徒，因為他們彼此之間有著不同的見解。史都華的忠實追隨者四處捕捉長老會教徒，對他們實行槍殺、暗殺和絞刑。結果，這種宗教迫害形式的後果是更加令人眾志成城、信仰堅定。拳打腳踢和上拇指夾更是慘不忍睹，令人難以忍受。但是，這些受難者卻勇敢堅毅，表現出極大的忍耐力。

「米萊（Millais）的一幅小型繪畫作品深深打動了我，」紐約市的羅伯特·柯勒（Robert Collyer）說，「它刻畫的是一個女人被牢牢的綁在一根被海水淹沒了半截的潮標柱上。海水在她腳下捲起層層浪花。一艘經過這裡的輪船扯滿了風帆，但卻沒有注意到這個女人和她的厄運。掠食的鳥兒在她的頭頂上盤旋，這個女人沒有理會鳥兒，沒有理會輪船，也沒有理會海水。她的目光正望著前方，雙腳堅定的站立。你可以感覺到，她看到了天堂，她的心靈知道：眼下所受的這點苦難與她即將得到的榮耀相比，是根本不值一提的。在這幅畫的下面，是從一座為了紀念她而建造的蘇格蘭教堂裡抄來的一首詩：

她，因為尊基督為聖

承認他至高無上

不放棄長老會的信條

不承認主教的權威

且不肯認罪

被綁縛在潮標柱上

她是為了基督耶穌而蒙難

「我之所以認為這幅畫珍貴，是因為當我看到畫時，眼前彷彿出現一大群婦女在觀望和等待，她們被牢牢束縛在命運之柱上，洶湧的潮水在四周升騰。然而，當波濤上湧的時候她們也隨之上升，站立在最後最高的那一朵浪花上，她們從此升入了平靜的天堂，聽到了『做得好』的讚美聲。」

「多少年來，」西德尼・史密斯說，「英格蘭人一直企圖迫使蘇格蘭人改變信仰。在派出大批長老會牧師之後，他們又派出了騎兵、步兵和炮兵以及一些軍職人員。血腥的屠殺時時發生。但是，令這些主教統轄制度者大為驚訝的是，他們並沒有引入《祈禱者手冊》，並不能阻止這些超乎自然的人按照自己的方式進入天堂。他們仍然沿用這種切實可行的方法。蘇格蘭人按照自己的那套煩人的方式崇拜上帝，他們沒有遭受任何來自上帝的痛苦和任何來自上帝的懲罰，也沒有因此失去什麼。天空中並沒有出現雷霆，這個國家也並沒有毀滅，世界末日仍然沒有來到。那些預言了這一切後果的達官顯貴被人徹底遺忘了。從此，蘇格蘭成了英國不斷進步的動力。」

寬厚容忍是近來才有的一大發明。火刑已經被停止，說服人們做到這一點完全必要。如同那些產生奇聞怪事的年代一樣，殉道的時代，已經一去不復返了。不會再像過去那樣被槍殺、被釘在火刑柱上，或被車輪活活

輾死。然而，我們仍然要承受被孤立、誤解、嘲弄和譴責的痛苦。正同以往，對於那些秉持良心堅持真理的人，勇氣仍然是必不可少的。在今天這個對宗教表現得特別冷漠的時代，保持真正高尚的行為準則和純潔的本能比以往殉道的任何時代都要困難得多。「頻繁的迫害和凶殘的懲罰，」一個著名的作家說，「是對人的膽識和勇氣的一種刺激。但是，那種無人在意、留心，缺乏任何人性幽默和神性憐憫的使人萎靡不振的信念，卻比任何政治的殘暴和社會的不文明所造成的破壞性還要大。」

但是，我們真正放棄了那些關於迫害毫無價值的觀念嗎？在今天，印刷和出版是自由的，人們可以透過出版物表達自己的思想。我們該怎樣看待最近刊登在倫敦一家報紙上的一起法院判決呢？「考慮到人類的目的和文明社會的意圖，與路德和喀爾文（Calvin）所犯的罪行相比較，殺人和搶劫是比較輕微的犯罪行為，因為他們沒有產生四處蔓延的災難。」這種判決或許會得到殘殺聖巴多羅買教徒的劊子手和燒死、殺戮數千堅持自己宗教信仰的作惡者的贊同。但是，現在的時代已經不同以往。我們的祖先傳給了我們無價的自由──它是透過一些最高尚人士的生命換來的。如果不能容忍那些和我們意見不一致的人，那麼這是我們的過錯。耶穌會會士，他們曾經和胡格諾教徒一樣，從法國被驅逐出來。現在他們是自由的，和其他受迫害的人一樣，生活受到英國法律的保護。但是，他們必須尊重法律，尊重保護他們的國家的宗教寬容政策。

威廉‧佩恩指出，認為一個國家或民族的力量在於民眾意見的一致，不管是基於宗教學說還是宗教實踐，都是極端錯誤的。恰恰相反，一個民族或一個國家的力量往往在於各種意見、職業和實踐的共存和相互之間的寬容。人的個性必須得到維護，無個性就不會有任何自由。個性，無論在什麼地方都應該受到寬容和尊重，因為它是一切善行的泉源。「如果人的個性存在，即使是在專制制度下也不會產生最壞的影響，」約翰‧史都華‧

密爾說，「無論以什麼樣的名義，執行神的旨意或是實施人的命令，對個性的任何壓抑都是專制。」

傑里米‧泰勒（Jeremy Taylor）用一個東方神話故事來說明基督教的寬容精神。有一天，亞伯拉罕（Abraham）坐在自己的帳篷門口，這時一個佝僂著身子的老人斜靠著一根拐杖，出現在他面前。亞伯拉罕把他請進帳篷，為他端來了一盤肉。他發現這位老人進食前沒有進行禱告，於是便問他為什麼不尊敬神。「我只崇敬這堆火，而不承認其他任何神靈。」亞伯拉罕非常生氣，於是把這位老人趕出了帳篷。接著，上帝來拜訪亞伯拉罕，他問那位陌生人現在何處。「我把他趕走了，因為他不尊敬你。」「雖然他不尊敬我，但是我寬容了他數百年，難道你對他連一個晚上也不能忍受嗎？」聽了上帝的一席話，亞伯拉罕把這位老人找了回來，並給了他殷勤的招待和善意的教導。

在科學探索的過程中，即使那些偉大的科學家也要遭受殉道者的危險。在以往的時代，諸如天文學、博物學或物理學領域，沒有哪一個偉大的發現不被指責為是對上帝的不虔誠。布魯諾（Bruno）由於揭示了他那個時代為人們所普遍認同但卻是錯誤的觀念而在羅馬被活活燒死。他的後繼者哥白尼被認為是不信神的人。在荷蘭米德爾堡的李普希（Lippersley）發明了望遠鏡之後，伽利略吸收了他的思想，自己製作了一架望遠鏡，然後爬上威尼斯的聖馬克教堂塔頂去觀察天體。他「以無比的快樂」去觀察行星和恆星，由此發現了木星的衛星和光環、金星的相位和太陽的黑子。他忠實的記下了所觀察到的現象，並以此為基礎做了進一步的研究。他一生中的發現或許會比將來任何一個天文學家的發現都多。

但是，伽利略的這些發現與當時人們所普遍接受的觀念是大相徑庭的。宗教裁判所開始對天文科學進行思想控制，伽利略被傳訊到了羅馬，要求他對自己所出版的一些異端邪說負責。宗教裁判所強迫他放棄自己

的意見，即地球繞太陽運轉的學說。宗教法庭審判官把伽利略、克卜勒（Kepler）和哥白尼的著作列入禁書目錄。但是，伽利略再一次振作起來，他以對話的形式，出版了一本新的著作，來捍衛自己的學說。隨即他又被傳訊到了宗教裁判所，他們強迫他雙膝跪下，放棄他的偉大的發現。伽利略缺乏堅持自己意見的勇氣，在否定自己信念的時候，他已經年逾古稀。如果當時他能夠對這些指控做出答辯，他也就不會受到迫害。然而，真理始終是永遠存在的，在以後的各個時代中，觀察都被安放在人類知識的正確位置上。

帕斯卡對伽利略所受到的指責做出了如下的評價：「那些耶穌會會員從羅馬教廷所得到的反對伽利略關於地球運動觀點的教令，是毫無用處的。地球自始至終從未停止過運動。只要我們老老實實的去觀察，我們就會發現它一直在沿著圓周軌道運轉。人類既不能使它停止，也不能使自己不隨著它而運動。」真理可以長期的以一種隱祕的形式存在，但它最終必然為人們所熟知。真理所遇的阻力越大，與謬誤進行爭鬥的時間越長，它為人們所接受的範圍也就越廣，最終勝利的必然性也就越大。

克卜勒的一生和伽利略一樣，也是十分淒慘的。他原本是一個窮人家的孩子，後來被送到了毛爾勃勞恩教會學校，最終成了一名學識淵博的人。他接受了格拉茲大學的教授職位，致力於行星的研究工作。後來，被國王任命為皇家數學家，儘管他所得到的報酬還不足以養家糊口。在林茲地區，克卜勒被羅馬天主教廷趕出教會，原因是他所發表的一些觀點關係到聖餐變體論。「法官哪，」他對霍夫曼（Hoffman）說，「我的觀點為你們提供了多大的幫助哇！可是這些牧師和督學卻公開的汙蔑我是異教徒。在每一個問題上，我所採取的立場和上帝的旨意都是完全一致的。」

當時，波隆納大學向克卜勒提供了一個數學教授的職位，條件是他要改變自己的觀點並譴責伽利略的論調，克卜勒斷然拒絕了這一職位。「我

可以透過正當的途徑來增加收入，」他說道，「我習慣在德國人中間過一個德國人的生活，從而充分享受言語和行為上的自由。但是，如果到了波隆納，我就會受到控制。這樣的處境即使不是危機四伏，至少也會使我聲名狼藉。我將會因受到別人的猜疑和惡毒的攻擊而寢食不安。」

西元 1619 年，克卜勒發現了在科學史上永不可磨滅的著名定律：「行星運動的週期的平方與它們距離的立方有關。」在透過 17 年的艱難探索後，發現這一原理的絕對真理性，他欣喜若狂。「死神即將來臨，」他說道，「不過我的書已經寫完，至於是當代的人去閱讀還是留待未來的人去閱讀；或許等來一個讀者要等上一個世紀，就像上帝等來一個觀察家等了 6,000 年，我都不會在乎。」

克卜勒接下來出版的一本書是《哥白尼天文學概要》，它在羅馬也受到了強烈批判，並被列入禁書目錄。與此同時，一件更糟糕的事情使他心煩意亂。他那 70 歲高齡的母親被關進了監獄，並受到了嚴刑拷打，她將被視為一名女巫被活活燒死。為了減輕母親的痛苦，使她免遭更殘暴的處罰，克卜勒及時趕回了他的家鄉施瓦本。然而，更多的麻煩事情發生了。施蒂里亞州下令當眾燒毀他在西元 1624 年出版的《記事錄》一書。他的所有圖書也被耶穌會查封。由於民眾的起義，克卜勒被迫離開了林茲，這次起義後來獲得了勝利。在阿爾布雷希特·華倫斯坦（Albrecht Wallenstein）即弗里蘭德公爵（Duke of Friedland）的保護下，克卜勒到了西里西亞的薩根地區。不久，由於積勞成疾，腦力衰竭，他死在那裡。

或許哥倫布（Columbus）也可以被認為是一個殉道者，他為新大陸的發現獻出了自己畢生的精力。他出生在一個窮苦的羊毛紡織工家庭，家庭狀況使他缺乏實現自己理想的必要條件。他崇尚自己的理性，勇於相信那些世人所不相信甚至表示輕蔑和嘲笑的東西。譬如他堅信地球是圓的，而當時的人們卻認為地球是方的。他認定人們所還不知道的那些地表，不可

能全是海洋，海洋中可能還有大陸。這當然只是一種可能，而這種可能性對於缺乏勇敢精神的人來說似乎微不足道，但對一個高貴的靈魂而言，它必將引發一種莫大的力量。在他人看來，哥倫布在茫茫大海上實現在一塊新大陸上的登陸，倖免於難，這是根本不可能的事情。

在理智上哥倫布不僅是一個英雄，他同樣是位果敢的實踐者。他從一個國家跑到另一個國家，遊說那些皇帝和國王去遊覽基於理性他洞察到的在遙遠的海洋中的另一個新世界。一開始，他企圖說服自己在熱那亞的同胞，但是他失敗了。接下來他到了葡萄牙，向那裡的議會遞交上自己的計畫。這個提案被認為是天方夜譚和胡思亂想，因而也被輕蔑的拒絕了。儘管如此，這位國王私下裡還是接受了哥倫布的想法。因此在哥倫布這位航海家的帶領下，一支船隊從里斯本出發了。儘管由於受強烈風暴的影響，經過 4 天的航行之後，船隊又回到了原港。

哥倫布再次回到熱那亞，再一次向共和國提出自己的建議，結果再一次失敗。然而，他沒有灰心喪氣，發現新大陸已成為他一生矢志不移的目標。他動身去了西班牙，在安達魯西亞的帕洛斯鎮登陸，他碰巧敲開了聖方濟各會修道院的大門，向他們討一點麵包和水。開門的修士收留了這位陌生人，並給予他盛情的款待，從而也了解了他的經歷。這位修士鼓勵他去實現自己的夢想，並給足他去當時西班牙宮廷所在地科爾多瓦城的盤纏。國王斐迪南（Ferdinand）彬彬有禮的接待了他。但是，在做出決定之前，國王準備把這項計畫交給他在薩拉曼卡的那些最有智慧的顧問團討論。哥倫布不僅要回答向他提出的一些科學方面的問題，而且要回答一些《聖經》中的問題。西班牙的牧師們認為哥倫布的理論與他們的信仰正好相反。他們指出，地球是一個龐大的方形碟子。如果在海洋之外還有新大陸存在的話，那麼，所有的人類就並不都是亞當的後裔。哥布倫被當作一個傻瓜趕了出來。

哥倫布仍然堅信自己的理論，他先是向英國國王，然後又向法國國王寫了信，但都石沉大海，毫無結果。最後，在西元 1492 年，哥倫布由聖安吉爾的路易斯（Louis）引薦給了西班牙的伊莎貝拉女王（Queen Isabella）。隨同哥倫布前往的朋友對他的事業深信不疑並給予了強有力的支持，因此，女王同意了他們的請求，答應立即著手籌劃這一事情。他們準備了一支由 3 艘小噸位輕快帆船構成的船隊，其中只有一艘上面裝了甲板。西元 1492 年 8 月 3 日，哥倫布從帕洛斯港口啟航。在經過長時間的與人類的愚昧無知進行爭鬥之後，現在他又不得不與船員的迷信進行不懈的爭鬥。他為此做出了艱苦卓絕的努力。對海洋的一無所知，各種深不可測的危險，時時降臨的恐懼，至少是對可能要挨餓的擔心，對靜默洋面的煩躁不安，對發現新大陸的失望，有時會激起船員們的造反。而哥倫布卻滿懷信心，勇敢的去征服他們。最後，經過 70 天的航行，終於發現了陸地，哥倫布站到了聖薩爾瓦多島上。接下來，又發現了古巴和伊斯帕尼奧拉島（即海地島）。它們被以西班牙國王和女王的名義占領了。在伊斯帕尼奧拉島上，他們還建造了一個要塞，並在這裡留下了一個司令官和一些人員。然後，哥倫布返回西班牙去報告他的這些新發現。

　　返回後，哥倫布受到熱烈的歡迎，聲名遠揚。不僅在西班牙家喻戶曉，而且英名傳遍世界各地。他在西班牙沒有逗留很久，很快便動身去美洲，這一次他帶了 14 艘小噸位輕快帆船和 3 艘大艦艇，總共約有 1,200人。許多貴族也加入了這一探險活動。他們發現了瓜地洛普島和牙買加，對聖多明哥和古巴進行了考察。但是，那些貴族們所期待的奇蹟般的金子並沒有出現。這時，派系鬥爭開始展開，並以流血衝突結束。哥倫布試圖再次激起他們探險的熱情，但都枉費心機。貴族們對他不屑一顧，把他看成是自己悲慘生活的始作俑者。

　　哥倫布第二次回到了西班牙，沒有像以前那樣受到人們的夾道歡迎。

西班牙的統治階層帶著幾分好奇接待了他，但多少有些冷漠。哥倫布發現這些朝臣大多對他產生了一種卑鄙而又充滿邪惡的嫉妒。儘管如此，他還是開始了另一次探險。6艘大輪船載著哥倫布和他的追隨者再次開向了新大陸。這一次發現了美洲大陸和在加勒比海中的其他島嶼。與此同時，聖多明哥的土著居民發動了反對西班牙人的叛亂，由於西班牙人的殘忍、殖民者自身的內訌，相互間的戰鬥接連不斷。哥倫布對這些事件感到非常悲哀，他捎信給西班牙國王，請求他為聖多明哥派駐一個地方長官和一名法官。

在朝廷中一些對哥倫布充滿嫉妒和敵意的朝臣的唆使下，國王指派了法蘭斯高·德·博巴迪拉（Francisco de Bobadillo）為全權代表，擔任新大陸的總督。博巴迪拉不是一名法官，而是一個劊子手，在他登陸以後所做的第一件事情就是把哥倫布和他的兩個弟弟關進了監獄。他委派阿朗索·德·維勒戈（Alonzo de Villego）把哥倫布兄弟押送回西班牙。哥倫布像一個犯人一樣戴著沉重的鐐銬，被放置在一條木板船上。在航行途中，維勒戈出於對這位偉大的航海家命運的同情，想解除他身上的鎖鏈。「不必了，」哥倫布說，「我要把它留作紀念，這是對我為西班牙國王服務的一種報償。」「這些鐐銬，」哥倫布的兒子費爾南多（Fernando）說道，「我父親一直把它懸掛在櫥櫃上，並且說過，在他死後，要把這些鎖鏈也埋進他的墳墓。」

船隻到達西班牙以後，國王和皇后為博巴迪拉的這一行為感到恥辱，下令釋放哥倫布等囚犯。哥倫布為自己的遭遇感到憤憤不平。「這個世界給了我千百次的磨難，」他說道，「到今天我都已把它們一一戰勝。然而，在他們野蠻粗魯的對待下，我卻不能用武力，甚至靠小心謹慎來捍衛自己的尊嚴！」

但是，哥倫布畢生的熱情和那種極其高雅的情趣仍屬於那一片廣闊無

垠的海洋。他想方設法開始了第四次航行，他相信透過這次航行最終可以為西班牙帶來財富。要知道，這個國度並沒有因他的忠誠服務而懷有絲毫的感激之情。這次航海發現了瓜納哈島。他在宏都拉斯、尼加拉瓜和巴拿馬沿岸航行，然後在貝拉瓜斯登陸，並在這些地區找到品質較高的金礦。當他試圖在貝倫河流域找到一塊殖民地時，一場暴風雨發生了，船隻被吹得東零西落，他不得不啟程去聖多明哥修理船隻。此時的哥倫布已是老態龍鍾，在飽經風霜之後更顯疲憊不堪。正當他心力交瘁之時，船員們起來造反了，他們威脅說要結束他的性命。哥倫布孤立無援，毫無還手之力。好在危機之時已能望見遠處的陸地，這樣他才安全抵達了聖多明哥。

　　此後不久，哥倫布又揚帆回西班牙。這是他的最後一次航行。他已年近 70 歲。經過「長時間的四處漂泊的痛苦」之後，最終，他很高興的到達了西班牙。他期盼能夠得到一些報酬 —— 至少足於維持生計，但是懇求毫無結果。回到西班牙之後，幾個月來，哥倫布一直生活在貧窮、孤獨之中，並且受到致命的病痛的折磨。甚至臨死之際，還過著無法忍受的乞丐般的生活。他抱怨說他不得不將自己的長袍賣掉，他沒有屬於自己的房子，也無力支付住宿客棧的費用。在他生命的最後一息，他以一種樸實無華的語言說：「我是一個熱那亞人，發現了遙遠的西部大陸和印度島嶼。」西元 1506 年 5 月 20 日，哥倫布在瓦拉多利德去世了，他所說的最後一句話是：「主啊，我把我的靈魂交託給你了。」因此，他是一個偉大的地理大發現的殉道者。他雖敗猶榮，為此勇敢的戰鬥了一生，並至死忠貞不渝。

　　有些人為了追求一個偉大的目標寧願奉獻出自己的一切。早期的殉道者、早期的發現者、早期的發明家和文明的先驅們 —— 他們全都是為了真理、為了宗教和為了愛國而孜孜不倦的工作 —— 在當時他們幾乎都毫無成功的希望。是的，即使他們的生活、勞動甚至犧牲都不能為個人帶來任何報酬，但對他們而言，了解自己的使命，透過道德的力量完成它，這

就已經足夠了。一個人充沛的精力和非凡的天才往往是由他最高超和最敏捷的理解能力而引發出來的。遭受挫折並喪失勇氣，艱難困苦或許環繞左右，但是，不屈不撓的毅力會使他振作如昔。死亡使他的生命結出了碩果，從而留下一個受人尊敬的英名，並使大多數人活著更有意義。「如果上帝允許他的牧師為了福音而死，」布若孫（Brousson）說道，「那麼，他們在墳墓中發出的布道聲比他們活著時還要嘹亮得多。」「我們在瞬間或幾年時間的空暇裡所播下的種子，」傑里米‧泰勒說，「最終會生長成為幸福和榮耀的花冠和節杖。」

要激發出最高形式的品格、力量和才華，困難和痛苦難道不是必不可少的嗎？努力和忍耐、奮鬥和順從、精力和耐心，是每個人生活中所必需的。忍耐的美德往往比成功的榮光更加絢麗奪目。它需要容忍，承受痛苦；它需要耐力，希望盈胸。它會讓人微笑著面對困難，在重壓之下傲然卓立。富有耐心和耐力的去忍受苦難，這是人類的最高尚品格之一。正是這種品格，使人類產生多少可歌可泣的英雄事蹟呀！米爾頓有句名言：「誰最能忍受苦難，誰就最有做事的能耐。」

認為存在著一個不需要英雄品德的時代，或者說，只有殉道的時代或為了殉道必須做殊死搏鬥的時代才需要英雄品德，這都是極端錯誤的。對於喪失了人的使命感而聽任肉欲享受去取代生命職責位置的一代人來說，抵擋來自日常生活的誘惑，就像面對專制政權或面對劊子手的刀斧一樣，需要具備英雄的品德。

即使在戰爭中，耐力和勇氣同樣是一種高尚的品格。既然戰爭已科技化，那麼耐力的作用更加重大。紀律嚴明的士兵必須昂首挺立在指定的位置上。「別動，軍人！」這就是命令。當子彈在他周圍呼嘯，隨時都有犧牲的危險時，他必須勇敢面對、紋絲不動。在行軍之時，他同樣需要耐力。在指揮官下達命令之前，他絕不能隨便開火。衝鋒也是如此。最大的忍耐

力不僅僅表現在積極的衝鋒陷陣的行動中，在失敗後的撤退中也同樣需要。從這種觀點來看，色諾芬將軍的撤退比亞歷山大的征服行為要絢麗奪目千萬倍，約翰·摩爾勛爵（Sir John Moore）向科倫納地區的撤退和威靈頓的勝利同樣偉大。

無數的仁人志士為了捍衛自己國家的榮譽而英勇捐軀。在法國流傳著這樣一個古老的故事 —— 實際上這樣的故事到處都有。「這是一種恥辱，」克洛維（Clovis）看著加龍河領域肥沃的土地，說道，「這樣肥沃的土地屬於那些和我們有著不同信仰的壞蛋。衝啊！我們要占領他們的土地。」

當波斯國王薛西斯（Xerxes）企圖征服希臘時，古代斯巴達國王列奧尼達（Leonidas）率領 300 名戰士扼守溫泉關口，阻擊波斯重兵入侵。一場激戰發生了，侵略者傷亡十分慘重。列奧尼達和他所率領的勇士雖然全部壯烈犧牲，但希臘卻因而得到了拯救。

猶大·馬加比（Judas Maccabeus）被稱之為「鐵鎚」，他的勇敢精神絲毫不比列奧尼達遜色。當 2 萬名敘利亞軍隊蹂躪猶太人神聖的領土時，他率領 800 名猶太游擊隊員進行抵抗，儘管這是一場實力相差懸殊、毫無獲勝希望的戰鬥，但猶大一直堅守在以利亞撒地段。他的追隨者不得不勸他撤退。「上帝不允許我在敵人面前逃跑，」他說，「如果時間已到，那就讓我們為自己的同胞而勇敢的戰死吧。我們不能玷汙自己的英名。」戰鬥進行得十分激烈，猶大及其戰士浴血奮戰，英勇頑強。面對強大的敵人，他們一直堅持到最後一名戰士倒下。但是，他們的血沒有白流，猶太民族精神為之振奮，他們向侵略者發起了反攻，並重建了宇宙。猶地亞再次成為東方世界最繁榮的國家。

羅馬人也同樣明白英雄品德的價值，懂得忠於自己的國家。且讓我們看看近代發生的事情吧。那些人口相對較少、疆域較小的國家也總是力圖

保持自己的自由，雖然它們所面臨的困難實際上要嚴重得多。一個國家的價值不在於它面積的大小，而在於它整體國民品格的高下。我們發現人們總是呼喚自由，但是卻不願為此付出任何代價。懶散、墮落和自私，他們那種所謂的愛國主義其實就像狼群的嚎叫，卻沒有任何的尊嚴可言。真正的愛國主義是與此全然不同的。它建立在誠實正直、忠於職守、慷慨大方、自我犧牲和熱愛自由的基礎上。

舉個例子吧，領土面積不大的瑞士共和國數百年來一直處於那些國家強權統治的包圍之中。但是，瑞士國民是勇敢、節儉、誠實和自立的。他們不需要任何救世主，而是自己管理著自己。他們在亞平塞透過公開的舉手表決選舉自己的代表，聲稱人的意志是自由的。瑞士和英國一樣，往往成為那些在意志上受迫害的人的避難所。

瑞士人民也是不得不經過殘酷的爭鬥而獲得了自由。他們當中出現了許多為了自己國家的利益而勇於自我犧牲的領導人，阿諾德・馮・溫克里德（Arnold von Winkelried），就是其中的一個例子。西元 1481 年奧地利侵略瑞士，前去抵抗的軍隊人數相對較少。兩軍在森帕赫小鎮相遇，當時奧地利軍隊排著整齊的方隊，形成了一個牢不可破的長矛陣容。兩軍交戰時，由於瑞士軍隊的矛相對較短，人數也較少，他們被迫後退。瑞士軍隊想打破敵人陣容的任何努力都遭到了失敗。看到這種情形，阿諾德・馮・溫克里德對他的同胞們喊道：「我將為你們開闢一條通向自由的道路！親愛的戰友們，請保護好我的妻子和兒女！」說完，他便猛衝向敵陣，用雙手抓住盡可能多的敵軍長矛，然後讓它們刺進自己的胸膛。他倒下了，但是敵人的陣地也被打開了一個缺口。瑞士軍隊迅速衝了進去，最終獲得了關鍵性的勝利。阿諾德・馮・溫克里德犧牲了，但是他的國家得救了。這個小小的多山的共和國保住了自由。這場戰爭發生在 7 月 9 日，直到今天，瑞士人民還會聚集一起慶祝透過自己領袖的犧牲從奧地利人手中贏得

的自由。

而且，瑞士女性和瑞士男人一樣勇敢。她們身上有著出類拔萃而堅韌不拔的精神，以最大的勇敢克服了道德和生理上的障礙，在面臨突如其來的極其嚴峻的危險時，她們會表現出和男人一樣的勇敢。有句話叫作「英雄是英雄的兒女」，這只不過是說明了他們受到英雄榜樣潛移默化的影響，並由英雄撫育成人。

西元 1622 年，即在森帕赫戰役之後約 200 年，奧地利皇帝想主宰格西森人，從而消滅新教信仰和它的牧師。奧地利軍隊首先出現在普拉蒂山谷。這個山谷夾在高山之中，它生長有茂盛的牧草，現在它仍以畜牧業而聞名。當時，男人們都在山上放牧，只有女人留在家中。當她們一聽到奧地利軍隊到了克洛斯特斯山和蘭德誇特山之間的谷地時，立刻就拿起丈夫們的武器 —— 矛、鐮和乾草叉 —— 衝向敵軍。在瑞士境內有許多一夫當關萬夫莫敵的關口，她們用石頭雨點般的從山上砸向敵人，結果這些婦人大獲全勝，奧地利軍隊被趕了回去。當然，男人們也表現出和女人們一樣勇敢。此後不久，卡斯特爾的城堡遭到了奧地利軍隊的突襲，農民們就憑著棍棒衝向敵軍，獲得了勝利。基於女性在自衛戰鬥中的英勇精神，現在這個山谷仍然保存著這麼一個原則：進聖餐的時候總是女人在前，男人緊隨其後。

威廉·泰爾（Wilhelm Tell）是瑞士人所崇敬的民族英雄，這是一位藝高人膽大的弓箭手；還有溫克里德，就是我們前面說過的那位槍兵。前者可能是個傳說中的人物，而後者卻是個歷史人物。溫克里德居住過的房子在翁特瓦爾登州的施坦茨鎮仍然保留著，他所穿過的鎧甲還保存在市政廳。在廣場中豎立著他的塑像，他的懷裡揣有一束長矛。

大約 5 個世紀以前，英格蘭北部遭受過一次慘痛的失敗，後來的歷史顯示，這次失敗為英格蘭帶來了最大的幸福。蘇格蘭是個貧窮的地區，主

要由山地和沼澤構成。它當時的人口還不到現在倫敦人口的四分之一，而且極為分散。這個國家和英格蘭接鄰，時常受到它的侵略。它與愛爾蘭不同，沒有又寬又深的海溝作為保護。而且，它不是一個統一的民族，它的國民也不屬於同一種族。在它的北部和西部地區是凱爾特人或高地人；而在南部和東部地區則是撒克遜、盎格魯和北方人的後裔。高地人彼此之間也相互征戰。在低地人爭取自由的爭鬥中他們也沒有提供任何幫助。勞勃一世（Robert Bruce）在逃經洛梅時還差點被麥克多格爾斯人殺掉。

華勒斯（Wallace）是先於勞勃一世起義的。當時低地國家已被英王愛德華一世（Edward I）征服，所有的根據地都已被英軍控制。華勒斯力圖激起西部地區人民的愛國熱情。雖然他個人英勇善戰，但他不是個善於鼓動戰爭的人，不能鼓動足夠的力量投入戰爭。在福爾柯克戰役中他慘遭失敗。當時，他是蘇格蘭人民渺茫的希望，雖然實際上他是個失敗者。然而，他對國家的前途充滿信心，這種信念比他的後繼者勞勃一世的勝利為國民精神提供了更豐富的養料。最後，華勒斯被人出賣了，他被英軍抓獲，帶到了倫敦。西元 1305 年聖巴多羅買節前夕，他被用雪橇從倫敦塔拖到了史密斯菲爾德。在那裡待了一段時間後，就被絞死了。華勒斯為自由而犧牲了，但是，他的生命沒有白白付出，他激起了同胞們對自由的熱愛。以他為榜樣爭取自由的時機成熟了。

勞勃一世是諾曼人的後裔，他血管裡流淌著一半英格蘭人，一半蘇格蘭人的血。從他母親這方面來說，他是個蘇格蘭人。在經歷許多大膽的冒險和極大的危險之後——這都是以一種不屈不撓的意志和對自由的無比熱愛為支柱的——勞勃一世終於集結了一支愛國軍隊。西元 1314 年，他和英軍在班諾克本展開了激戰。在戰鬥打響之前，蘇格蘭軍隊跪地祈禱。愛德華二世（Edward II）看到了這一幕，轉身對身邊的爵士說：「阿根第勒（Argentine），你看叛亂分子投降了！他們請求寬恕！」「是的，陛下，」爵

士回答說，「但是他們不是請求您的寬恕。」戰爭的結局，英軍不是獲得了勝利，而是潰不成軍。

在羅馬教廷的英國使者唆使教宗若望二十二世（John XXII）把勞勃一世革出教會，並在蘇格蘭王國頒布教會的禁令。西元 1320 年，當這個禁令提交給在阿布羅斯的議會討論時，8 位伯爵和 21 位貴族聯名寫信給教宗，這封信所闡明的原則比歐洲歷史上任何一個文件更有意義。它請求教宗敦促英王尊重蘇格蘭王國的獨立，管理好他自己的事務。「只要我們還有 100 個人活著，」這些聯名寫信的人說道，「我們就不會向英格蘭做絲毫的讓步。我們不是為了榮耀、財富和聲名而戰，而僅僅是為了自由。一個真正的人寧願犧牲自己的生命，也不願喪失自由。」

與此相類似，強大的國家試圖把一種新的宗教強加給弱小國家，這樣的例子舉不勝舉。但是，結果都是一樣，失敗。蘇格蘭的歷史就是一部反對專制暴政的歷史。它給人的啟示是：首先是個性的力量，其次是良知的力量，發揮了決定性的作用。

與此同時，英格蘭遭受了另一次慘敗，雖然它同樣被認為是可悲可嘆的，但後來的歷史顯示，它和班諾克本戰役一樣，為英格蘭帶來了極大的福祉。那是在圍困奧爾良的時候，阿諾德博士稱它為「英格蘭歷史上的轉捩點」。「奧爾良之圍是英格蘭歷史上的轉捩點。如果英格蘭在法國的統治能建立起來，可以預料到它對英格蘭未來的後果會是怎樣，很可能它會成為法國的附庸。民族的興盛並不在於戰爭中的勝利。我們在戰爭中的兩次慘敗卻成了我們兩次最大的幸運，這就是奧爾良戰役和班諾克本戰役。奇怪的是，在愛德華二世統治期間，我們在阿索里獲得的對愛爾蘭的勝利成了一次重大的災難，而被蘇格蘭打敗卻成了一大幸事。如果愛爾蘭保持獨立，後來它可能就會像蘇格蘭一樣被我們統一。如果蘇格蘭衰落下去臣服於我們，這就會像愛爾蘭一樣，對我們是另一個大災難。」當時英國正

在征戰法國，他們在許多戰鬥中都贏得了勝利。他們進駐了巴黎，正在圍攻奧爾良。法國處於淪陷的悲涼氛圍之中，那些大貴族拋棄他們的國王（查理七世〔Charles VII〕），每個人都試圖建立自己的一個獨立王國。那些城鎮不做任何抵抗就淪陷了。稅賦只有透過武力才能徵收，甚至連國王自己的生活都成了問題，更不用說維持軍隊的開銷了。人民對國王和貴族都失去了信心，他們祈禱上帝能以某種方式解救自己的國家。

奇怪的是，一個極其細小的事情可以改變一個國家的命運。一個女孩 ── 一個在家裡紡紗織線在戶外放牧的鄉下女孩 ── 出來挽救了法國。貞德（Joan d'Arc）出生在洛林地區的棟雷米村莊。她樸實、純潔和虔誠。雖然性情急躁，但她有許多夢想，喜歡傾聽人們對她所說的那些神聖的話語。當看到自己國家的遭遇時，人們告訴她「去拯救法國的國王」，而她也確定「她能幫助國王收復國土」。於是她把自己的想法告訴博垂庫爾（Baudricourt）上校，這位上校一開始還以為她精神出了毛病，最後還是被她的熱情所打動，給了她一支武裝力量，並引薦給國王。她穿過 150 英里的英軍占領區，最後安全抵達了當時國王和朝廷的所在地希農。

國王只知道高興，卻不能提供任何方面的幫助。而主教和牧師卻認為她是個女巫，受到了魔鬼的唆使。儘管如此，國王還是派她去奧爾良作戰，因此她來到了這座被圍困的城市。英國軍隊開始疲於奔命，寒冷的冬天裡他們一直坐在奧爾良城外，士氣開始消沉。自索爾茲伯里（Salisbury）伯爵死後，他所招募的士兵紛紛離開軍營，那些和英國人結成同盟的勃艮第人也開始重新聽從自己的大公的召喚。英軍總共只有 2,000 至 3,000 人繼續留了下來，他們分散在 12 個城堡，並且彼此之間沒有任何聯絡。「只要看看帶著軍隊圍攻奧爾良的上校的名冊，你就不會對奧爾良之圍得到解救感到奇怪。」米什萊說道。

貞德率先向城堡中的英軍發起了進攻。儘管在最後的猛攻中（進攻土

列爾）這位少女受了傷，但英國軍隊還是被趕了出去。奧爾良之圍得到了解救，但是貞德並不以此為滿足。她認為，英國軍隊必須被趕出國門。貞德帶領法國軍隊一直把敵軍追到了帕提，在那裡再一次給予敵人沉重打擊。接下來，查理七世在蘭斯舉行了加冕儀式，正如她所預料的那樣。「貞德的創造性，」米什萊說道，「和她成功的奧祕，不在於她的勇氣或她的想像力，而在於她良好的判斷力。直接把查理七世帶到蘭斯，然後替他舉行加冕禮，這就使得英國人都知道了整個法國的堅強不屈。」

她已經做了而且完成了她所想做的一切，此時，她想回到家鄉，依偎在父母身邊，或去照看自己的牛羊。但是，國王沒有答應她的請求。他看到了她為法國軍隊帶來的輝煌的戰績。因此，希望她繼續留在軍隊。從這時起，貞德對自己已沒有了以往的自信，她感到猶豫不決和難以平靜。雖然她在繼續作戰，但沒有獲得任何決定性的勝利。

英國人和勃艮第的法國人再次結成了聯盟，對瓦茲河畔的貢比涅城進行圍攻。市民們聲稱他們擁護查理七世，貞德立即率軍開赴這裡。同一天她突入重圍，這著實讓圍攻者大吃了一驚。但是，她被趕到了城門，在城門口被法國人（勃艮第人）包圍，他們把她從馬上拖下，俘虜了她。貞德被自己的同胞引渡給了英國人，英國人又把她交給盧昂的宗教法庭進行審判。審判團成員有教區牧師、波威主教、利雪主教和其他一些法國牧師。波威的一個教堂牧師埃斯特維特（Estevet）被任命為這次迫害行動的籌劃者。

法王查理七世的皇冠雖然應歸功於這位英勇無畏的年輕的狂熱女子，但是他卻沒有採取任何措施來解救這位英雄。案件上訴到了索邦（Sorbonne）這位了不起的神學法官那裡。他判決說「這位女孩是個徹頭徹尾的魔鬼」，應當受到相應的懲罰。法國勃艮第人對貞德即將受到的駭人聽聞的懲罰沒有提出任何抗議。在當時，所有的女巫和受魔鬼控制的女魔法師

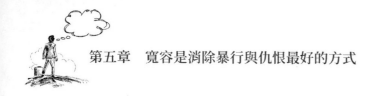

往往是要被處以火刑的，因此貞德也就被活活燒死了。她在盧昂英勇就義的地方就是現在有名的拉皮塞勒，離這裡不遠的勒阿弗爾碼頭至今還豎立著一尊紀念她的塑像。

「歷史上湧現了無數的殉道者，」米什萊說道，「他們多少有些純潔，多少有些榮耀。自尊有自己的殉道者，仇恨和戰鬥精神也是如此。任何一個時代都有富於戰鬥精神的殉道者。毫無疑問，他們死得光榮，他們不能被抹殺……這樣的設想並不是與我們的主題無關。這位聖潔的女孩與他們不同，她有自己獨具的特徵 —— 善良、仁慈、純潔可愛。她有古代殉道者的可愛之處，但又與他們不一樣。早期基督徒的純潔只是在於他們避免了行動，不使自己參與塵世的爭鬥和接受塵世的考驗。貞德在最野蠻的戰鬥中是溫柔的，在邪惡的人群中是善良的，在戰爭中是平和的，她為戰爭注入了上帝的精神。」（注：米什萊《法國史》第七卷，第四章。）

法國人民並沒有忘記貞德，他們豎立了許多紀念她的塑像，她成了一代又一代的法國軍人崇拜的偶像。當士兵行軍經過棟雷米村莊時，他們都會保持靜默並向這位英雄的出生地舉手致敬。這一習慣能如此長久的保留下來，這也是十分感人的。這位女英雄對國家無限忠誠，她的事蹟仍然讓人記憶猶新。

第六章
責任比生命還重要

如果仁愛鉗制了痛苦，

似乎孤獨的心，

再度感覺到天上聖父，遙遠的呼喚；

在他的懷抱裡，

哪怕邂逅死亡，

也意興盎然。

—— 基布林（Kibblin）

使命已完成，不如赴死，

勝於塵世中備受寵愛。

—— 喬治·麥克唐納（George MacDonald）

並非所有的生活都有意義，

也非所有的死亡都有價值。

—— 《讚美詩》

爭鬥的結局是什麼，如果你只是淡淡的問我，我會告訴你它是勝利。可是，如果你問得具體而深沉，那麼我會告訴你是死亡。

—— 薩佛納羅拉（Savonarola，西元 1452 ～西元 1498 年，義大利宗教、政治改革家，道明會傳教士，抨擊羅馬教廷和暴政，領導佛羅倫斯人民起義（西元 1494 年），建立該城民主政權，被教宗陰謀推翻後判火刑處死。）

讓我們回顧一下義大利歷史上湧現出的一些偉大的殉道者，如布雷西亞的阿諾德（Arnold of Brescia）、但丁（Dante）和薩佛納羅拉。羅馬帝國衰亡後不久，人性中一些卑鄙骯髒的東西又開始沉渣泛起，並占據了優勢地位。基督教也不能戰勝這些邪惡，相反的，跟著它們隨波逐流。格萊福的聖伯爾納鐸（St. Bernard）以尖刻的語言批判了這些邪惡，他說：「誰會

對自己的虛榮和傲慢一無所知呢？一個國家如果過於脆弱而不能抵制這些邪惡，難於或不屑於遵紀守法，那麼就會出現騷亂。他們對於各種傷害過於敏感，卻從來沒有學會做好事的藝術。阿諛奉承、背信棄義和通敵叛國成了他們一貫的行為準則。」

達官顯貴們道德淪喪且舉止輕浮，這對社會風氣帶來了一個極其有害影響的榜樣。它們傳染給了下層社會，使得整個社會變得同樣的放蕩不羈。義大利上層社會放任自流、揮霍享樂、輕薄無聊，與此同時，下層社會則普遍貧窮、生活悲慘而且道德敗壞。傳教士也絕不比一般群眾好。「如果你想讓兒子腐化墮落，那就讓他去做牧師吧。」這是當時大家的普遍共識。因此，一個曾經是英勇果斷而又充滿活力的民族，已經到了道德淪喪的邊緣。

在 12 世紀，布雷西亞的阿諾德吹響了義大利自由的號角。他在教會中的地位是最為卑賤的，然而他卻是個充滿熱情而又富於雄辯的牧師。他不僅宣揚純潔、仁愛和正直，而且鼓吹自由。而鼓吹自由是他布道中最危險的行為。人們把他當作一個愛國者，對他極為尊敬。向教宗告發他的布道內容的敵人也大有人在。依諾增爵二世（Innocent II）譴責了他的觀點，布雷西亞的地方法官準備判處他死刑。由於事先得到了警告，阿諾德穿過阿爾卑斯山脈逃到了瑞士，在瑞士首都蘇黎世找到了一處避難所。

阿諾德並沒有因為害怕而氣餒，他再一次跨過了阿爾卑斯山，向羅馬進發。在那裡他聲名大震，受到了貴族和民眾的保護。10 年的時間裡，他雄辯的口才便在羅馬家喻戶曉。他向羅馬人提出忠告，聲稱人的權利和基督徒的權利是神聖不可侵犯的，要恢復共和國的法律和行政機構，要把傳教士的權力限制在宗教領域。

在前兩任教宗統治的那段時期，阿諾德的思想還能主導人們的生活。可是，當唯一的一個英國人亞得里安四世（Adrian IV）爬上聖彼得教堂教

宗的寶座時，阿諾德就被剝奪了生命和權力。教宗向全體會眾頒布了禁令，宗教改革者受到赦免的代價是把他流放異國他鄉。阿諾德被逮捕並被判處死刑。他被活活燒死，當時那些冷漠無情和忘恩負義的人也在場。阿諾德的骨灰被拋進了臺伯河，為的是不讓他的那些追隨者來收集和膜拜他們導師的遺骸。

義大利仍然在輕薄無聊、放蕩不羈和道德敗壞中徜徉。城邦與城邦之間的戰爭、圭爾夫派和吉伯林派之間的衝突，耗損著義大利的國力。13世紀，但丁出現了，他再一次吹響了自由的號角。蟄居在他心靈深處的真理和仁愛的光芒若隱若現，高屋建瓴般逼使義大利人蘊含在現實生活和人性之中那種最為高尚最為尊貴的品德，在漠視之後一覽無餘。屬於瘋狂時代的義大利在天堂和地獄之間顫抖。在人類的艱難奮鬥中，但丁堅信永恆的公正，並看到了它那光芒四射的力量。他的整個心靈由此進入忘我的境界。在上帝為人類所指引的明路上，他像一個無比天真、無所畏懼的孩子，以他手中的筆，像夜鶯一樣美妙的詩歌，凝視世界一瀉如流。

在義大利走向墮落和悲慘的漫長世紀中，但丁那些火熱的言語不啻於一堆篝火和一座燈塔，溫暖照耀著他那些熱愛和忠誠自己國家的同胞。他是義大利自由的先驅，為了追求自由，勇敢的面對迫害、流放和死亡。和布雷西亞的阿諾德一樣，在《君主制》一書中，他宣導宗教和世俗權力的分離，並且堅持說教宗的世俗統治是一種篡權行為。根據教宗使節的命令，但丁的《君主制》一書在波隆納被當眾燒毀，並且被列入了羅馬教廷的禁書目錄。他是義大利最具有民族特色並且最為人們所喜愛的詩人，他的作品也最受讀者歡迎。西元 1301 年，他被趕出佛羅倫斯，開始了流放生活。他的房子被沒收，在他缺席的情況下被判處了火刑。在流放期間，他創作了一些最膾炙人口的作品。人們思念他、尊敬他和愛戴他。人們要求中止對他的流放，讓他回到佛羅倫斯。

在佛羅倫斯有一個古老的傳統，這就是在紀念具有博愛精神的使徒聖約翰的節日時，可以赦免某些罪犯。但丁得到通知說，如果他承認自己有罪，就可以得到這樣的赦免。當但丁聽到這個提議時，他大叫道：「什麼！這就是對那個不公正的判決的體面的取消嗎？但丁·阿利吉耶里（Dante Alighieri）在遭受了 15 年的流放苦難之後就這樣被召回國嗎？這難道就是一個愛國者的下場嗎？這難道就是我不懈的工作和學習的報償嗎？……如果只有透過這種方式才能讓我回到佛羅倫斯，我寧願再不踏上佛羅倫斯的土地。不回去又能怎樣呢？無論在哪裡，我依然可以看到太陽和星星，可以在天底下思考那些可愛的真理。我不會出賣自己，使佛羅倫斯人民蒙受恥辱。我還不缺少麵包。不，不，我絕不會回去！」但丁拒絕了對他進行赦免的機會，他又被流放了 20 年。西元 1321 年，他死於拉溫納。

大約一個世紀之後，另一個自由的使者出現了，他是一個最忠誠和最勇敢的人，是歷史上一顆璀璨的明珠，這個人就是吉羅拉莫·薩佛納羅拉（Girolamo Savonarola）。西元 1452 年，他出生在費拉拉。他的父母雖然貧窮，但卻是貴族出身。他的父親在朝廷供職，這是一種世襲的特權。他的母親是一個極具品格力量的人。一開始，父母親想把他培養成一個物理學家，但是他的天性卻使他走上了另外一條截然不同的道路。

義大利依舊放任自流，國民道德淪喪，惡習難改。富人對窮人實行專制統治，窮人則生活悲慘、孤立無助而又放蕩不羈。吉羅拉莫幼年就接受了宗教思想，他致力於《聖經》和聖多瑪斯·阿奎那（St. Thomas Aquinas）著作的研究工作。他發現自己與這個世界針鋒相對，在他周圍所存在的那些瀆神的事件讓他大為震驚。「沒有一個人嚮往那些善良的東西，」他說，「我們應當向小孩和下層婦女學習，因為只有他們身上還保留了一點點純潔的影子。善良受到了壓制，義大利人和埃及人一樣，讓上帝的子民處於奴役狀態。」

　　吉羅拉莫最終決定要遏制消除這個世界的邪惡，他完全獻身於宗教事業。23 歲那年，他告別父母去了波隆納。在聖道明修道院，請求讓他當一名僕人。他立即就被接受了，並進入了他的見習期。

　　他當即寫信給父親，告訴他自己離家出走的原因。「我想進修道院的動機，」他寫道，「是因為這個民族生活得太悲慘，到處充滿了邪惡，他們通姦、搶劫，他們虛榮、盲從而且褻瀆上帝……毫無判斷能力的義大利人犯下了無數罪惡行徑，使我無法忍受；而且，這世界到處都存在著人們對美德的鄙棄和對邪惡的推崇。現在，我已沒有這種世俗的悲哀了，因此，我可以祈禱耶穌基督讓我免遭沉淪。我不停的禱告，虔誠的懇求上帝指引我正確的道路。父親，我懇請您成為一個意志堅定的人，好好安慰母親，也請您和她為我祝福。除此之外，我無話可說。」

　　那時，教會的腐化幾乎已經到了令人難以忍受的地步。保祿二世（Paul II）貪得無厭、西斯篤四世（Sixtus IV）背信棄義和寡廉鮮恥、亞歷山大六世（Alexander VI）（注：教宗亞歷山大六世統治時期無疑是羅馬現代史上最黑暗的一頁。那個年代，道德普遍敗壞，這在約翰‧布林夏德〔John Burchard〕的《日記》和潘維利斯〔Panvinius〕、默拉特利〔Muratoii〕、法布林〔Fabre〕為弗勒里〔Fleury〕的《基督教史》所寫的續篇以及其他一些天主教和清教徒作家的作品中有詳細紀錄，在我們當今時代，那一切幾乎是令人難以置信的。）罄竹難書的罪行使整個義大利有良知的人們震驚不已。薩佛納羅拉在自己的小房間裡感嘆道：「年高德劭的學者、聖徒們哪，博學、仁愛之士以及昔日的純潔呀，你們如今在何方？噢，上帝，但願這些能導致毀滅的飛翼折斷！」

　　與此同時，幾乎不見自由的蹤影。對人民施行暴虐統治的王公貴族們，根本不值一提。他們既無活力，也不具有遠見卓識，滿腦子想的只是攫取無窮的權力。他們的暴行有時也會遭到他們治下臣民的怨恨，因而，

他們當中有幾位在光天化日之下遭人暗殺，死於非命。加萊亞佐（Galeaz-zo）大公在米蘭一座教堂被人暗殺，尼科洛‧德斯特（Niccolò d'Este）大公則在費拉拉死於非命，朱利亞諾‧德‧麥地奇（Giuliano de' Medici）在佛羅倫斯大教堂也遭人暗殺。

薩佛納羅拉誕生在那道德普遍敗壞的年代。波隆納地區道明會的修道院長很快便發現了他傑出的心理特質，因而，提拔他去教導見習修道士們，他再也不用做僕役工作了。服從是他的天職，他毫無怨言、心甘情願的開始了新的工作。後來，他又從教導見習修道士的教員升至傳道士。30歲那年，薩佛納羅拉被派往他的出生地費拉拉去傳教。但他的布道在那裡卻不大引人矚目。他只不過是他們之中的普通一員而已。他們能從他這裡聽到以前聞所未聞的東西嗎？在他的家鄉，他並沒有獲得榮耀。他也曾在布雷西亞、帕維亞和熱那亞等地布道。正是在熱那亞，他的布道口才才開始更多的受到人們的欣賞。

在波隆納地區道明會修道院待了大約 7 年後，薩佛納羅拉最後終於被派往佛羅倫斯。道路引領他通往一個新國家，以前他從未到過如此之南的地方。因為是徒步遊歷，因而他有足夠的時間欣賞沿途的風光美景。當他平平穩穩的爬上那座通往盧加諾的山峰，站在山巔回首仰望時，波隆納和沿途的風景已遠遠落在之後的北方，此後，他再也沒有看到它們。越過荒郊野嶺，他登上了海拔約 3,000 英尺的拉弗塔山峰。經過了塞弗峽谷和亞平寧山嘴，正是此座亞平寧山將塞弗峽谷和阿諾峽谷分隔開來。然後，展現在他面前的便是宏偉的佛羅倫斯 —— 他開創輝煌事業之地，也是展現英勇以及殉道之地。

一到佛羅倫斯，薩佛納羅拉便立即前往聖馬可修道院，在那裡，人們把他視為一個兄弟。那時，羅倫佐大帝（Lorenzo the Great）的權力正處於頂峰，他透過放逐、羈押抑或處死等方式剷除異己；他用宴會、舞蹈和馬

上比武大會等使人民匍匐於其腳下，甘受其統治。他宛如王公貴族的親信，也似乎特別受暴民的喜愛。他窮奢極侈的一生似乎被人遺忘了，因為他是文學和美術的主角。維拉里（Villari）說，在羅倫佐那個時代，「藝術家、文人、政客、貴族以及凡夫俗子們，在骨子裡都同樣腐化、墮落，根本沒有公共的抑或私人的美德，也不存在道德情感體驗。宗教或者被當作統治的工具，抑或被當作一種卑劣的偽善。無論是在世俗事務中，還是在宗教、道德倫理抑或哲學中，都不存在信義。甚至連懷疑的熱情也沒有。瀰漫於全社會的乃是對道義節操的極度冷淡。」（注：維拉里教授《吉羅拉莫·薩佛納羅拉及他那個時代的歷史》。）

薩佛納羅拉對所有這一切深惡痛絕。當他首次在聖羅倫佐布道時，便對那個時代的腐化、墮落大肆譴責。他用「鋼鞭」韃笞邪惡。他嚴厲譴責賭博、撒謊、欺騙以及大量援引《聖經》詞句的行為，聽眾首先震驚，繼而厭惡，最終變得義憤填膺起來。這位翻山越嶺來譴責佛羅倫斯的腐化墮落，身著棕色袈裟的僧侶是何許人也？他們紛紛鄙夷和嘲笑他。在一座美麗的城市中，他平淡無奇，一位皮膚黝黑、中等身材的男子，尖嘴猴腮，相貌醜陋，鼻子呈大鷹鉤鼻，而且嘴大唇厚，下巴深陷。甚至在 23 歲時，他的前額便已布滿皺紋。他在世界顯露的便是這副模樣。這是一個即將在佛羅倫斯擁有赫赫聲名的人物嗎？

當另一個博學的僧侶布道時，聽者雲集。他了解聽眾，並拿他們的醜惡開玩笑，但他並不譴責什麼 —— 甚至不譴責虔敬和自由的喪失。他是羅倫佐大帝的一位朋友。當薩佛納羅拉因那位僧侶成功的布道而受到嘲笑時，他回答道：「在宣揚正確的教義時，語言的優美應讓位於語言的簡明。」他確信他神聖的使命，並視之為生命的最高職責，而一心一意想著如何才能最好的履行他的使命。

在聖馬可修道院，他重新開始了對見習修道士們的教導，有時，他也

在修道院的迴廊裡對一些優秀而虔誠的聽眾布道。人們不斷敦促他到布道壇上布道，他同意了，並於西元 1490 年 8 月 1 日進行了一場精彩非凡的布道，其時他 38 歲。在第二年的四旬齋期間，他曾在大教堂做過布道。當時，人們從四面八方蜂擁而至。他熾烈的熱情深深的感染了眾多在場的興奮不已的聽眾。他不再是以前那位在聖羅倫佐布道的微不足道之人了。他竭盡全力大加斥責那些昏昏欲睡之人的種種邪惡，希望能使他們從中驚醒。他們痴迷於他的布道，對他的熱情也日漸高漲。

所有這一切引起了羅倫佐・德・麥地奇（Lorenzo de Medici）的極大不安。於是，他派遣佛羅倫斯的 5 位要人向薩佛納羅拉曉以利害，警告他不僅對自己而且還將對修道院帶來危險。他的答覆則是：「你們是受羅倫佐的指使而來，我非常清楚。你們回去告訴他，準備好好悔過自新。因為上帝不會饒恕任何頑冥不化之人，上帝也不害怕世俗的君主們。」

同一年，他被推選為聖馬可修道院的院長，他保留了剛直不阿的品格。儘管羅倫佐送給聖馬可修道院的禮物很豐厚，但薩佛納羅拉還是嚴厲指責他的不良品格。薩佛納羅拉深知他對公共道德造成的傷害，不僅把他視作自由的敵人，而且認為他是自由的掘墓人。薩佛納羅拉還認定，羅倫佐是人們向善和恢復基督徒生活習慣的主要障礙。譴責賭博成為他布道中的主要內容，儘管賭博也許於國有益；他嚴厲譴責富人們窮奢極侈的生活方式，認為這大大的敗壞了人們的道德。

善德非常必要，尤其是人的自由意志。「我們的意志，」薩佛納羅拉說，「在本質上必定屬於自由，它是自由的人格化。」上帝是最好的救助者，但他也喜歡被人幫助。「在禱告時務必誠摯，」他說，「不要忽視人力，你必須得用各種方法自救，然後上帝才會出來助你。拿出勇氣來，我的兄弟們，首要的是務必團結。」他又說：「老實講，透過一個人的言和行，我們或多或少能知道他的品行。雖然這不符合法律要求，但卻是一項道德義

務。言語的承諾必須透過行為結果，正像一筆債務，每個誠實、正直的人最終都會償還給身邊的鄰居。闡明真理本身便是正義的核心部分。」

最終，羅倫佐大帝從佛羅倫斯隱退，回到他的卡里奇別墅直至終老善終。他死於 4 月上旬，其時正是萬象更新、姹紫嫣紅的時節，其時也正是野鶯啼鳴最歡的時刻。別墅坐落在距佛羅倫斯東北部約 3 英里的阿諾大峽谷中。透過別墅的門窗，你可以看到大教堂、鐘樓以及高於樹林的許多教堂的塔尖。別墅的北面便是達菲耶索萊高地和遠處托斯卡尼山峰線條柔和的輪廓。

然而這一切美景並不能消除病痛。羅倫佐臨終時，一切治療都試過，吞服用蒸餾法提取的寶石也不見效，什麼也挽救不了這位偉大的人物。然後，他轉而求助於宗教。當他接近死神時，他的罪孽似乎又加深了一層，最後的祈禱也救不了他。他對人類失去了一切信心，因為每個人都唯他之命是從。他並不相信他的懺悔者的誠摯。「沒有人敢對我說半個『不』字」，最後，他想到了薩佛納羅拉。那個傢伙從來不曾屈服於他的淫威。「我知道，除了他以外，再也沒有誠實的修道士了。」他派人去請薩佛納羅拉以便對他懺悔。當薩佛納羅拉被告知羅倫佐生命垂危時，他立刻動身前往卡里奇。

維拉里教授向世人講述了羅倫佐和薩佛納羅拉最後一次會面的情況。皮科·德拉·米蘭多拉（Pico della Mirandola）一退下，在奄奄一息的羅倫佐的病床旁，薩佛納羅拉恭恭敬敬的站著。羅倫佐對他講了他所希望懺悔的三大罪孽——掠奪沃爾泰拉、從蒙特·德里·凡西拉榨取錢財以及帕茲密謀之後的那場血腥殺戮——並請求赦免。羅倫佐說這些時重新又變得焦躁不安，薩佛納羅拉說「你必須做三件事」時，羅倫佐才停止說話。「哪三件，神父？」羅倫佐問道。薩佛納羅拉的神情變得嚴肅起來，他一邊舉起右手，一邊開始對他說：「第一，你必須充分相信上帝的仁慈。」「我絕

對相信！」「第二，你必須歸還你非正義所掠取的一切，或囑咐你的兒子們替你歸還。」這一要求似乎使他感到詫異和悲傷，但是，思索再三後，他點頭同意了。

然後，薩佛納羅拉站起身來，奄奄一息的國王卻因恐懼而在床上縮成一團，懺悔神父似乎有點飄飄然，他繼續說道：「最後，你必須得恢復佛羅倫斯人民的自由。」他的表情嚴肅，聲音顯得很恐怖，他的眼睛緊盯著羅倫佐的眼睛，似乎要從羅倫佐的眼睛裡讀到答案。可羅倫佐把吃奶的勁也用上了，費力轉過背去，不發一言，這對薩佛納羅拉是一個莫大的嘲弄。因此，薩佛納羅拉再也沒有赦免他便離去了。羅倫佐備受悔恨的煎熬，很快就離世了。

羅倫佐死後，他的兒子皮耶羅（Piero）即位，其暴虐統治與其父相比有過之而無不及。他終日沉湎於花天酒地的放蕩生活，對文學抑或藝術全無興趣。薩佛納羅拉則一如既往的繼續布道。他的熱情不減反而更加熾熱，他的英名遠播，幾乎家喻戶曉。因為皮耶羅的作怪，薩佛納羅拉曾一度被逐出佛羅倫斯，此後，他曾在比薩、熱那亞及其他城鎮布過道，但最後還是重新回到佛羅倫斯，並在他主持的修道院裡實行貧困法則，要求所有僧侶自食其力。他特別鼓勵研讀《聖經》，而且認為他和他的兄弟們應該去異教徒中間布道。當麻煩不斷降臨到他頭上時，他想到過離開佛羅倫斯，以便專心致志於他的傳教工作。

最終他還是決定留了下來，因為佛羅倫斯人民不願意讓他走。在大教堂向蜂擁而至的教徒、會眾布道時，薩佛納羅拉不僅嚴厲譴責他那個時代的罪惡，而且還嚴厲譴責那些不能很好的履行自己職責的高階教士。「你看他們，」他說，「一個個頭戴鑲滿寶石的金僧帽，手拿銀杖，站在鋪滿錦緞的祭壇（祭壇周圍有一架風琴和眾多的歌手）和其他群眾面前，慢慢的吟喃晚禱曲，他們的繁文縟節，令你如墜雲霧……最初，高階教士們既

沒有如此多的金僧帽，也沒有如此多的聖餐杯，他們放棄了那些生活必需品，因為他們必須救濟窮人。而我們如今的高階教士們卻從窮人那裡巧取豪奪，奪走了他們的聖餐杯，這些聖餐杯可是窮人們的命根子啊！在最初的教會中，儘管聖餐杯是木製的，可教士們卻是『金製』的，而如今的教會中，儘管聖餐杯是金製的，可教士們卻是『木製』的！」

皮耶羅‧德‧麥地奇（Piero de' Medici）為了獲得對佛羅倫斯的統治權，曾與教宗和拿坡里國王結成了緊密的同盟。但是，當他得知法軍入侵義大利時，一下子便拋棄了他們。篡奪了米蘭政府權力的盧多維科（Ludovico）、摩爾家族（the Moor）邀請法國國王查理八世（Charles VIII）入侵義大利，並征服拿坡里王國。一支法國軍隊因此越過義大利邊界並向南挺進。他們一路攻城掠地，所向披靡。這時，皮耶羅想去見查理八世，以便和他講和。他拱手交出了重要的要塞薩爾扎納以及皮耶特拉桑塔鎮和比薩、利弗諾兩座城市。

佛羅倫斯人民被他們的統治者，即皮耶羅的卑賤行為激怒了，他們拒絕讓他進入王宮。他的人身安全受到了威脅，因此，他匆匆逃往威尼斯。佛羅倫斯正處於一場大暴動的邊緣。

皮耶羅的追隨者一心想迎回他們的國王，而人民大眾則想建立一個共和國。兩派針鋒相對，劍拔弩張，勢不兩立。這時，唯有薩佛納羅拉才能影響、號召人民。他將兩派邀集於大教堂，正是在大教堂，他設法平息了兩派之間的紛爭。與此同時，他要求他們懺悔、團結、博愛和講求信義。因而，一場似乎是迫在眉睫的暴動就這樣平息了。

一群由佛羅倫斯顯要人物組成的使者被推選出來去拜謁法國國王。薩佛納羅拉是這些使者中的一員。其他使者乘馬坐轎去拜謁法國國王，而薩佛納羅拉卻是徒步前往，徒步是他習慣的旅行方式。那些乘馬坐轎的使者們晉見了法國國王，均無功而返。在返回佛羅倫斯的路上，他們遇到了徒

步的薩佛納羅拉，他獨自一人來到法國軍營晉見法國國王。他請求，不，幾乎是要求法國國王尊重佛羅倫斯城及城中的婦女、公民和自由，但這是徒勞的。不久法國軍隊在沒有遇到抵抗的情況下就開進了佛羅倫斯。法軍繼續掠奪皮耶羅王宮裡的財富，並將最珍貴的藝術品運走。佛羅倫斯人自己也趁火打劫，他們公開搶走或盜走他們認為珍貴或有價值的東西。因此，在短短一天的時間裡，半個世紀累積起來的財富就這樣毀於一旦。

當法軍揮師南進後，佛羅倫斯便成了一座無主之城。皮耶羅的黨徒彷彿魔術般的消失了。薩佛納羅拉於是便成了人心所向、眾望所歸的人物。關於未來的政府，他向由他召集的市議會建議道，應當採用威尼斯的政府形式。他說，威尼斯形式是唯一從大破壞中倖存下來，並變得更加穩固、更有威權和信譽的政府形式。人們對他的提議進行了長時間的討論，直到臨時政府建立起來為止。因此，僅僅在一年之內，就重建了佛羅倫斯的自由。

薩佛納羅拉繼續布道，他極力主張對國家、教會、風俗習慣進行改革。他「強迫」人們使用自由。「真正的自由，」他說，「獨一無二的自由，在於決心過美好的生活。屈服於情慾的暴虐統治能算得上是何種自由呢？這一演說的目的無非就是，你們，佛羅倫斯人，希望自由嗎？你們，公民們，渴望成為自由人嗎？那麼，首要的便是愛上帝、愛你們的左鄰右舍，彼此相愛，愛共同的幸福。一旦擁有這種愛與和諧一致時，你們就會擁有真正的自由。」

減稅、增進正義感、廢除蒙特·德·皮特制度下的高利貸是共和國所做的幾件有實際意義的事情。猶太放貸者向那些小額金錢的借貸工人一直索要 32.5 厘的利息。另一方面，由於薩佛納羅拉的個人努力，「蒙特·德·皮特」被作為一個機構建立起來，以最仁慈的條件給予窮人臨時貸款。遭到流放的但丁的後裔們也被召回佛羅倫斯。但丁流放時，一直陷於極端的貧困之中。

　　與此同時，整個城市的面貌大為改觀。女人們紛紛將她們富餘的裝飾品棄之如敝，轉而簡衣素食。年輕人個個謙虛、謹慎。在中午休息時分，經常可以看到店主在他們的商店裡研讀《聖經》抑或薩佛納羅拉的一些作品。教堂裡常常人滿為患，那些窮困潦倒的人們免費得到施捨物。最令人稱奇的卻是商人和銀行家們受到道德良知感召而歸還金錢，數額有時高達數千弗洛林，這些金錢曾是他們透過巧取豪奪的不正當手段獲得的。所有的這一切都是薩佛納羅拉個人人格魅力的衍生物。

　　西元 1495 年四旬齋後，薩佛納羅拉精疲力盡。因為忠誠的保持自己的齋戒，他過去一直吃的是營養很差的食物。他的床鋪比其他人的都要硬，房間也少裝飾。他曾經發過誓要與一切舒適的生活決裂，而且他以比對別人要求更嚴格的標準嚴以律己，因此他變得極其消瘦，精力也明顯不濟。衰弱的力量因體內疾病的侵襲而瘋狂滋生。「但是，」維拉里說，「這位修道士如此之不屈不撓的勇氣，以致使他幾乎從未停止做政治爭鬥。以前，他在約伯做了一系列布道，體力衰弱反而增加了他的道德威望。他的眼睛光芒四射，雖然身軀顫抖不已，而演講卻比以往任何時候更富熱情且更切中時弊。」

　　布拉瑪奇（Burlamacchi）說過：「薩佛納羅拉曾經做過一次極其令人敬畏而又發人深省的布道，這一布道被逐句記下後呈送教宗。教宗看後非常憤慨，於是便召來一位與薩佛納羅拉級別相當的主教，這位主教是一個知識非常淵博的人，並對主教說：『務必反擊這一布道，我希望你繼續反駁這位修道士（即薩佛納羅拉）。』主教回答說：『我會這樣做的，聖父！但是，為了戰勝他，我必須得有反駁他的手段。』『什麼手段？』教宗問。『這位修道士說，我們不應該有姘婦或鼓勵買賣聖職。他說的是事實。』教宗回答說：『那該怎樣對付他呢？』主教說：『獎賞他，和他做朋友，授予他紅衣主教職位。這樣，他也許會放棄他的預言並收回他曾經說過的話。』」

西元 1495 年，佛羅倫斯一個支持皮耶羅的名叫「阿拉比亞提」陰謀俱樂部曾威脅要暗殺薩佛納羅拉，他們認為暗殺這位修道士後便可以結束共和制。基於此，一群全副武裝的志願者圍著薩佛納羅拉，從大教堂一路陪同、護送他到聖馬可修道院。教宗亞歷山大六世派人從羅馬送來了敕書，敕書勒令他暫停布道，同時，敕書還指責他是一個虛偽教義的傳播者。在他被剝奪了說話權利期間，「阿拉比亞提」組織卻準備再度使狂歡節中猥褻的娛樂死灰復燃，使人們情欲橫流。薩佛納羅拉力圖用「兒童的改造」阻止這一切。追隨者的孩子們排成一隊，行進在佛羅倫斯的大街小巷中。為了救濟窮人，孩子們為聖馬可修道院的修道士們募捐。

教宗最後收回了成命，允許薩佛納羅拉像以往一樣布道。如果他肯在將來的布道中改變措辭語調的話，願意讓他當紅衣主教。但薩佛納羅拉拒絕了教宗的此番「美意」。翌日早晨，他在大教堂所做的布道中說：「我並不希罕紅衣主教帽，也不希罕僧侶帽，不管其是大是小。我希望的只是為正義而承諾給聖徒們的那種東西 —— 死亡。如果我貪圖榮華富貴，現在就不會如此衣衫襤褸。我已做好一切準備，為了職責而獻出生命。」

共和國的災難接踵而至。在圍攻比薩城期間，佛羅倫斯人處於大混亂之中。大街上，公路旁，到處可見餓得奄奄一息的窮人。那時，佛羅倫斯還爆發了一場瘟疫，瘟疫導致餓殍遍野，城鄉一片荒涼淒慘。瘟疫也席捲了聖馬克教堂。薩佛納羅拉將那些膽怯者和有病者送到鄉下，自己卻仍然和他的忠實信徒待在城中。在佛羅倫斯市，瘟疫每天要奪走大約 100 人的生命。而薩佛納羅拉卻隨時準備去那些遭受瘟疫肆虐橫行的房屋，為垂死之人做最後的禱告。約莫過了一個月，這場瘟疫才過去，但是，對共和國的陰謀卻又開始在醞釀之中。

薩佛納羅拉大部分時間待在他的修道院裡。他一直在勤於撰寫〈基督教的勝利〉，同時，他還忙於勘校來自印刷工人的校樣。在那篇專題論文

中，他認為，基督精神應建立在理性、仁愛和良心上。這篇論文是對教宗敕書的圓滿回答，並被作為學校的教科書，教會會眾更是把它作為「神學的宣傳資料」。儘管如此，教宗卻於西元 1497 年 5 月將他開除出教會，並禁止任何人向他提供幫助，任何人都不准與他這樣一位被開除教籍、被懷疑為異教徒的人接觸。西元 1497 年 6 月，開除薩佛納羅拉教籍的教令在大教堂裡被鄭重其事的予以公布。牧師們、修道院裡的修道士們、主教們以及更高階的教士們都聚集在大教堂裡。教宗的敕令被當場宣讀，宣讀完敕令後，所有的燈都熄滅了，所有的人都在黑暗中沉默。

　　兩天之後，當聖馬可修道院裡的修道士們正在誦唱樂曲的時候，被院外人群的吵鬧聲和扔石頭砸修道院門窗的聲音打斷了。當地官員對此卻不加干涉，因此，形勢一天比一天糟，揮霍之風又日漸增長。教堂空空如也，而酒菜館卻人滿為患。所有愛國主義思想和自由思想都被拋到九霄雲外，被人忘得乾乾淨淨。這些便是亞歷山大六世開除薩佛納羅拉教籍後結出的第一批「碩果」。為使教宗收回開除薩佛納羅拉教籍的敕令，人們做了許多努力，但都沒有成功。教宗威脅要褫奪佛羅倫斯市的教權，並說要沒收佛羅倫斯商人在羅馬的財產，還命令執政團將薩佛納羅拉送往羅馬。但他們回答說，將薩佛納羅拉放逐出佛羅倫斯將使該城面臨最大的危機。他們又一次勸他在大教堂裡布道，他同意了。於是，薩佛納羅拉在西元 1498 年 3 月 18 日做了他一生中的最後一次布道。

　　隨後，公意便發生了重大的改變，並突然一發不可收拾，宛如隨風倒的風向標。薩佛納羅拉在佛羅倫斯城曾工作了 8 年。他曾提醒人們懺悔，和睦相處；也曾提醒人們為自由而戰，摒棄揮霍、賭博及所有不良行為。至於他自己，他曾經敦促人們在上帝的幫助下，立即開始對教會的普遍改革。他過去是佛羅倫斯最受歡迎的人，可現在卻成了最不受歡迎的人，潮流突然轉向了，薩佛納羅拉的追隨者或者失蹤，或者隱藏起來，因為現在

整個佛羅倫斯似乎都是他的敵人。

方濟各會的修道士們挑戰似的要求他接受火刑 —— 中世紀的一種不可思議的刑罰。儘管忠誠於薩佛納羅拉的兄弟多米尼克（Domenicho）願意接受火刑，但是他卻堅決反對。儘管其他人也表示願意和他一起去就火刑，但薩佛納羅拉卻看出了這一考驗背後的色屬內茬和愚不可及，因此，他拒絕接受火刑。不接受火刑的後果很快就出現了。執意要將修道院付之一炬的「康帕尼亞奇」率領一群暴徒圍攻了聖馬可修道院，薩佛納羅拉的一些擁有武裝的朋友也在那裡，雙方劍拔弩張、互不讓步。但薩佛納羅拉對他們說：「讓我去吧，因為這場風暴乃因我而起；就讓我向敵人自首吧。」但朋友們堅決不許他向敵人自首。

於是，「執政團」派了一支軍隊來到廣場。持權杖者（即軍官）命令修道院裡的每個人都放下武器，並宣布將薩佛納羅拉流放，要求他在 12 小時之內離開佛羅倫斯人的領土。修道院裡武裝人員繼續保護修道院，在衝突中，雙方都有許多人陣亡。薩佛納羅拉繼續禱告。最後，鑑於裡外人員傷亡慘重，他要求他的兄弟、朋友們放棄抵抗，並隨他進入修道院後面的藏書室。

在藏書室大廳中央，米開羅佐（Michelozzi）簡樸的拱頂室下面，他布置好聖餐，召集了周圍的兄弟，並向他們做了最後的演講，他的話語令人難以忘懷：「我的兄弟們，在上帝面前，在聖餅面前，在我的敵人業已衝進修道院的情形下，現在，我更堅信我的教義。我說的一切都來自上帝，上帝在天堂裡可以證明我說的一切都是事實。我絕沒有料到全城會如此之快的反對我，但上帝將會證明我的正確。這就是我對你們的最後規勸。讓誠信、忍耐和祈禱成為你們的武器吧！離開你們卻交由我的敵人處置，我深感痛苦。我不知道他們是否會要我的命，但我相信這一點，即，身為一個死者，在天堂裡為你們做的事情將比我身為一個活在塵世上的人所做的力所能及的事情要多。振作起來！接受苦難吧！這樣你們將會得到上蒼的

救助。」

軍隊衝進來了，薩佛納羅拉被俘，他被反剪著雙手押解到執政團面前。當時群情激憤，很難阻止人們要殺他。他的兩個兄弟執意要和他共生死。到達執政團面前後，他們 3 個人被分別羈押在各自的牢房。薩佛納羅拉被羈押在那間名叫「艾伯格黑提羅」的牢房 —— 廣場監獄堡裡的一間小房間 —— 科西莫‧德‧麥地奇（Cosmo de' Medici）以前也在此被羈押過一段時間。

薩佛納羅拉很快便受到了嚴刑拷打。在巴傑羅大廳，他受到當地官員的一番審訊、威脅和侮辱後，被套上絞索。在此種刑罰中，絞索的一端繫在一個定滑輪上，該定滑輪固定在一根高旗杆的頂端。受刑者被反剪著手，絞索的另一端則捆住他的手腕；受刑時，行刑者先將他吊上旗杆，然後突然放落。反剪著的雙臂因而成了半圓形狀。肌肉因此被撕裂，四肢也因疼痛發顫。如此堅持施刑一段時間，受刑者不是昏厥就是死亡。

薩佛納羅拉從小身體便極其瘦削；由於長年如一日的堅持禁欲、守夜，幾乎不間斷的布道以及嚴重的身體疾病，導致他體質非常虛弱並且始終處於高度緊張狀態，他的一生可以說一直處於一種痛苦不堪的狀態，而僅僅是他那意志力的堅定才使生命得以延續。來自他生命中最後歲月所發生的一切變故 —— 各種危機為他帶來的侮辱以及對自己遭到佛羅倫斯人民拋棄的悲哀 —— 對他的打擊相當大。在此情況下，他竟然又遭此種酷刑的折磨。他被套上絞索，從旗杆上突然往下放，如此這樣反覆多次，很快便陷入神情恍惚，回答也變得前後不一致、不連貫。最後，他似乎徹底絕望了，用足以熔化鐵石心腸的聲音大叫道：「噢，上帝！奪去……噢，奪去……我的生命吧！」

最後，行刑者中止了這種刑罰，他全身鮮血淋漓的被帶回了牢房。人們肯定無法想像那一晚他所受的痛苦。天破曉後，在中午時分，對他的所

謂審訊又開始了。法官都是他的敵人。他受審，他回答，一個佛羅倫斯律師，西卡姆（Ceccome），聽到執政團因為不能找到反對薩佛納羅拉的理由而懊悔不迭的說：「儘管沒有理由，但我們必須造出一個來。」如果西卡姆肯對薩佛納羅拉的答辯略作改動，炮製出一份與事實不符的審訊備忘錄，以便法官們為薩佛納羅拉定罪量刑，法官們便答應給他 400「達克特」（金幣名）的金錢。

在四旬齋期間暗無天日的歲月中，在復活節萬人狂歡的日子裡，對薩佛納羅拉的折磨從未間斷。審訊也持續了一個月。有一天，薩佛納羅拉被拉上絞索，然後被猛烈的摔到地上竟然達 14 次之多，但他絕不屈服。肉體誠然痛無所痛，但決心信念絕不動搖。行刑者們把燒紅的煤塊放到他的腳底，但他的靈魂毫不退縮。他又被押回監獄，並在獄中度過了一個月。

教宗的使者們於西元 1498 年 5 月 15 日到達，薩佛納羅拉第三次遭到審訊。在紅衣主教羅莫里拉（Romolino）的指使下，他慘遭再一次野蠻殘忍的鞭刑，因痛暈他的答辯也不連貫起來，那位名叫西卡姆的律師將他的答辯篡改得面目全非。這位律師想讓他說行刑者們所希望的話，但是，他們的努力是徒勞的，這些審訊備忘錄絕沒有簽字，也沒有公布。

教宗的使節們於 5 月 22 日碰頭後，決定判處這 3 位修道士死刑，執政團一致同意這一判決。3 位修道士也很快知道了對他們的判決結果，他們準備慨然赴死。多米尼克把對他的死刑判決書當作赴宴的請柬。薩佛納羅拉則跪在地上祈禱。當他聽到對他的判決時，他仍然繼續誠摯的做祈禱。晚上，他拒絕了提供的晚餐，並說，這對赴死的心靈是必不可少的。

不久，一個名叫雅各波·尼科利尼（Jacopo Niccolini）的僧侶來到他的牢房。這個僧侶著一襲黑服，黑色頭巾遮住了他的臉。他是一個「巴圖」，即一個自願陪伴死刑犯度過最後時光組織的成員。尼科利尼問薩佛納羅拉是否能幫他做點有意義的事。「能！」，薩佛納羅拉回答說，「幫我

請求執政團，請他們允許我和我的兩個同案犯人做短暫的告別，我希望在臨刑前對他們說幾句話。」在尼科利尼去履行他的使命期間，一位祈福僧侶來聽取這些牢犯們的懺悔，這些牢犯虔誠的跪著，他們充滿了無限熱情，履行了上帝賦予他們的宗教義務。

3 位修道士再一次相聚。這是歷經 40 天羈押和折磨後的第一次見面。這時，除了慨然赴死之外，他們再也沒有任何想法。那兩位兄弟跪在他們的修道院院長薩佛納羅拉的腳下，虔誠的接受他的祝福。回到牢房時夜已很深了，仁慈的尼科利尼還在那裡。為表示慈愛和感激，薩佛納羅拉坐在地板上，並枕在尼科利尼的膝上睡著了。他恍惚如夢中，一直在微笑，心靈是如此之平靜。天破曉後，他從睡夢中醒來便和尼科利尼交談，並試著讓他明白佛羅倫斯未來的災難。

早晨，他們最後一次相見，一道接受聖餐。薩佛納羅拉透過自己的手用餐，神情愉快而安祥。用完聖餐後，他們便被召到廣場。在利格黑拉建有 3 個法庭，分別由瓦索那（Vasona）主教、教宗的使節以及旗手主持。絞刑架伸展至領主廣場。在絞架頂端豎起了一根橫梁，橫梁上掛著 3 根絞索及 3 副鐐銬。這 3 個修道士將被絞索絞死，3 副鐐銬將銬住他們的屍體，而下面的火將把他們化為虛無。

3 個囚犯從監獄堡的樓梯上下來了。他們被剝去了棕色的長袍，身上僅餘短袖束腰外衣，赤足，雙手被捆。首先，他們被帶到譴責他們墮落的瓦索那主教面前。主教抓住薩佛納羅拉的手說：「我要富於戰鬥性的、成功的將你從教會中隔離出來。」但薩佛納羅拉糾正了他：「富於戰鬥性的成功的把我從教會中分離出來，那不是你所能做到的！」然後他們便被帶到曾經宣稱他們為教會分裂分子和異教徒的教宗的使節面前。最後，他們來到奧托人面前，奧托人依照慣例，把對他們的判決付諸投票表決，結果判決被異口同聲的通過。

3 位修道士步履堅定的走上絞刑架。一個名叫利諾蒂（Nerotti）的牧師問薩佛納羅拉：「你是以何等心情忍受這一殉難的？」薩佛納羅拉回答：「上帝為我遭受同樣的苦難。」這是他最後的遺言。薩爾維斯特羅（Salvestro）首先就刑，然後是多米尼克；之後，薩佛納羅拉被徑直帶到他們二人中間的空地。他站在樓梯上面，環視觀看的人群，這些人以前曾迷戀於他在大教堂的布道。勢易時移呀！這些變化無常的暴民現在竟然歡呼他的死亡。他被套上絞索，並被劊子手絞死。他很快斷氣。鐐銬銬住他們的屍體，下面的火很快便使一切燒為灰燼。3 個人的骨灰被運走，撒在老橋。這次行刑的日子發生在西元 1498 年 5 月 23 日，其時薩佛納羅拉年僅 45 歲。

　　雖然路德稱自己為新教的殉道者，但他並非因此而死，（注：的確，薩佛納羅拉比天主教徒們更寬容。他最常用的指斥牧師們的證據之一便是他們不相信聖餐變體論。）他因自由而死。他的目標並非拋棄教會，而是使自由和宗教實現更加緊密的結合，恢復兩者之間的真實本原。正因為這，他忍受了殉難，因為這，他為上帝和他的國家獻出了生命。他主張的那些改革變成現實之日，也就是基督精神獲得真正充分發展之時。倘能如此，義大利也許會再次站在文明革新的潮頭。

　　佛羅倫斯是最有紀念意義的城市之一。它哺育了許多偉大的思想家、詩人、藝術家 —— 如但丁、伽利略、李奧納多・達文西（Leonardo da Vinci）、米開朗基羅、拉斐爾（Raphael）（注：出生於佛羅倫斯的一塊屬地）、多那太羅（Donatello）、盧卡・德拉・羅比亞（Lucca della Robbia）、馬基維利（Machiavelli）以及眾多群星璀璨的人物。在佛羅倫斯可見到「使世界痴迷的塑像」、義大利最偉大畫家的傑作、伽利略天文臺、但丁的出生地、羅倫佐的臨終地以及米開朗基羅的故居和墳墓。

　　但是，佛羅倫斯最引入注目之處也許是這些地方：首先是大教堂，這是薩佛納羅拉曾經滿懷熱情布道過的地方；其次是聖馬可修道院，這是薩

佛納羅拉度過他貧困、虔誠、學習一生的地方；最後是領主廣場 —— 薩佛納羅拉在這裡落到暴徒們的手中，並於此殉難。在聖馬可修道院，你可以看到薩佛納羅拉曾經居住的單人小房，他曾經研讀並在布道壇上布道過的《聖經》 —— 一本很小的手寫體《聖經》，《聖經》的空白處則是密密麻麻、數也數不清的親筆注釋，注釋的字跡是如此之小以至於如果不借助顯微鏡便無法認清它們。所有這一切以及他的畫像、手稿，他虔誠的各種象徵物以及許多其他有趣的紀念品在這裡都可看到。

　　將但丁從佛羅倫斯流放出去的敕令業已取消很久了，義大利透過在她的所有大城市中為但丁豎立紀念塑像而指責這一流放。為什麼她不同樣公正的對待薩佛納羅拉這樣一位愛國的殉道者呢？為什麼她不能為他豎立一塊紀念碑以作為後世的榜樣呢？領主廣場正是薩佛納羅拉為了宗教自由和人身自由而英勇獻身的地方。

第七章

海浪中的歷練

英國，海上的霸主，涅普頓（Neptune）海神的狂浪拍打著他的
岩石海岸。

—— 法爾科納（Falconer）

啊！光輝而又美麗的大海。

人們彎腰向你祈求，

所有的健康與快樂。

我聽到你的聲音，那一絲莊嚴、甜美，

你使我哭泣而欣喜，

為心愛的人葬身魚腹而哭泣，

為征服死亡而欣喜。

—— 歐律狄刻號船長哈利（Harry）

船是另一個世界賜予我們的禮物。沒有它，人類就無法與大海抗
衡。將船首木板釘在一起的鉚釘是全世界友誼積聚的力量所在，
它的作用比天上的陽光還要強大，使愛盈滿世界。

—— 拉斯金

　　大海培育了最英勇無畏的男人。海上航行教會他們必要的勇敢精神和
強烈責任感。海員過的是一種需要富有耐心、活動敏捷和嚴密戒備的生
活，它要求時刻小心並富有責任。它不像陸地，人們工作一天之後，可以
毫不畏懼的上床睡覺。

　　海員必須日夜時刻監守大海。長距離航行，風平浪靜之時，他們可以
在船艙裡靜坐，但必須警惕風暴來臨、大海狂怒。航行時要收帆、揚帆。
晚上，船員到船頂收帆，如單獨一人，他可能在冒著隨時被狂風刮走或因
船的搖晃而被掀走的生命危險。掉進大海後，或許無人知曉，而船還在照
常前行。

第一次下海的新手，在敞篷而無遮擋的小船上，看不見陸地，他可能會畏懼於這種新的環境。在他周圍除了頭頂的天空，腳下的大海，其他什麼也沒有。人與死亡之間僅僅相隔一塊木板。第一次下海的海員可能感覺到了一種新鮮的責任感和從未有過的勇氣！而即使對於那些在岸上的人，大海也是一位偉大的導師。阿諾德博士說，在培養高智商孩子的品格方面，任何東西的作用都無法跟第一次見到大海相比。強尼博士的孩提時代是在新港海岸上度過的。後來他說：「陸地上沒有哪個景點能比得上那個海灘。」

　　有人認為大海是對水資源的極大浪費。站在靠近大海的小山頂上瞭望，它無邊無際。向右看，向左看，都是水，晴朗的日子，湧向沙灘的波浪輕輕舔著你的腿腳。浪花旋轉升騰，來勢凶猛，它翻滾著，沖向海岸，激起很大的泡沫。它有時平靜，但卻笑裡藏刀，有時卻像美洲豹一樣狂怒不止。大海毫無記憶能力，一會它在亂石中把船打碎；一會它又使人進入夢鄉。耶利米（Jeremiah）說：「在大海上是痛苦的，因為它沒有片刻的寧靜。」大海淹沒人性和時間。它屬於永恆，它總是以自己的韻律在做永遠的吟唱。

　　但是，海洋與人性的發展之間有著極為密切的關聯。在海洋的開發利用方面，英國怎樣才能勝過其他國家的呢？這都因為我們是一個水手之國、一個商業民族。沿海岸線居住的漁民，源源不斷的為我們送來鮮魚；開著大型蒸汽船的水手到美國、中國、印度和其他大陸港口，為我們帶來各種生活必需品和奢侈品，這都應該感謝我們的水手。要不是環繞我們周圍的大海，我們不可能成為一個強大而自由的國家。

　　在歐洲大陸與英國之間的那條深海溝，使得英國成為那些受迫害者的避難所。200 年前，即在南特詔書取消之前，我們營救了法國最優秀的商人。今天我們在商業方面的霸主地位在很大程度上應歸功於從法國難民那

裡學到的工業和製造業的經驗。商業發展為海軍建設提供了強有力的保
證。是商業向我們海濱的人們提供了麵包。不僅如此，它還加速了世界的
文明化進程。

在利物浦的一次演講會上，山繆・貝克爵士（Sir Samuel Baker）宣稱：
商業活動是我們在非洲國家進行傳教活動的最好方式。具備一般常識的本
地居民會知道怎樣才會更有利於自己的發展。商業的引入比任何其他方法
更有利於野蠻人的開化，它可以激發人們的力量，使他們知道自己的土地
適合什麼作物的生長，並拿它去交換他們所需要的其他國家的產品，這些
其他國家的不同產品，生產者雖然現在還一無所知，但一旦為其所知，就
會成為他們的欲望並變為需求。（注：在另一個場合，山繆・貝克爵士說：
「身為一個旅行家，我們有履行自己職責的義務 —— 這種職責可以說是對
英格蘭的。他們不僅進入了那些不為我們所知的國家，而且回饋了對我們
國家有商業價值的資訊。身為一個旅行家，他往往會注意到，不管他的旅
行克服了多少艱難險阻，如果他所到達的這個國家缺乏具有商業價值的自
然產品，那麼他的探險也就毫無意義。因此，隨著他的腳步 —— 而且是
第一次的腳步 —— 而來的一定是商業。在最近幾個世紀中，即自伊莉莎
白統治以來，英國加速了全球的文明進程，這是這些旅行家們所引以為自
豪的。美洲新大陸的人幾乎都來自英國，澳洲人也是如此。奇怪的是，英
語已經成為世界各地的一種通用語言。這些與其說是旅行家發現的結果，
不如說是商業發展的結果。這些現象是野蠻國家逐漸走向文明的徵兆。世
界上最偉大的旅行家和發現者是葡萄牙人、荷蘭人；但是，這些旅行家的
發現對人類的永恆價值，如果說不是全部，至少可以說主要是透過商業行
為產生。旅行家使英國人確信，中非發展的資源掌握在英國人手中。那些
只有野蠻部落居住的國家終將而且已為時不遠的走上文明的康莊大道。而
這一過程只有透過商業才能完成。」）

所有新的國家的發現都應歸功於水手——包括從哥倫布到庫克（Cook）船長的水手。據說是冰島人首先發現了北美洲，但是他們沒在那裡定居。哥倫布是第一個把他們的發現告知天下的人。葡萄牙人和荷蘭人是在哥倫布之後的偉大的發現者。麥哲倫（Fernando Magellan）是第一個環地球航行的人，當他發現美洲時，只有 20 歲。他的第一次航行到達了非洲和印度，後來是南美洲。他沿著幾內亞、巴西海岸線航行，直抵里約熱內盧海岸，繼續往南，發現了今天的麥哲倫海峽。從麥哲倫海峽，他進入了太平洋。

　　荷蘭人也是偉大的冒險家，他們在巴倫支（Barentz）的帶領下試圖找到一條去中國的道路，卻在北角第一次遭遇危險。他們這次航行的唯一收穫是發現了新地島。荷蘭航海家向南，發現了澳洲（新荷蘭）、範迪門之地和馬來西亞海上的島嶼。

　　瓦斯科·達迦馬（Vasco de Gama）向印度航行經過好望角路線上的發現被證明是商業史上的里程碑，它開拓了西方通向遙遠東方的海上通道。荷蘭人向世界宣布了這一發現。他們說霍特曼（Houtman）兄弟是第一個經過好望角抵達印度，並在那裡奠定了壟斷的基石——建立了荷蘭印度公司的人。透過這一公司，荷蘭發展了輪船製造業，獲得了殖民地和商業上的龐大利益。

　　在當時，英國人仍然還不是商業民族。商業貿易雖然指向西方，但卻非英國。英國只能生產原材料，即使是英國國內的羊毛也要送到比利時去形錠並織成布匹。英國有大量的水手，但他們不受僱於航船，因為那裡沒有任何商業。然而，他們非常好鬥，當無外國入侵時，他們也要出海去互鬥。洛斯托夫特和雅茅斯是其附近的港口，那裡經常發生戰鬥。他們時不時的以海盜的方式進行搶劫，並且對此毫不介意。他們冒險出海，搶劫經過他們港口的過往船隻。

到伊莉莎白時代，英國才擁有了一支強大的海軍。大家都知道歷史上的德瑞克（Drake）、萊禮（Raleigh）、霍金斯（Hawkins）和早期的海上英雄。他們駕著輕舟在海上盲目航行，駛向未知的海域，去尋找新的國家，以便將來成為他們子孫的家園。當時，西班牙與英國發生了戰爭，英國在海上與陸地上多次與她的敵人進行了激烈的戰鬥。一支英勇頑強而又紀律嚴明的海軍就這樣形成，並在戰爭中遭受了考驗。這支海軍滿足了英國各方面的需求。西班牙是當時歐洲最強大的國家，依靠其戰無不勝的無敵艦隊襲擊了英國。這是歷史上為了國家、宗教、榮耀和獨立而發生的規模最大的戰爭之一。

法蘭西斯·德瑞克勛爵（Sir Francis Drake）是他那個時代最著名的海上英雄。莫特雷（Motley）先生說他是 16 世紀最偉大的人物之一。德瑞克是一名完完全全的海員，他出身低微，先是在小拖船上做學徒，在那學會了駕船技術。船長死時，把船贈給了他。在近海航行一段時間後，他與約翰·霍金斯（John Hawkins）一起，將自己的全部積蓄冒險投資於遠距航行。他曾經被西班牙俘虜過，並死裡逃生。他後來反抗西班牙人則很成功。

西班牙國王發布封港令，禁止所有英國船隻、個人和財產進入西班牙港口。德瑞克與 6 艘武裝船隻出海，俘虜了聖多明哥、卡沙吉那和聖奧古斯丁。菲利普二世還準備聯合西班牙和葡萄牙、拿坡里和西西里、熱那亞和威尼斯的海軍，組建一支龐大的海上武力，橫穿海峽摧毀英國海軍。羅馬教廷也為這一行動祝福。到處可以聽到以各種隱晦的語言傳播的預言，說西元 1588 年對「所有種植園是最致命和最不吉祥的」。人們發現，英國是這支龐大海軍的攻擊目標，然而，英國並不膽怯。整個國家同心同德、眾志成城，所有宗教派別——新教徒以及天主教徒也已經結成一股繩。那時，莎士比亞還在人世，他寫詩歌頌英國人民為了捍衛自由而進行的英勇抗爭，他寫到：

來吧！從三個角落逼近的武裝力量！

你們將震驚於我們的決心：揮手讓悲嘆走開，

英格蘭人民完全忠實於自己。

德瑞克決定給予執行計畫的西班牙核心艦隊沉痛一擊。他率領 4 艘皇家海軍船隻和 24 艘扮成商船的船隊，從普利茅斯港出發。西元 1587 年 4 月初，船隊進入加的斯港，他們發現了準備去侵略英國的船隻，其中部分是當時所知道的船隻中噸位最大的：一艘 1,500 噸位，另一艘 1,200 噸位，還有幾艘 1,000 噸位和 800 噸位。德瑞克與他的夥伴毀掉了總共 1 萬噸位的船隻。兩夜一天，他們不斷的破壞：打孔、搶劫、卸貨、焚燒西班牙的戰艦。他離開前，150 艘船隻正在燃燒，火光沖天，照亮了加的斯港。

返回英國途中，德瑞克俘虜並毀壞了 100 多艘船，獲得了部分財物，抓住了一些水手。他還搶到了西班牙的一艘大型拖船和一批價值龐大的物資，並將它們帶回英國。他認為他所做的只是一丁點事情，只是給強大的、全面武裝的西班牙政府一個警告。他說：「不久之後將有 4 萬名裝備良好、供應充足的英國人等待你們。」英國將有能力抵禦外來的任何侵略。

菲利普二世全力經營無敵艦隊，他在艦隊上花了 5 萬法郎。教宗借給他 1,000 法郎，除此之外，他還存有 200 萬法郎。無敵艦隊有 136 艘船，遠遠超過其他艦隊。它還有 30 萬名西班牙士兵和水手，2,000 個划槳的強壯奴隸，290 名修道士、牧師及顧問。除了這支大部隊外，還有 3 萬人的部隊在西班牙尼德蘭岸上，一俟接到信號就會上船出發，支援無敵艦隊。這就是英國人面臨的敵人。在無敵艦隊出發前，教宗西斯篤五世（Sixtus V）發布訓令，宣布伊莉莎白為非法，是篡權者，並莊嚴的將英國贈予菲利普二世，聲稱他是基督教信仰的捍衛者，「英國是羅馬的臣屬國」。征服英國的所有準備都已完成，無敵艦隊開始行動。第一艘船於西元 1588

年 7 月 22 日離開利沙德港。行動早已受到英軍的監視，警報的煙火很快從利沙德傳到法爾茅斯、多德曼角、格里賓海岬和雷姆角。當消息傳到普利茅斯時，無敵艦隊已在視線之內，德瑞克正與他的同事在玩滾球戲；但在夜幕降臨前，60 艘裝備最精良的英國船隻離開普利茅斯港口去迎擊敵人。他們沿著英吉利海峽航行。第二天，穿過濃霧，他們隱隱約約看到了西班牙龐大艦隊的蹤影。又一天過去了，這時他們的船隻相遇了。

英國指揮官是德瑞克、霍金斯和弗羅比舍（Frobisher）。他們都是真正的水手，有著久經考驗的耐心、技術和勇氣，並已經歷了各種形式的危險，且樂意為自己的國家承受一切苦難。他們的影響力在第一次與敵遭遇中即得到證實。他們有天氣預報器，利用天氣的優勢炮轟敵人，並隨時撤離。輕巧的易於駕駛的英國船隻，圍著笨拙的西班牙帆船繞圈，在繞圈的同時向敵人開炮。西班牙人希望進行大規模的戰鬥，但英國人不願意，他們只是咬住敵人，尾隨其後。這場追趕戰在整個海岸持續的進行著，經過普利茅斯，英國船隊的力量得到了補充。當夜晚來臨時，作為信號的火光沖天而起，人們總能知道戰鬥在哪裡進行。西班牙船隊互相衝撞，其中一艘被另一艘叫作弗萊明的船撞沉。還有一艘船舵失靈了。弗羅比舍和霍金斯指揮用大炮轟擊這艘西班牙艦艇，一直到夜幕籠罩。但是，直到第二天早上，這艘西班牙艦艇才向由德瑞克指揮的「復仇號」投降。

被英艦咬住的西班牙無敵艦隊，沿著得文和多塞特海岸作戰，岸邊的英國人觀看著戰鬥，並準備隨時加入。在西班牙艦隊經過的每一個小港，如達特茅斯、泰格茅斯、萊姆和韋茅斯，都有英國小船不斷補給英艦的人員和物資，許多小商船也加入了戰鬥。當西班牙無敵艦隊到了波特蘭比爾與聖奧爾本岬角之間的港灣時，風向轉向了東北，這使西班牙海軍處於有利位置。英軍有一段時間受到了西班牙的攻擊，只好搶風行駛，不久西班牙艦隊被分割，英國船隻則首尾相顧，而西班牙船隻則不能互相靠近，也

不能強行登上時而攻擊、時而逃跑的英方的船隻。因此，沿著海岸炮聲隆隆。戰鬥一場接著一場，但始終無決定性的結果發生。

無敵艦隊在開往加萊的途中，經過懷特島。從島上已經得到供給的英軍緩慢的跟在西班牙軍隊的後面，他們在等待與亨利·西摩（Henry Seymour）和他的 16 艘戰船會合。會合後，英軍就駛向加萊。當時，西班牙無敵艦隊正以半月形停在那裡，他們在等待來自荷蘭的 3 萬武裝步兵。按照計畫，偉大的西班牙將軍亞歷山大·法爾內塞（Alexander Farnese）將指揮著他的全部軍隊勝利的開往英國首都。但是，無敵艦隊白等了。英國和荷蘭的聯合艦隊封鎖了荷蘭的所有海港。所以一艘輕舟也逃不出來。

英艦指揮官霍華德（Howard）決定召開一個高階指揮官磋商會議，決心向無敵艦隊發動進攻。那是一個萬籟俱寂的夜晚，大海呈黑暗色，雷聲在遠處轟然響起。不一會，6 艘著火的船隻快速衝向無敵艦隊。西班牙軍隊一陣驚慌，整個艦隊發出一片喊叫聲。船之間的鎖鏈迅速被切斷，所有的船隻開始漂流。大型的船隻彼此碰撞。無敵艦隊中有些艦艇著了火，最大的、裝備最精良的船「卡比塔拉號」擱淺了，這艘船最後由法國人控制。當早上來臨時，部分西班牙船隻傷痕累累，更多的船隻已經葬身大海，餘下的倉皇開往荷蘭港。英國船隊起錨尾隨其後，他們在格拉沃利訥追上了西班牙艦隊，並立即發起進攻。他們衝破先頭部隊，進而攻擊旗艦。他們在與西班牙艦隊周旋中捉迷藏，咬住一艘船，就把它撕成碎片，或迫使其後退至船隊主體中，4 艘船相互碰撞。英國人又繼續戰鬥了 6 個小時，幾乎不讓西班牙軍隊有任何喘息之機。

戰鬥結束前，又有 3 艘戰船葬身海底，許多船隻只能隨風漂流，破爛不堪，已無力退回荷蘭了。16 艘最好的西班牙戰船已經喪失，4,000～5,000 名士兵殉難，然而，英軍沒有損失一艘戰船，死亡人數不足 1,000 人。

　　狂風忽然大作，增加了船隊毀滅的危險。覺察到這種處境後，西班牙艦隊的總指揮官梅迪納‧西多尼亞（Medina Sidonia）下令撤離。無敵艦隊向西北方公海方向撤退，霍華德帶領部分英艦尾隨其後，其餘的艦隻由於缺少供給，暫退回泰晤士河待命。颶風隨即大作，從南面吹來的風將西班牙船隊趕至寒冷、嚴酷的北方海域。霍華德追趕他們遠至福斯灣。不必再往前趕了，風已經牢牢的掌握了敵人的命運。西班牙船隊的殘缺船隻一艘接一艘的往下沉。船隊已經四分五裂，有些在挪威海岸觸礁，他們不能向南航行了。英吉利海峽也已經對他們封鎖，船隊只能繞過蘇格蘭和愛爾蘭的西海岸線而抵達西班牙，但是這樣的航行是極其危險的。為了抵達大西洋，許多西班牙船隻在謝德蘭群島和奧克尼群島海域相繼沉沒，或者在斯特蘭沙和彭特蘭海峽被巨浪打沉。

　　船隊進入大西洋之後，仍然危機四伏，蘇格蘭西部海域的暗礁隨處都有。季節又提前，西風強勁的刮扯著海面。蘇格蘭和愛爾蘭的海岸上到處可見船隻的殘骸。西班牙船隊中倖免於難的船隻很少，海面上成堆的浮木訴說著船隊被摧毀的事實。38艘西班牙戰艦，包括巨龍海軍上將奧昆德號，在愛爾蘭海岸沉沒。當時，船上幾乎每個靈魂都到了地獄。無敵艦隊中殘存的船隻破爛不堪的回到了西班牙，船隊毀壞嚴重已經無法再次使用。

　　菲利普二世再也不能重建他的無敵艦隊，然而，卻有必要保持大型船隊以確保西班牙與美國之間的暢通。由於英國、荷蘭不斷的與西班牙作戰，船隊之間的海戰時常發生。英國與荷蘭一直注視著西班牙的海龍號艦隊，企圖搶奪他們裝運的黃金，這些金子，是菲利普二世用來發動戰爭，反對英國和荷蘭的自由所需。

　　英國海上英雄的行為英勇無比。以理查‧格倫維爾（Richard Grenville）── 他是伊莉莎白皇家艦隊的海軍準將 ── 最後一戰為例。他被派往亞速爾群島去攔截西班牙的普拉塔艦隊。西班牙的菲利普二世得知這

一情況後，派遣了一支特別有戰鬥力的艦隊，去挫敗英國人的企圖，並把黃金船帶回海港，這支艦隊擁有 53 艘戰艦。兩國艦隊在海面相遇，6 艘英艦對 53 艘西班牙戰艦。後者的絕對優勢使霍華德勛爵指揮下的 5 艘艦艇被迫後退。理查‧格倫維爾爵士待在「復仇者號」裡，這艘船曾是法蘭西斯‧德瑞克爵士在英吉利海峽指揮攻打無敵艦隊的船。他不能逃走，他承擔著抗衡整個敵軍艦隊的職責。

他的船上只有 100 位與他一樣英勇的士兵。12 個小時後，西班牙人將他們的炮彈傾瀉到這艘注定要失敗的船上。他們 15 次想登上這艘船，但都被英勇的擊退。理查爵士兩次受傷，被抬到船的底部時，頭上又受了槍傷，替他包紮的外科醫生就犧牲在他的身旁。在這種孤立無助的情況下，他提出寧願讓船隻沉入大海也不能投降，但船員們堅決反對。這樣，「復仇者號」被俘虜，它是第一艘被西班牙俘虜的英國戰艦。當時這艘船船上的每一方位都被槍炮打得千瘡百孔，已經無法在水面上漂流。兩天後，它沉入了大海。

英雄的死亡與他的生命同樣高貴。他說：「我，理查‧格倫維爾，將會歡樂而平靜的走向死亡，因為我身為一名真正的戰士而結束自己的生命的，我完成了自己應該完成的任務。為國家、為女王、為宗教、為榮譽而戰鬥到了生命的最後一刻。我的靈魂將與肉體分離，榮耀將歸於士兵的職責。」就這樣，英勇的理查‧格倫維爾爵士逝世了。

權力與商業結伴而行，當國家失去商業優勢時，她也就失去了權力，兩者相輔相成。現代意義上第一個商業大國是威尼斯。如果我們沿著大運河行走，還可以看到舊時華麗宮殿的遺跡，雖然該城市現在正處於貧窮之中。勒班陀貿易戰爭向西縱深發展後，熱那亞成為南部商業中心，北部則是德國的漢薩城。比利時雖然規模小，卻是歐洲最大的生產國。即使是荷蘭也幾乎不能將自己從萊茵河的爛泥中拔出。

菲利普二世統治時期的恐怖主義者阿爾瓦（Alva）破壞了比利時的經濟。西班牙曾殘暴的統治過新世界 —— 德國、義大利、荷蘭 —— 現已成為歐洲的笑柄。荷蘭挫敗過西班牙，投入戰艦與她作戰，現已成為一個強大的商業帝國。然而，西班牙的經濟則持續衰退，現在在我們的眼中，它甚至已是一個貧窮國家。

英國的商業隨著荷蘭商業的發展而發展。這是兩個水手之國，起源於同一種族，他們開創了世界歷史上的新紀元。「船隊、殖民地和商業」是其座右銘。他們開墾了新的土地，在世界各地建立殖民地。法國、西班牙、荷蘭和英國都曾移民北美洲，雖然他們都很好的生存下來，但英國人的數目遠遠超過其他國家。加拿大、澳洲、紐西蘭、好望角、西印度群島，這些國家和地區居民都講英語，下個世紀英語將成為世界性的語言。所有這些現象都源於船隻和水手。

在大革命時期，拿破崙關閉了所有對英國船隻開放的歐洲港口。從義大利的拿坡里、法國的土倫、西班牙的加的斯、荷蘭海岸線、丹麥、德國到波羅的海的但澤，這些區域都向英國人關閉。拿破崙痛恨英國艦隊。英國艦隊曾把他追趕到地中海，並在阿布基爾將他逮住。英艦在波隆納毀壞了他的平底艦隊，並運送部隊到拉科魯尼亞、托雷斯韋德拉什和比利時去打擊他。拿破崙絕不肯饒恕英國人。

然而英國的力量卻隨處可見。英國艦隊中有許多的英雄領導，其中最突出的是納爾遜（Nelson）—— 一位非凡的天才人物。他觀察敏銳，行為敏捷，以保衛國家為天職。當納爾遜守衛大海時，人們感到安全和安寧。他不僅是一位有能力、有勇氣的海員，而且他的靈魂深處一直燃燒著一種愛國熱情。荷馬的一句詩 ——「最大的榮耀是為祖國而戰」，很好的表達了他的宗教信仰。

他的生命是一個傳奇。他的脆弱與他的天才和品格一樣引人注目。然

而，他仍然是世界上最偉大的英雄人物之一。一生中他所說的最後一句話是——「我完成了自己的職責，為此，我感謝上帝！」

海洋民族的傳統造就出我們的水手，受商業欲望的驅使而本能的做出行動，對商業習慣性的做出反應，在烈日的曝晒之下，這些水手男人，使我們成為特殊的英國民族。在所有的人物畫廊上，普魯塔克要求我們做的是，想到德瑞克、格倫維爾或者柯林武德（Collingwood）、納爾遜。我們的水手就是我們當中的特殊成員。看看他們的品格吧！利物浦的桑頓勛爵（Lord Sandon）曾描繪過。他對一些正在接受培訓想成為商業水手的男孩子們說：「有什麼能比當一個一流的英國水手更高尚的呢？英國水手的這種最好的品格包括什麼內容呢？我認為最重要的是，真實、勇敢、友善、關心弱者，對上帝和國家盡職盡責。生活中最快樂的往往是那些先考慮周圍而非自己的人，是那些為別人盡職、信仰上帝的人。這是生命的最好回報，這就是最高尚的英國品格的形成途徑。」

女王陛下對海軍將士們作了如下高度的評價：「樂意服從權威，自尊自立的品格，對弱者友好並給予保護，時刻準備饒恕冒犯者，與不同的人相協調，無所畏懼的奉獻於職責，堅持真理。」這些原則，如果能夠被人認同並貫徹到實際行動中去，各種生存環境下生活的人將因此形成十全十美的道德品格。

船上的水手就是這樣實踐的，在危險的時刻，船長總是最後一個離開。無論船隻處於大火或者風暴的危機之中，船長首先考慮的是婦女和孩子的安全，其次是乘客，再次是他手下的船員，最後才是他自己。在這樣的情況下，勇氣和美德一樣，它本身就是一種獎勵。無論在海上還是陸地，這並不是為了譁眾取寵。「我僅僅完成了自己的職責」是對海員最好的獎賞，危險為他們提供了高尚品德的表現機會。在生死攸關的時刻，尊嚴要求水手們盡一切努力去營救他們。即使需要最勇敢的人以最大的代價

去冒險，但他們絕不退縮，而是以英勇無畏的氣概去迎接它，以平靜的心態坦然面對死亡和生存。

在甲板上堅持至最後一刻的一位皇家輪船船長——利奧（Riou）指揮官，便是一個最突出的例子。他的船「守衛號」在海上行駛時，因為大霧瀰漫而觸上冰山。船隻被撞壞，危在旦夕。引擎還在繼續工作。凡是有可能使船的重量減輕的東西如槍炮、炸彈、儲備物資全部被拋出甲板。經過48小時的持續工作，仍然沒有獲得救援的希望，這時船上響起了一片哭喊聲，利奧的僕人催他上救生船，由他來代替利奧的位置。利奧堅持要與這艘船生死與共，如果可能就挽救它，如果需要就與它一起下沉。

船員們上了救生船，準備離開之前，利奧寫了一封信給英國海軍部，告訴他們這次事故，並讚揚了他的官員和船員的行為，「看來我在這個世界上已經沒有多少時間了。」救生船走了，利奧與大約一半的水手留了下來。大部分救生船都丟棄不用，然而大船最終奇蹟般保存下來。經過8個星期堅韌不拔和高技巧的工作，「守衛號」進入荷蘭鯨魚航道時仍然漂浮在海面上，直至最後被拖進港灣。利奧船長後來在哥本哈根的海戰中英勇的犧牲在他的船上。

再舉一例，這是一位很普通的商船船長，他有責任感、正義感。他就是我們要提及的諾爾斯（Knowles）船長。格拉斯頓（Gladstone）先生認為他是一位比拿破崙更偉大的英雄，因為他的生命從來沒有被自私所汙染過。諾爾斯船長光輝的一生是這樣的：當時在「北艦號」上擔任船長。一次，他從倫敦出發開往霍巴特鎮，船上載有大量的移民。當時已經是夜裡11點，船在鄧傑內斯角外的海域拋了錨。天黑得伸手不見五指，船上的燈全部打開以告知過往船隻。不久，一艘西班牙船「瑪麗洛號」向它撞來，使它的底部開裂了一個大洞。海水倒灌，船立即下沉。西班牙船隻沒有給予任何幫助，就從「北艦號」的中部後退並開走，留下300人在黑暗中絕

望。諾爾斯船長命令抽水機抽水，並迅速發出求救信號。當乘客看到船下沉時，他們亂成一團，場面一派淒慘。應急用的小船被放了下去，船長命令婦女和孩子立即上小船，諾爾斯手握左輪手槍，說他要槍斃往前面擠的男人。一個男人向前擠來，被擊中了腿部。婦女和小孩上了小船。兩艘滿載的船開走不久，「北艦號」下沉得更快了，海浪在拍打著它，不一會它完全沉沒了。勇敢的船長與他的船一塊沉沒。他的新婚妻子卻與 85 名婦女和兒童同時得救。

> 他堅定的選擇了走向海洋深處，
> 卻把歡樂、愛心留下，
> 屬於他的職責召喚著他，
> 我的祖國，造就了他！
> 您忠誠的兒子，可歌！可泣！

大約 14 年前，當「倫敦號」及其船上的 220 人在比斯開港內沉沒時，全國各地陷入了一片重大的悲痛之中。那船負載過重，即使在微風中，海水也能浸過甲板。浦利姆索爾（Plimsoll）先生沒有與貪婪的船主發生爭辯，因為當時還沒有對船的運輸做出關於吃水線的規定。除了 21 名荷蘭水手外，他的水手與乘客都表現得非常優秀。著名的悲劇演員古斯塔夫斯·布魯克（Gustavus V. Brooke），是船上表現得最勇敢的一位。他日夜用抽水機抽水，全力以赴使船能浮在水面。他沒戴帽子，身穿紅色的克里米襯衫，下身穿著長褲，赤腳在甲板上巡視。他從一臺抽水機前走到另一臺抽水機邊，瘋狂的工作著，就在船沉沒前 4 小時，他還與同伴沉著的靠在門上。一位見過他得救的乘客後來說：「他竭盡全力的工作，事實上，他比船上的其他人都要勇敢。」

浦利姆索爾先生講述了他為何發生轉變，而開始支持那些商船上孤立無助海員的事業的過程。一次，在一個暴風雨猛烈的天氣中，他乘船從泰

晤士河到雷德卡，因為船上海員的細心觀察和謹慎駕駛，後來安全的抵達
了目的地。一路上，他們經歷了 3 次擱淺，看到了 3 艘沉船的桅杆，船上
的海員已經死得只剩下一個人。浦利姆索爾知道妻子在家中等待著他，並
長時間的觀望，承受提心吊膽的煎熬，這時，他想到了那些已被海水淹沒
的人和他們的妻子，那些女人同樣也在苦苦等待，而男人們卻永遠也回不
去了。從那時起，他決定全力以赴將自己的時間和金錢投入航海事業，以
免再次發生船隻因船主的貪婪而沉沒的悲劇。船員要享有法律提供的安全
保障，浦利姆索爾先生要獲得信任，不僅要發起這場運動，更要達到運動
的目標。

　　也許，相對於陸地上的軍官和士兵而言，船長與水手之間的連結會更
加緊密一些，後者是在「同一艘船上」，彼此更加了解、更加忠誠，危機
時刻，隨時準備挽救對方的生命。這裡有兩個很好的例子：

　　西元 1880 年 2 月，女王陛下的大船無敵號在洋面全速航行，航線從
亞歷山大到阿布基爾港，突然，「有人失足落水」的喊叫聲在整艘船上響
起，救生衣迅速的往外丟去，機器倒轉，救急小船以最快的速度放入水
中。同時，只見那個失足落水的人試圖抓住船的測深繩，但是，由於測深
繩偏離了正常位置，他沒有抓到。這個人繼續往下沉，在水中忽上忽下，
已經奄奄一息。弗里曼特爾（E. W. Freemantle）船長這時正在艦橋上，他
知道，再稍有遲疑，這個溺水的人將必死無疑。他隻身跳下水，身上的帽
子、大衣、靴子都來不及脫。他竭盡全力，很快游到出事地點，卻發現
那個人已經沉下水去了。他潛下去試圖把這個幾乎快死了的人托起來，
但是，由於船長身上太重，而且已經筋疲力盡，很難將那個人的頭托出
水面。這時，海軍中尉莫爾（Moore）和船上的大副康寧漢（Cuningham）
跳下來幫忙，救急小船及時靠了過來，4 個人方上了小船，安全的踏上甲
板。被營救的人立即被送往病房，不久很快就甦醒過來；這位勇敢的船

長，在休息片刻之後，也恢復了正常。莫爾船長和約翰（John）是安娜貝拉·克拉克號的水手，他們的勇敢行為和無私奉獻精神絲毫也不遜色。西元 1878 年 10 月，他們營救了起火的法國三桅帆船梅蘭尼號船上的船員。兩艘船在貝雲的阿杜爾河上近距離的停靠。梅蘭尼號船上裝了汽油，由於汽油起火，熱量使船艙爆炸，很快，船上便成了一片火海，燃燒的汽油經過排孔流到了海面上，梅蘭尼號隨即被火光包圍。有些船員跳到了水裡，另一些則因為害怕火與水的雙重危險還留在船上。安娜貝拉·克拉克號的船員聽到爆炸聲，看到火光沖天，儘管十分危險，其中兩個人還是決定去營救火中的法國人。莫爾船長跳進一艘救急小船，船上的木匠約翰也跟著他。他們一槳一槳的划向火海。衣服燒著了，手臂也燒傷了，但是仍然堅定的划向梅蘭尼號，營救法國水手，並把他們安全帶回安娜貝拉·克拉克號船上。這是最英雄的行為，它以最高的形式表現出自我奉獻和自我犧牲的精神。這不是為了金錢，也不是為了榮譽，而是為了責任 —— 他們不僅承擔自己的責任，而且替別人履行了責任。高尚行為讓人奮不顧身。船上木匠約翰的手臂燒傷十分嚴重，他再也無法從事木工工作了。他作為傷病員被送回到家鄉阿德羅桑，直到今天，他還是一個殘疾人。船長和木匠得到了女王陛下最高等級的銅質獎章、法國政府的金獎和英國倫敦勞合社頒發的海上救生獎章。但是，永久殘疾的人不能靠獎章來生活一輩子，難道就沒有人願意向這樣的一位英雄提供經濟援助嗎？

另一個類似的例子發生在美國，幸運的是，這個人在勝利的時刻死去，不再需要呼籲大眾的協助。一艘蒸汽船在伊利湖上起火了，當時船上有 100 多人，約翰·梅納德（John Maynard）堅守崗位，他的目標是將船開到岸邊，保住乘客的生命。火勢蔓延，包圍了他。衣服燒著了，身體燒壞了，但他堅決不肯離開羅盤，直到船最後抵達岸邊。上百人得救了，但是英雄卻死了。他犧牲了自己，挽救了他人。

　　像滑鐵盧戰役一樣重大的勝利，正是由著了火的或正在往下沉的船上的人們獲得的。誰不記得伯肯黑德號的水手和士兵的偉大行為呢？大西洋中部的「莎拉‧桑茲號」船上的人們的英雄行為，絕不亞於第五十四步兵團。「著火了」的喊叫聲在船上響起，男人們立即回到自己的崗位，迅速靠近火源，但未能成功，現在可做的是清除隔壁房間的雜誌。當人們正在進行清除工作時，兩桶火藥爆炸了，掀掉了船的一部分，火焰從帆纜處蔓延到船尾。幸運的是，船體承受住了這一爆炸，海員努力的用水滅火，以免火勢向船的中層延伸。木筏已經準備好，救急小船也有秩序的排好，婦女孩子已經到了那裡；士兵集中在甲板上，好像日常操練一樣，他們在完成特殊使命，主要是滅火，這場火威脅到船的存在。

　　他們發揚不屈不撓的精神，與大火持續作戰了兩天，最後成功將其撲滅，但這時船已毀壞一半。風急、浪大，似乎又要吞沒這些英勇的水手和士兵，但是他們堅守崗位，採取了諸如將粗繩放在船底部並將其繫緊；用帆和毯子將船內的洞口堵上等救船措施。這種為了生命而進行的不屈不撓的爭鬥，從未停止過，最後，大海平靜下來，船開始隨風而行。經過 8 天的航行，在卡斯特（Castle）船長一刻不停的指揮下，這艘破船在未損失一個人的情況下順利抵達了模里西斯。

　　在遊客參觀諾里奇大教堂，問到聖壇上那面破碎旗幟的來歷時，堂守會很驕傲的告訴他們，這屬於「莎拉‧桑茲號」船上 54 個人的偉大的光輝。大海中的英勇是他們主要的榮耀，雖然他們並沒有什麼值得述說的輝煌的軍事成就。

　　在另一個場合，一艘運載部隊的船著火了，船上 280 人面臨死亡，一位未結婚的軍官透過抓鬮得到了坐小船逃生的權利，但他將這個機會讓給了另一位有妻兒的軍官。隨後，那位單身軍官與其他人一起永遠的沉入了大海。這是一個真正的英雄的例子 —— 他樂意為那些需要承擔更多責

任、為了別人更需要生存的人獻出自己的生命。

　　對船構成致命威脅的還不是狂風暴雨，而是暗礁。如果船在安全的範圍內載重，人員配備齊全，它在海上航行就像在船塢裡一樣安全。只是在它離岸出發和進出目的地時，因為途中暗礁，它就可能存在船毀人亡的危險。因此沿著海岸豎立起許多燈塔，以使航行暢通是非常必要的。也許人們會忽略那些燈塔的益處。它們曾經在沒有星星或風雪交加的晚上，搭救了無數艘在海岸線上航行的船隻；救助了那些經歷過航海爭鬥的人，這些人總是在遲來的希望與難以名狀的危險恐懼和突然毀船的擔心之間掙扎。海岸上的燈，透過它們穩定的光線、顏色或位置，使船員分辨出海角或崖壁；燈塔指引船隻通過航道，安全快速的抵達目的港，船員由此感到高興。

　　建築燈塔是海上最危險的事情。建在英國南海岸上的第一個燈塔是用木頭做的。燈塔建得很小，開始時兩個燈塔是建在有漩渦的石頭上。塔基是小岩石。這種想法很大膽，一幫康沃爾礦工集結在索爾瓦的陸地上，離海中的岩石相距大約 20 英里。他們乘坐小快艇出發，第一個目標就是在石頭裡打孔，這個孔必須能夠支撐鐵架子。這幫人從快艇上下來，拿出一根長長的鐵杆開始鑿岩石，這時突然狂風大作，為了避免毀壞，快艇立即開走。而在岩石上的人抓住半鬆半緊的鐵杆，在人與海之間進行著一場不要命的爭鬥。他們從白天做到晚上，第二天又是如此，直到第三天，風浪減少，他們才得救，卻又投入了工作。圈和椿都被打入岩石，海水上漲時，它們就相互捆在一起。最後，木腳的平臺在小支架上立了起來。它上面的燈為船員提供警示近 100 年，直到後來建立了更大的燈塔。燈塔建設可以稱得上是千秋功業。

　　在修建艾迪斯頓燈塔時，溫斯坦利（Winstanley）、拉德亞德（Rudyerd）和斯密頓（Smeaton）表現出無比英勇的氣概。這個燈塔位於普利茅

斯南部很遠的地方。以前的兩個木製燈塔，其中一個於西元 1703 年 11 月
26 日被狂風刮走，另一個被火燒毀。斯密頓來了後，他決心用石頭和花崗
岩支撐住燈塔。儘管領港公會宣稱只有木頭才可以在漩渦和石頭上立起，
但是斯密頓有自己的方法。最後，他獲得了成功，石頭燈塔立了起來。

斯密頓沿著普利茅斯往下方位，觀察了海中他所設想的建築物的地
基。海水強大的力量穿越岩石頂，逼得人只能往後退，無法在石頭上立
足。3 天以後，他才設法站到漩渦石上，並找到以前燈塔遺留下的兩個鐵
打的孔。他 3 次努力想爬到岩石上去，但都被海水推了回來。第六次他終
於成功的站在水淺的地方。接著他對要建的燈塔進行了周密的測量。其實
在他面臨如此危險的處境中，已完全沒有必要按照建築師告訴他的方法去
做了。斯密頓和他的夥伴曾經嘗過沉船的痛苦。回到普利茅斯後，風越刮
越大，最後形成大風浪。涅普頓號正駛往弗維宜，船在激浪中起伏，濃霧
逐漸消退，海裡的浪高超過船隻。到早上，陸地已看不見，船漂流到比斯
開港。在海上漂流了 4 天，最後他們終於看到了陸地，在普利茅斯下錨。

斯密頓監視著燈塔的整個建築過程，如果某個職位出現險情，或某人
因危險而退縮時，他立即站在前方並取而代之。他自己視之為榮耀之職。
一次，在他用手指翻尋岩石時，拇指脫臼了，他決定自己來醫治。他把拇
指用力一拉，脫臼位置復原了，這件事激發了他的靈感，並構想出一個固
定中心石頭的方法。於是建築工作穩健的進行直至工程完工。斯密頓希望
這個工程永恆的存在。他說：「注視著這樣一種結構的用途和優點，我預
計它的存在時間不會低於一、兩個世紀，而可能會延續得更長久。」這是
多麼宏大的人類願望啊！艾迪斯頓燈塔在抵擋了海洋風暴 120 年後，即
將碎爛，然而一個新的燈塔又在建設之中。雖然老燈塔像岩石一樣堅硬
（甚至比岩石還要硬，因為它建在岩石上，不停的承受海水的無情沖洗浸
泡），但需要給新的燈塔一個用武之地；於是留下的將是斯密頓的燈塔建

築遺跡。斯密頓做了一件偉大的工作，後來的海洋燈塔都成為他燈塔的複製品。

　　新的艾迪斯頓燈塔的基石於西元 1879 年 8 月 19 日安裝好。道格拉斯（Douglas）先生和斯密頓一樣英勇，一樣受人尊重，一樣有技術。他在安置燈塔基石時遇到了許多危險，在主教岩上幾乎被打在他身上的海水所淹死。像斯密頓一樣，他在危險面前從不退縮，敬仰他的人都以他為榜樣。在艾迪斯頓燈塔的基石安裝好前幾天，人們在連續工作，海水不斷淹泡著他們，當潮漲時，甚至淹沒了頭部。他們頑強的從海水中爬出，渾身溼透，卻一個接一個安全的回到燈塔上。

　　身為一名偉大的燈塔建築者，年長的道格拉斯先生被詹姆斯・沃克（James Walker）介紹給威靈頓公爵。沃克先生說：「這裡有個人，他打仗的次數和你一樣多，但從未損失過一條生命。」公爵說：「我多想說同樣的一句話。」真的，血戰贏了，戰役勝利了，指揮陸地作戰所能見到的危險其實比海上的燈塔建設者們日夜遇到的危險要少。負責的工程師總是走在最前面。他第一個跳上岩石，最後一個離開；他做出表率並以此來激發同事們的勇氣，使艱難的工作能夠如期進行，並引導他們能夠適應這種特別恐怖的景象。

　　近代最大膽的燈塔建造工程是於 40 年前建立的史克雷沃爾燈塔。史克雷沃爾懸崖遠遠的刺向海面，對面是泰里島，它位於蘇格蘭的西海岸。那裡曾經發生過許多海難，遇難船隻的碎片隨處可見，因此，北部燈塔委員會決定在史克雷沃爾上建造一個燈塔。艾倫・史蒂文森（Alan Stevenson）先生接到命令後便開始了前期勘探工作，這一工作他必須在西元 1835 年完成。建塔工作將於 3 年後進行，這還包括為搭建臨時工房做準備。為建塔用的金字塔式的臺階在工人們離開岩石前差一點就要完成了，但第二天早上整個臺階卻被水沖走。這項工程於第二年又開始了，42 英尺

高的底座開鑿出來。西元 1840 年，臨時工房也建了起來，工程師和他的
夥伴們很滿意這一大本營。

英勇頑強的主管說：「在這裡的頭一個月，我們的工作間一直隨海水
漂流。有一次，整整 14 天我們未能與岸上取得聯絡，大部分時間裡只能
看到海上的白色泡沫，聽到海風的呼嘯聲和波濤的轟鳴聲。如此情景，
特別是當前一個工作間在離我們 20 碼遠的地方被毀，使我們感到非常沮
喪，這種難以形容的恐懼感我還記憶猶新、歷歷在目。一天晚上，大海波
濤衝擊著我們的工作間，醒來後，可怕的感覺閃現腦海。海水的撞擊使我
們的床碰在牆上，緊接著就響起住在我上方人們的恐怖叫喊聲，大部分夥
伴由於這種可怕的聲音和震顫的驚嚇而從床上驚起，都認為整個橡皮工作
間要被大海吞噬了。」

風浪減弱了，工程師們已沒有食物，他們只好忍飢受餓。在補足給養
後，他們又與從前一樣精神勃發的開始工作。接下來，大塊石頭被安放在
適當的位置上並固定好，經過 6 年的艱辛努力，燈塔終於建成。西元 1844
年 2 月 1 日，燈塔上的光輝開始照耀和指引西海岸行駛的航船。

在暴風雨天氣中，幫助海員靠近岸邊，燈塔僅是需求的一部分。多礁
海岸，海水猛漲、發怒，吞噬了岸邊的火炮聲音，這就注定要對船隻帶來
毀滅性的打擊。燈塔可以指向港口，但是到了港口就能安全抵達岸邊嗎？
我們來看看《海難章程》，它每年出版一期，從這本書裡可以發現，絕大
部分海難都發生在西海岸沿線，即從紐卡索到倫敦的運煤路線。其中次數
最多的是在倫敦的東北海岸，特別是在泰恩茅斯附近。第一個構想發明潛
水衣和自救船的人是南希爾茲的亨利・格里特希德（Henry Greathead）。
倫敦的亨利・盧金（Henry Lukin）也發明了一種海上救生的不沉船。班
伯魯附近的海岸——芬恩島所在地——經常有海難發生。尊敬的夏普
（Shairp）先生，當時他在城堡，送了一艘平底船給盧金先生，以便製造成

一艘不沉船。在頭一年的使用中，這艘船救了好幾個人的命。然而，它未能廣泛運用，唯一的一艘在班伯魯。

　　西元 1789 年，紐卡索的「冒險號」在泰恩河的河口擱淺，擱淺的位置在哈德沙灘上，這地方水流湍急，洄流又多，船上的船員一個接一個的從船上跳下逃生。這裡距離岸上 300 碼，當時有成千上萬的圍觀者，但沒有一艘船或哪怕一個人冒險去營救 ── 一般的船在那個水域根本無法生還。在這種悲劇的刺激下，該地區成立了一個委員會，設立一項獎金 ── 獎勵設計最好的救生船模型，前提是必須能夠在最危險的水域救人。結果，該委員會採用了兩個設計模型，一個由威廉·沃德哈夫（William Wouldhave）設計，另一個由亨利·格里特希德設計。盾牌委員會獎勵了格里特希德，因為他設計的模型的龍骨很有創新。但造船時為了使船更有上浮力，更多是採用沃德哈夫的模型。現在，絕妙的救生艇發明出來了，沃德哈夫當然有權分享獎金。沃德哈夫起初是一位畫家，後來是聖希爾德教堂的員工。在他去世的地方，人們豎立了一塊紀念碑，碑頂是他發明的救生艇模型；這個模型作為燈盞的垂飾物在聖壇上掛著，同時它也保留在倫敦自由圖書館裡。沃德哈夫的紀念碑上寫著：「對人類無價賞賜之發明：救生艇。」

　　由於格里特希德建造的救生艇採用了沃德哈夫的技術，在泰恩河口救了近 200 人的生命，諾森伯蘭公爵（Duke of Northumberland）訂做了另一艘救生艇，並撥付年金以維護這艘船；公爵又為沃波特訂做了另一艘。丹普斯特（Dempster）則為聖安德魯斯訂做了一艘，它挽救了許多生命。西元 1803 年以前，格里特希德先生已建造了 31 艘救生艇 ── 5 艘在蘇格蘭，8 艘在國外，18 艘在英格蘭。現在使用的最古老的格里特希德號救生艇建於西元 1802 年，它是雷德卡地方船員的財產。雷德卡是一個被危險岩石暗礁環繞的地方。這種船營救了許多生命，不僅是因為它具有浮力，

而且還因為其船員的勇敢。（注：斯特拉特福子爵〔Lord Stratford de Red-cliffe〕在看到這艘古老而又精緻的船舶時，創作了一些詩歌，下面摘錄的就是其中一首：

被挽救者的聲音依然清晰可辨，

他們之間的人數有據可查；

我們的妻兒垂淚，

因這難以表達的情感；

這艘寶貴而又古老的救生船，

它喚醒了人們的憐憫之心，

這無疑將是人類最缺乏的東西。

那些想閱讀這艘救生船勇敢船員們故事的人，以及那些想知道他們每年所營救的人數的人，請參閱《救生船雜誌》或《救生船的歷史和作用》。）

救生艇界現已成為一個神聖的國際組織，僅僅老曼比（Manby）船長的救生艇每年就營救了數百名海員的生命。這個組織現在已有高級救生艇300艘，英勇的從業人員25,000人。從建立到現在，已經把27,000人的生命從死亡線上拉了回來。想想這些人的妻子和孩子會是怎樣的幸福啊！

這裡不可能完全詳細的將救生艇的英雄行為一一述說。在救生艇國際組織中，有一艘船名馮·庫克，它是由愛德華·庫克（Edward W. Cooke）提供的，此人具有德國血統。這艘船於西元1865年在迪爾出廠。它現在已經救了161條生命，並協助挽救了7艘遇難的船隻。當這位年老的藝術家躺在棺材裡時，他那些勇敢的水手們仍然在從事著最英勇的援救工作。

西元1879年12月28日，星期天，凌晨1點，從南沙灘古德溫的燈船上傳來一聲炮響，那裡相距迪爾7英里，炮聲發出船隻遇難緊急告示。

當時颱風從西南方向刮來，即使船躲在丘陵草原的避風篷裡，也會很快的被刮走。這種狂風，有人形容「能把你的牙齒吹進喉嚨」。教堂裡的人快速的往外衝，他們的傘根本打不開，只知盡力往家裡跑。但是英勇的海員卻在海灘上，應鈴聲的響起，勇敢的做出回應。14 個船員緊跟著舵手羅伯特·懷爾茲（Robert Wilds），在他們強大的推動力下，救生艇被推向了波濤翻滾的海面。岸上連綿不絕的歡呼聲把他們送上了危險的差事。

事實上，這次有 3 艘船隻在古德溫沙灘擱淺，一艘船上的水手已經坐上他們自己的備用小船，進入馬蓋特，而大船則成為碎片。另一艘縱帆船，可能是漢姆雷特號，已經消失。還留在水裡的那艘船是德國的「利達號」，從紐約運汽油去德國的布萊梅。救生艇上的船員來到古德溫，看到大船及其船員被漩渦包圍，很快就要捲到海域最危險的部位 —— 南岬。那裡的波濤，即使是風平的時候也特別駭人。無論如何必須靠近那艘船。當救生艇靠近「利達號」時，卻發現該船的主桅杆已經斷裂，船員們則緊緊抓住舷牆，堅硬的海浪在他們身上形成一個個清晰的打擊的痕跡。

馮·庫克借助風力向利達號靠近了一點，然後下錨，並沿著它轉換方向。如果繩子斷了，救生艇就會全力撞向這艘船，那麼，一個人都救不出來。但是救生艇上的水手說：「我們一定要救出他們，這是勇敢的人應當做的事情。」他們沉著冷靜，集中力量操縱著救生艇與遇難船隻靠近，然後把繩子拋向「利達號」。波濤鋪天蓋地的從他們頭上甩過去，但舵手們毫不退縮。另一個巨浪打來的時候，他們高聲喊叫，「當心！當心！」為了保住寶貴的生命，他們雙手抓住座板，屏住呼吸。一個海員將船猛的推至大船，並在前面的氣箱上鑽了一個孔，以便繫上繩子，供大家安全撤離。

他們終於把繩子繫到了甲板上，遇難船上的水手們抓著，每次一個或兩個，進入救生艇。最後一個人得救了，英勇的舵手叫喊著：「切斷繩子，向前開！」救生艇帶著 34 條生命向回家的方向駛去。其中一個被馮·庫

克救過兩次的船員，向夥伴們繪聲繪色的敘述起他前一次被營救的情景。最後，救生艇載著疲憊不堪、感激不盡、全身溼透的德國人到了迪爾海灘，那裡，雖然還有暴風，但已有成隊的好心人在迎接著他們。愛德華·庫克在活著的時候，總能聽到「做得出色」的讚美聲，在這件事發生 7 天之後，他去世了，但他的英雄事蹟將永遠流傳於世，同時也在其他人面前樹立了一個良好的榜樣。是的，在我們沿海地區，關於救生艇上發生的與此相似的英雄事蹟，每年數以百計。當一艘輪船，甚至是一艘漁船，在海上漂流，其他任何措施都不能阻止其停止的時候，英勇的人們便駕著救生艇，承受無情暴風的一次又一次吹打逼回，然後一次又一次的重試，最後，憑藉最堅強的勇敢，冒險出海，昂首駛向神聖的目的地，去營救遇險的人們。不久以前，雷德卡救生艇曾到離岸 4 英里的海面營救一艘漁船上的船員。那次他們成功了。

同一年在弗雷澤堡，在一次颶風狂飆中，救生艇出海去營救「奧古斯塔號」縱帆船。這艘船在港口的下風處撞到幾塊岩石後擱淺了。當船員被救起時，「奧古斯塔號」已被大海撕成碎片。困難還遠不只於此。更糟糕的是，因為逆著狂風向港口前進，划槳手拚盡全力也不能使救生艇移動半步。放下的錨，卻又碰不著海底，救生艇撞在岩石上，海浪從它頂上蓋來。舵手命令將繩子割斷，相信海浪能夠將如此有浮力、如此輕的一艘船托起，然後將它划動。救生艇上的境況儘管比遇難船上要稍好一些，但搭載著 17 人，結果還是碰在了堅硬的岩石上；幸運的是，這些人全部得救了。

另外還有一個動人的自我奉獻的例子。那是 3 月裡一個暴風雨的夜晚，星期天，當人們從大雅茅斯教堂出來時，一聲求救的信號槍響從格羅比沙灘處的一艘船上傳來。該船撞在沙子上，波濤打得船身隆隆作響。救生海員立即站在沙灘上，準備推下救生艇，想等風浪小些以後，再駕救生

船破浪前進。這時一個年輕的隊員跑上前來，對其中一個船員喊道：「不，不！傑克，這次你別去，你已經為了我結婚的事而出海3次了，為了公平起見，現在我要重新值班了。」救生艇開動了，它乘風破浪前進，一個大浪將它托起，然後整個將其徹底掀翻，3個船員都留在了大海深處，其中一個剛剛結婚，卻不願讓他的兄弟頂替他。不一會，另一艘救生艇又出發了，當駛到出事地點時，為時已晚，沙灘上的大船已成碎片，所有的人都已葬身大海。

第七章　海浪中的歷練

第八章
像士兵一樣的偉人

我上有官員，下有士兵。我對士兵說，走，他就走；來，他就來。
對僕人說，做這，他便做這。

—— 《馬太福音》

不僅僅是職責，更是命運。即使位處殿堂之高的人也不過是安排
在這個位置上的一個士兵。

—— 懷特 - 梅爾維爾（Whyte-Melville）

男子漢的血應該為家庭、朋友、上帝、國家、民族而流。否則就
是虛榮，就是犯罪。

—— 伯克（Burke）

在這裡，我履行著職責，除了奉獻於國家，任何快樂與我無緣。

—— 《威靈頓在葡萄牙》

　　職責就是士兵的生命。他必須服從、守紀並時刻處於戒備狀態。號令
之下，應聲而到。在危險任務面前，無條件執行。這不存在討價還價的餘
地；即使是衝向敵人的槍口，他也毫無選擇。

　　服從、順從、守紀、勇氣，一個真正的人必須具備這四種品格；一個
真正的士兵同樣也須如此。必須互相信賴、嚴格服從，服從比他位置高的
所有人。「在這易怒、不文明的物質世界之外，」拉斯金說，「是士兵的紀
律產生了極其強大的力量。在其他環境下，即使一個人已經養成了懶散、
放蕩的習慣，只要他能聽從召喚並發揮其潛能，就一定能重新獲得體面的
生活。」

　　無論勝利或者失敗，士兵必須堅守崗位，保持時刻警惕。晚上放哨
時，哪怕片刻的疏忽都可能造成整個部隊的毀滅。士兵必須時刻準備著為
國家和人民的安全獻出自己的生命。在前線睡覺就等於死亡。

士兵必須敏捷和活躍。他必須時刻準備著。「準備。」這是勞倫斯勛爵的座右銘。亨利四世（Henry IV）的勇氣和活躍彌補了他資源的貧乏。他僅用 5,000 人的部隊抵禦馬耶納公爵（Duke of Mayenne）25,000 人的進攻，並獲得阿格斯戰爭的勝利。這超乎尋常的結果可能是因為兩位將軍極大的個性差異。馬耶納將軍動作遲緩、為人懶惰，用亨利的話說，他在床上拖拉的時間比在辦公桌前損失的時間要少。他很少穿絨面呢，但卻有許多皮革靴。曾經有人當著亨利的面吹捧馬耶納的能力和勇氣。亨利說：「你是對的，他是一個偉大的將軍，但是，我總是能比他早 5 小時起床。」亨利早上 4 點起床，而馬耶納則是 10 點。這可以說導致他們之間的所有差別。

蒂雷納子爵（Turenne）是士兵們的偶像。他與士兵同甘共苦，士兵們也完全信賴他。西元 1672 年，他和部隊被派往德國與布蘭登堡的選帝侯作戰。那是一個十分寒冷的冬天，泥濘路上的行軍非常費勁，士兵們一個個疲憊不堪。部隊在經過沼澤地時，有一些年輕士兵曾一度抱怨，但老兵說：「信賴他吧，蒂雷納子爵牽掛更多，此時他正在思考如何解救我們。當我們在睡覺時，他還在照看著我們。他是我們的父親，他能預料到偉大的結局，而我們則想像不到，他不會讓我們如此興師動眾、勞而無功。」這些話傳到蒂雷納子爵的耳朵裡，他宣稱這個對話給了他最大的快樂。蒂雷納子爵很快就打聽到了敵軍指揮官的優秀品德。在投石黨之亂的戰役中，他指揮著皇家部隊，孔代（Condé）將軍與之對陣，儘管談判時有人向他報告說孔代不在軍營，但根據敵人攻擊的姿態，蒂雷納子爵立即知道孔代已經返回部隊。「一點也沒錯，」他說，「孔代就在那裡！」他觀察到了敵人巧妙的部署完全是一個軍事專家所為。

在法蘭西和普魯士戰爭之後，一個德國詩人寫了一本讚美詩稱讚馮·毛奇（Von Moltke），在這本詩集裡他堅持認為漢尼拔（Hannibal）、亞歷山大、拿破崙和馬爾堡（Marlborough），與卓越的普魯士軍事首領相比僅是

軍事上的瘤三。馮‧毛奇認可了這本詩集，並謙虛的向詩人回了信。他告知他的讚揚者：真正偉大的品格要承受逆境的考驗才會廣為流傳。他說：「我們業已獲得的重大成功，可稱之為機會、命運、天命，或天作之合。單獨一人是難以達此境況，強大的征服本質上是事物狀態的結果和表現，而這些我們既不能創造也不能控制。」卓越而命運不濟的亞德里安（Adrian）教宗墓誌銘上寫著：「即使最優秀的人物，由於生活時代的不同，他們的行為也會有很大的差異。在看不見環境力量的影響下，最有能力的人也會不只一次的失敗。遺憾的是，無能者卻往往能夠成功。」

士兵必須有自我犧牲的勇氣。西元 1760 年秋天，路易十五（Louis XV）派了一支部隊到德國。卡斯特里侯爵（Marquis de Castries）派遣了一支 25,000 人的武裝部隊到萊茵貝格，他們在克洛斯特修建了堅固的防線。10 月 15 日晚，法軍一位年輕的軍官被派去偵察敵情，他單獨走進一片樹林，那裡距離他的部隊有很長的一段距離。突然，他發現自己被敵人包圍了，鋒利的刺刀明晃晃的逼近他的胸膛。一個聲音在他耳邊響起：「不許出聲，否則你會被殺死。」一會，他明瞭了局勢，敵人正在偷襲法國營地。他高聲喊道：「注意！這裡有敵人！」他這句話決定了他的命運，他的頭被砍下了。但是，這一死亡挽救了整個部隊。偷襲失敗，敵人倉皇退卻。

據說，國家處於戰爭時期，藝術之花開得最為繁盛，文學天才湧現得最為光彩奪目。（注：布魯斯〔Bruce〕：《古典的和歷史的肖像》。）這些話或許值得懷疑；但以希臘為例，蘇格拉底、埃斯庫羅斯、索福克里斯（Sophocles）、色諾芬都曾為自己的國家戰鬥過，這之後又都以文學藝術而著名。羅馬的鼎盛時期也是如此。凱撒大帝是最偉大的武士，同時又是那個時期最偉大的作家。甚至詩人賀拉斯（Horace）年輕時也是一位士兵，布魯圖（Brutus）曾讓他指揮一個軍團。

有這麼多卓越的人 —— 詩人、作家、科學家 —— 都曾經有過士兵的生活經歷，這是一件奇怪的事。他們在海洋、陸地、國內、國外戰鬥過。服從、訓練和紀律是士兵生命的靈魂，而這些，對天才的形成發揮著至關重要的作用。

但丁曾在卡帕底娜戰爭中，在圭爾夫騎兵部隊前線英勇戰鬥過。就因為這或者是別的什麼原因，他在佛羅倫斯遭到流放。隱士彼得（Peter the Hermit）—— 十字軍首領 —— 早年也是一名士兵，在與佛蘭德的戰爭中，服役於布隆伯爵（Count de Boulogne）。由於不能確認自己身為一名士兵的職責，所以他退伍了。結婚後，他有了幾個孩子。當妻子生命垂危的時候，他搬到修道院，從這以後，他成為隱士。後來，他又到耶路撒冷朝聖。在回家的途中，他散布關於朝聖者所遭受的苦難的新聞。接著在全歐洲布道，領導了一支上萬人的十字軍部隊。儘管有其他部隊的跟隨作戰，還是避免不了全軍覆沒的命運。

詩人中，喬叟曾於西元 1379 年愛德華三世（Edward III）入侵法國時當過兵。在熱特城他當了戰俘，並被監禁了一段時間。喬治·布坎南（George Buchanan）年輕時是蘇格蘭軍隊的士兵，曾參與西元 1523 年攻打瓦克城堡的戰鬥。班·強生在低地國家當士兵。菲利普·西德尼勛爵在臨死時的高尚行為被傳為歷史上的美談。（注：菲利普·西德尼勛爵在聚特芬戰場受了致命之傷，因失血過多而感到口渴，於是他讓人幫他找來一點水。當他把嘴巴伸向瓶口的時候，一個可憐的士兵走了過來，眼睛直盯著這瓶水。菲利普勛爵感覺到了這一點。他沒有喝水就把瓶子放下，然後把它遞給這個可憐的士兵，並且說：「你的需求比我的更迫切。」幾天以後，菲利普勛爵在阿納姆去世。一位受傷的丹麥士兵的自我犧牲精神也同樣偉大。他把自己的一瓶啤酒遞給躺在自己身邊的另一個受傷的瑞典士兵。這個瑞典士兵曾用手槍在他肩膀上開了一槍。「現在我要懲罰你，」這位丹

麥士兵說，「我本想把這瓶啤酒全部給你，現在你只能喝一半了。」）阿爾格農・西德尼（Algernon Sidney）在平息愛爾蘭叛軍時，曾經指揮過一支騎兵。達文南特（Davenant）和洛維拉斯（Lovelace）在查理一世手下任指揮官，與此同時魏孜（Withers）在議會部隊任將軍。班揚（Bunyan）在英聯邦的部隊服役。歐威（Otway）在佛蘭德騎兵部隊當號手，而法夸爾（Farquhar）則在奧勒里軍團任職。

斯迪勒（Steele）報名參加騎兵，他的才能很快就被發現並晉升了軍銜。在那慕爾圍攻戰和之後的芬洛攻擊戰中，他的才能得到酣暢淋漓的展現。柯勒律治在重騎兵團，但他的指揮官只教他學習開槍，而未獲提拔。柯勒律治曾對一個朋友說：「有時候，我拿自己與斯迪勒相比，啊，太不一樣了！我很少屬於自己，手臂骨折，名字後要加『士兵』，我多希望『士兵』加在別人的名字後面。由於這種失落感，當別人突然問我名字時，我會說，『卡門貝拜客（Cumberback）』。我的真正興趣不是當一名騎手，我的馬肯定會同意這種觀點。」

除此以外，索斯比（Sotheby）在成為詩人和古羅馬詩人維吉爾（Virgil）《農事詩集》的翻譯者之前，是第十軍團的軍官；威廉・克伯特（William Cobbett）在成為作家以前，曾當過軍士長。李（F. R. Lee）在他對山水畫感興趣之前，是第五十六步兵團的軍官；在成為當代著名地理學家以前，麥奇生（Roderick Murchison）先生是恩尼斯克靈重騎兵部隊的將軍。

在義大利文藝鼎盛時期，所有的詩人和偉大的作家都曾是士兵和冒險家，他們都在國內、國外、海上和陸地戰鬥過。羅培・德・維加（Lope de Vega）曾是西班牙無敵艦隊的士兵，是所剩不多的能夠活著回來寫多幕劇的人之一。後來他成為類似天主教法庭牧師性質的法官。偉大的塞凡提斯（Cervantes）曾是一位士兵，在陸地和海上戰鬥過。在勒盤頭戰爭中，以其勇敢而聞名，在那裡他中了3槍：兩槍在胸部，一槍在頭部，這使他終

生殘廢。但是，正如他後來所說：「長矛從來沒有妨礙鋼筆。」他寫出了巨著《唐吉訶德》。

另一位西班牙士兵卡德隆（Calderon），成為了戲劇家和牧師。西班牙士兵門多薩（Mendoza），是胡安二世（Juan II）時期最偉大的雄辯家。而博斯坎（Boscan）、蒙特邁奧爾（Montemayor）、凱西爾戈（Garcillago）、爾絲拉（Erscilla）等既是著名的士兵又是偉大的作家。（注：西元 1643 年，由貢薩洛‧德‧科爾多瓦〔Gonzalo de Cordova〕組建的最後一支古典西班牙步兵團在洛克洛伊戰爭中全部犧牲。這支部隊步調一致，無人打破行列。他們至死秩序井然。但是，在半島戰爭中的西班牙步兵團則完全不同，遵守秩序對他們來講實在困難。有一次，威靈頓公爵發現他們當中有 1 萬人當了逃兵，從他的視野中跑著消失。）

在西班牙的驕傲塞凡提斯與葡萄牙的驕傲賈梅士（Camoens）之間有一定的相似之處：二人都是士兵和文學家。塞凡提斯在戰鬥中斷了左手，而賈梅士則失去了右眼。二人在粉碎性骨折後同樣都能名垂千古。塞凡提斯出生於何地並不為人知曉。塞維利亞和盧卡拉都在爭奪其出生地。他死時窮困潦倒，葬在一個無人知曉的地方，遺體所在地也毫無榮耀。

不久以前，葡萄牙為他們的偉大詩人賈梅士誕辰 300 週年舉行了隆重的紀念活動。在里斯本舉行了遊行、音樂演唱會、升旗和狂歡等活動。然而，300 年以前賈梅士也死於飢餓，死時幾乎沒有一片爛布蓋身。這是怎麼一回事？他是勇敢的戰士和受人尊敬的詩人哪！當他受僱於部隊時，他表現出無比的勇敢。在吉比拉塔海戰中，他不幸失去了一隻眼睛。但是，他既沒有得到任何物質報酬，也沒有獲得提拔。回里斯本以後不久，又出發去印度，據說是為了創作《盧濟塔尼亞人之歌》。他從印度到了中國的澳門。在回果亞（印度一地區）途中，船在梅根河口擱淺。他一隻手拿著詩稿，用另一隻手游向岸邊。他丟掉了所有的值錢東西，回里斯本的途

中，他不名一文，後來也一直如此。兩年以後，《盧濟塔尼亞人之歌》出版，並受到極大關注，年輕的國王答應給他 5 先令撫恤金。但是賈梅士已經身患疾病，而且撫恤金也沒有支付。朝廷忘了他，他在施捨中艱難度日。他的忠實僕人是他唯一的朋友。他不得不晚上偷著出去乞討麵包。西元 1580 年他死於醫院，遺體被送到撒塔·阿那教堂，並葬於那裡。

修道士若澤·裘蒂斯（Josefe Judis）在《盧濟塔尼亞人之歌》扉頁上寫道：「這是多麼悲慘之事，如此偉大之天才，所得卻是如此之少！在里斯本醫院默默死去的他，身上無寸布半絲；在印度英勇的折斷手臂，航行了 30,500 公里。這對夜以繼日工作學習的人是一個警示，因為蜘蛛編網目的為了捉蚊子。」 賈梅士就是這樣一個人，上天憐憫，在距他死亡 300 年之時的西元 1880 年 6 月 10 日，他終於獲得應該屬於他的遲來的榮譽。

在歷史上非常有影響力的依納爵·羅耀拉（Ignatius Loyola）是西班牙士兵。潘普洛納攻擊戰中，他腿部受傷嚴重，致使以後相當長時間內生活都是在睡椅上度過。在仔細閱讀了《神聖的生命》一書以後，他的思想進入了一個新的境界。他去了蒙塞拉特修道院，並在那待了一段時間。一天晚上，在去修道院診所治療手臂時，按照古代的騎士風格，他替自己起了一個綽號「維金斯武士（Virgin's Knight）」。他提出，耶穌信徒們，都要戒絕好逸惡勞的惡習。

勒內·笛卡兒（Rene Descartes）是法國著名士兵，西元 1596 年，他生於托雷尼，耶穌會在拉·佛雷奇辦有一所大學，由此給了笛卡兒接受教育的機會。前者與著名的牧師馬色尼（Marsenne）建立了友誼，馬色尼認為笛卡兒應攻數學和哲學。笛卡兒沒有冒險出版他的第一部隨感。由於他具備良好的當兵條件，他入伍了。他先是在荷蘭的法國部隊裡當志願兵，這支部隊的指揮官是巴伐利亞公爵（Duke of Bavaria）。西元 1620 年笛卡兒在布拉格作戰，在那裡勇猛無敵，作戰之餘，他研究數學和哲學。部隊

在布雷達期間，有一天，他看到一群人在看用佛拉蒙語寫的布告，雖然不懂。但他能猜出其中的意思，並驚喜的發現這是解決數學難題的一個機會。多特大學校長貝克曼（Beeckman）對他作了解釋，同時對這個年輕士兵感興趣於數學有點不相信。然而，笛卡兒承諾，第二天一早便將答案交給校長。

巴伐利亞戰役後，他的部隊開往位於多瑙河的諾伊貝格之冬季營房。在那裡，23 歲的笛卡兒想將現代哲學進行全面革新。不久以後，他離開部隊，遊歷了荷蘭、法國、義大利、瑞士等歐洲大部分國家。隨後，他將全部精力投入到哲學和數學的研究中，並想，如果可能的話，他要改變整個科學界。由於深知在法國皇帝專制統治下的危險，他賣掉法國的部分遺產，退休後居住在荷蘭。但即使在那裡，他的文章也引起了很大的爭論。教會甚至不惜以暴力來壓制他的哲學思想。於是，他接受瑞典女王克里斯蒂娜（Kristina）的邀請，移居到斯德哥爾摩，在那裡一直工作至離開人世。笛卡兒完成了他想做的事，他更新了哲學、幾何學和光學。

另有一些法國士兵以他們的科技生涯而聞名。莫佩爾蒂（Maupertuis）對數學進行了卓有成效的研究，然而，他曾經是騎兵團的將軍。馬呂斯（Malus）在部隊是一名機械師，他利用業餘時間研究光學。涅普斯（Niépce）是法國第一騎兵團的將軍，那時他開始研究化學，並特別研究光的化學活動，這最終導致攝影技術的發明。德拉茲（Droz）當過幾年兵，隨後，他進入學術圈並最終當選為法國科學院道德與政治學教授。博物學家拉馬克（Lamark），曾當過多年士兵，當士兵時，勇猛無比，因多處負傷，身體健康狀況一直很糟糕。被迫離開部隊之後，投身於科學研究，終使他的名字和其科學成果廣為人知。其著作《無脊椎動物之歷史》是他最好的紀念碑，這本書被認為是自然史上最宏偉、最全面的著作之一。

法國文壇上，德．拉羅希福可（De La Rochefoucauld）早年是一名士

兵，在投石黨之亂中的波爾多攻擊戰中，嚴重負傷。後來他創作了《箴言集》。保羅‧路易‧庫里葉（Paul Louis Courier）曾在萊茵河畔的共和軍部隊服役，後來到義大利當火炮軍官。

對所有年齡階段的人來說，戰爭都是極其殘酷的，在瘋狂的征服中，城市被蹂躪，國家變成廢墟，無數生命喪失。中世紀，為了解除戰爭恐慌，創建了騎士團。男人為了符合騎士的品格要求，從孩提時代就訓練服從和謙恭，訓練馬術和長矛武功；在女性面前，他被訓練成禮貌、謙虛和雅致，在男性面前更顯莊嚴。宗教與此有密切關聯，所以高尚的英勇和真正的崇高在許多方面得以建立。如：嚴格的紀律、教堂的監守、洗禮、懺悔以及聖禮等。

巴亞爾騎士（Chevalier Bayard）可以說是真正具有騎士氣概的騎士，無所畏懼又不喜歡指責別人。巴亞爾於西元 1476 年出生於伊澤爾省的巴亞爾城堡。他選擇了從軍，經過了騎士的常規訓練，後為國王效勞。在法蘭索瓦一世（Francis I）指揮下，他主要在義大利、佛洛瓦、米蘭、熱那亞、帕多瓦、維洛納和布雷西亞等地服役。他指揮攻打布雷西亞，越過堡壘時，大腿被標槍刺中，標槍頭斷後留在肉裡。他說：「城市得到了，但我不會進城去了，我即將死亡。」內穆爾公爵（Duke of Nemours）得知第一個要塞已經拿下，但巴亞爾受了致命之傷，悲痛得如同己受，他喊道：「戰士們，衝啊！為我們最優秀騎士的犧牲報仇！」威尼斯人被悲憤的戰士們趕了出去。

當法國士兵搶劫城鎮時，巴亞爾得以從死人和垂死的人堆中被抬出，並被護送到最近的一棟房子。房子的主人是一位紳士，已經逃走，留下妻子和兩個年輕美麗的女兒照看財產。那婦女打開門把巴亞爾迎進屋內。他儘管瀕臨死亡，但還有足夠的力氣命令士兵們不要搶劫這棟房子裡的東西，並保證財物安全。

婦女讓士兵把巴亞爾抬到一個好房間裡，隨後跪在他前面說：「長官，根據戰爭法，這棟房子和房子裡的一切都屬於你了，我只是乞求你能夠保護我及兩個女兒的生命和尊嚴。」巴亞爾雖然開口說話艱難，但他還是說：「我不知道我能否痊癒，但只要我活著，妳和妳的女兒就不會受到傷害，目前最緊急的是盡快向我提供幫助。」

婦女在一個士兵的陪同下，找到了一個外科醫生，醫生檢查完他的又大又深的傷口後高興的宣稱傷口不是致命的。內穆爾公爵也派來了他的外科醫生，由於精心護理，巴亞爾很快康復。巴亞爾問婦人的丈夫在哪裡，婦人哭著說：「我不知道他是死是活，但我相信他會被帶到女修道院中的避難所。」當他們得知他的隱藏地點後，巴亞爾派了兩名弓箭手和婦女的管家把她的丈夫接了回來，並說只要他的房子接納傷患，他的安全和財產就能得到保證。

外科醫生確認他的傷口已經癒合，在僕人的幫助下，為他貼上藥膏，他的傷疤很容易痊癒。巴亞爾用他常有的慷慨獎勵了醫生，並準備在兩天後重返部隊。房東夫婦想到因巴亞爾的保護而要給巴亞爾贖金時，拿出他們自己的全部財產 —— 精美裝飾鐵箱裡的 2,500 金幣。婦女進入巴亞爾房間，跪著。巴亞爾，這位善良的騎士命令她起來，如果她不坐在他旁邊，他就不聽她講話。她說：「尊敬的人，我要終生感謝上帝，使上帝快樂，當我們的城市遭到洗劫時，派來了如此慷慨的騎士；我的丈夫、孩子將把您視為監護神，我們將永遠記住，我們的生命和榮耀都歸功於您 —— 我坦白，我們是您的囚犯，這房子，房子裡的一切都是您的；但您顯示出如此的慷慨和偉大，所以我乞求您憐憫我們，能夠滿意的收下我們十分樂意給予的小小禮物。」她將鐵箱遞給巴亞爾並將其中之物倒出。巴亞爾問：「這一共多少？」「我的老爺，只有 2,500 金幣；但如果您不滿意，請告知數目，我們會設法去弄到。」視金錢如糞土的巴亞爾立即回答道：「即使妳

給我 10 萬金幣，我認為這也不能與你們給我的友善相比，妳及妳家人的相伴已使我永遠感激。」

婦女再次跪下，眼裡含有淚水，乞求巴亞爾接受禮物，「如果您不接受這些，我將是世上最不幸的婦女。」巴亞爾回答：「既然妳這麼厚意，我就收下，但請把妳兩個女兒叫來，因為我就要離開她們了。」巴亞爾把金幣分成 3 份，1,000 金幣的兩份，500 金幣的一份。女孩進來後，巴亞爾請她們起來坐好。

年長的一個說：「我的主人，您面前的兩個女孩，她們的生命和榮耀都歸於您。我們很遺憾不能用別的方法向您表示感謝，只能用生命向上帝祈禱，請求他永遠賜福給您。」巴亞爾感動得流出熱淚，對她們的幫助和迷人的家庭表示感謝。因為，她們是他受傷期間的夥伴，每天替他換洗、唱歌、彈琵琶，使他快樂無窮。「妳們知道，」他說，「士兵一般不拿珠寶送女士，但妳們母親迫使我收下這些金幣，我給妳們每人 1,000 金幣，作為妳們的嫁妝。餘下的 500 金幣，我想分給這鎮上遭到搶劫的窮人。」

事情就這樣解決，在整個家庭的眼淚和感激聲中，巴亞爾走了，他真正擁有了中世紀騎士所有的快樂、友好和自我犧牲精神。

此時，教宗儒略二世（Julius II）請巴亞爾擔任教會部隊的總司令。對這一提議巴亞爾答道：「在宇宙中只有一個主宰，那就是上帝；在地上，也只有一個主人，那就是法國皇帝，除此之外，我拒絕聽從於任何人。」

戰鬥和驚險往往都伴隨著忠誠和英勇。巴亞爾曾在米蘭附近的雷伯克負過致命傷。法國國王法蘭索瓦一世也許由於妒忌，將他置於這一特別危險的位置。在他的戰鬥位置上，西班牙部隊的一個火炮手向他開炮。碎石穿過巴亞爾的腰，打碎了他的腰骨。他倒下去時喊道：「哎！上帝，我被殺死了。」接著他吻了劍柄上的十字架。戰友們想將他撤下去。他說：「不，在生命的最後一刻，我不想第一次背向敵人。」士兵將他扶到樹下，

他仍然大聲喊著：「開槍！」、「讓我死吧！」他說：「讓我面朝敵人。」旁邊的戰友淚流滿面。「上帝要我去見他了，我在這世上已經待得夠久了，他給予我的已經太多——請你們離開我，以免成為俘虜，那將會是我的恥辱。我已瀕臨死亡，別再管我。」

巴亞爾成為西班牙人的俘虜。佩斯卡拉爵士（Marquis of Pescara）說：「看在上帝的分上，巴亞爾勛爵，在不致死亡的前提下，我願獻出我所有的鮮血使你這樣一個囚犯身體健康。自我創建軍隊以來，我還從未見過你這樣的人。」這位爵士對這位垂死的英雄表達了所有的禮貌和敬意。但是當波旁（Bourbon）家族的總管來到跟前（這位總管曾背叛了他的皇帝和國家，轉而服侍西班牙國王）時說：「啊！巴亞爾，我多麼的可憐你呀！」巴亞爾從沙發上站起來，以堅定的口氣回答：「紳士，謝謝你了。我不可憐自己，我死得正直，為國王而死。你才是值得可憐的人，因為你舉軍背叛你的國王、國家以及你的誓言。」不久以後，他便去世了。

直到巴亞爾死後，法蘭索瓦一世才了解到他失去的這位騎士的價值。法蘭索瓦是根據個人偏好而非屬下的誠實與高尚來判定他的部隊行為的。「我們已經失去了，」國王說道，但為時已晚，「一個偉大的人，單他的名字就使人害怕和敬仰，事實上他應該擁有更多的財富和占據更高的地位。」在帕維亞戰爭中，法蘭索瓦一世「失去了除榮譽之外的一切」。他覺得他的損失太嚴重。「如果，」他說，「巴亞爾勛爵，還站在我的旁邊，以他的勇猛和經驗，足能抵得上 100 個將軍。啊！巴亞爾勛爵！我多麼的想念你。如果你活著，我寧願不在這裡（一切由巴亞爾做主）。」然而國王悔之晚矣。巴亞爾走了，而且是他使自己成為了俘虜。

巴亞爾具有男子漢氣概，高尚而純潔。他毫無瑕疵並無所畏懼；他公正、慷慨、仁愛而真誠；他的勇氣總使他化險為夷；他鄙視富人，除非他們也善良；他分發了他所有的金錢；他從不拒絕幫助他的鄰居，而且一切

總是祕密而善意的進行。據說他為 100 多名高雅而樸素的失去父母的女孩提供了嫁資。寡婦一定能從他那裡得到幫助和安慰。他對所有手下人都很友好。他會為士兵重新配備武器，把自己的衣服讓給別人，並幫第三者還債。在被征服的國家裡，他的士兵搶劫的東西在沒有歸還之前，他不會離開。他痛恨誹謗者。這些品德在他童年時代就開始顯現，且隨著年齡的增長而日漸成熟。他的聲望和榮耀贏得了許多後人的尊敬和羨慕。

保衛國家的戰爭是榮耀，征服別國則是恥辱。然而侵略戰爭通常披著傳播文明的外衣。在此種情況下，征服者往往是一些貪得無厭的傢伙。愛國主義精神則是充滿熱血的激動情緒和高尚的思想，它來源於人們對國家無私的愛。誰不同情森帕赫的阿諾德·馮·溫克里德（Arnold Von Winkelreid）、班諾克本的勞勃一世、因斯布魯克的霍夫（Hofer）？他們的英雄事蹟激勵了無數的國人，人們永遠銘記他們留下的關於職責的思想。

愛國主義與全球性的博愛不能共存。前者被家鄉情結纏繞，是一種純情、一種熱烈的同情、一種全力以赴的精神，它極易受到感染。它不同於個人中心情感，後者浪費時間於遊樂、輕浮和冷淡。每個人都應有這樣一種觀念：他是一個創造鏈中的一環，儘管他熱愛國家，但在他的前面還有一個更大的世界需要奉獻。

愛國精神、崇高、士兵氣概在華盛頓的一生中達到了頂點，他是 18 世紀最偉大的人物之一，這絕非僅僅只是因為他的天才、純情和寬容。他的英語口音是一份絕妙的遺產。他來自國教區的達拉謨郡，他的祖先大約於西元 1657 年移民到美國的維吉尼亞。

喬治·華盛頓（George Washington）的品性是如此之好，以致在早年他就被任命於責任重大的職位。他敏捷、服從命令、有責任心。19 歲時他擔任維吉尼亞的副官，少校軍銜。23 歲時在維吉尼亞被提名為殖民地各武裝力量的總司令，與英軍合作抵抗美國西部的法國武力。他從成功和失敗

中得到鍛鍊，這養成他不屈不撓的精神。

華盛頓的生平已書甚多，他的自我犧牲精神、純潔的動機，只簡單提及，就可喚醒關於他一生的全部內容。這兩者使他完成了使國家自由並使美國獨立的任務。沒有人比他更純潔、更自我克制。勝利時，他沒有欣喜若狂；失敗時，他也鎮定自若。他寵辱不驚的表現出純潔而寬宏大量的氣質。人們難以確定應該最欽佩華盛頓的什麼：品德高尚，還是愛國熱情，抑或是行為純潔？

在結束對一些州的演說及從總司令位置退下時，他說：「我不斷祈禱，上帝將使你們、整個國家和對國家的治理在他仁慈的庇護下；他將培養國民的從屬精神，使其服從於政府，擁有兄弟般的情感，彼此相愛，愛整個國民，特別是愛在田野勞動的兄弟們。最後，他將特別樂意驅使我們走向公正、憐憫、自助、謙卑、胸懷博大，這是上帝自己的特質；沒有謙卑，我們就不能希望建設一個快樂的國家。」多麼簡單，真實而優美的語言。

談及士兵的生命，不提及威靈頓公爵就不可能得出正確的結論。他是英國的巴亞爾。職責是他生命的主要原則，是他的第一詞彙和最後詞彙。無論在公開場合還是私下場所，他都堅定不移的信奉它。身為一名公眾人物，威靈頓公爵眼裡只有一個目的，即盡最大的努力奉獻於國家，提高服務國家的技巧。他對榮譽和權力從未動心過，他的個人抱負滿足於其職責。

在擔任團部官員時，他深入了解所要從事的工作，不久之後，被任命為營長。無論命令要求他做什麼，他都能精神飽滿，在規定的時間內主動、認真的做好事情。服從是他的另一特點。例如他在印度指揮大量部隊，並管理相當於歐洲許多王國之和的事務；從印度調回後，被任命指揮在薩塞克斯的一個步兵旅，儘管反差極大，但他仍是毫無怨言。當人們幽默的嘲笑他優越條件的變更時，他回答：「我吃著國王的飯，他要我做什麼，那都是我的責任。」

對他來說，帝國政府就是國王的政府。御座是權力的泉源，它不僅是榮耀，更是人民享有權力和特權之源。然而，御座淪為被法律甚至習俗所包圍，被最為恭順的臣民所簇擁。因此像查理一世時期最好的騎士一樣，為了皇冠及國家的神聖，他隨時準備赴湯蹈火。

無須再談及他的勇氣。在步兵部隊和火炮部隊，將軍應該指揮而非戰鬥，職責不要求將軍去面對危險。然而，如果需要，威靈頓公爵經常以他一貫的英勇出現在危險地點，或在攻擊部隊的前方，或其他哪裡。在阿瑟耶戰鬥中，他的兩匹戰馬被敵人打死於胯下；在斗羅戰役中，他被一隊法國騎兵包圍，而手握利劍，衝出重圍；在薩拉曼卡，他腰負內傷，一顆子彈呼嘯著穿過他的帽子。納皮爾說：「在薩拉曼卡的那個晚上，我在附近，火炮和步槍的火光隨處可見，所有能看到的一切在眼前如此清晰。他獨自一人，馳騁在戰場上，火光在他額頭閃耀，他的目光像鷹鷲迅速而尖銳，聲音卻很冷靜甚至甜美。」

公爵的耐心超乎尋常。西元 1810 年在托雷斯韋德拉什被墨西拿的部隊包圍時，他屬下的軍官幾乎要反叛他，要求返回英國。他說：「此刻，我們這有 7 個軍官要回家或已經回家，除了我自己和坎貝爾（Campbell），國家卻沒有人帶領部隊出來。他們幾個在後期行動中偷懶的結果是我必須有義務兼任騎兵團和高階警衛團指揮官，幾乎在同一天，我成為兩、三個軍團的司令。」

在英國國內，報紙利用這件事攻擊公爵，並詆毀「他不敢在戰鬥中冒險」；那些貴人、市長和倫敦的樞密院，敦促國王調查公爵的行為。眾議院詆毀他，首相推波助瀾。然而，威靈頓堅守在托雷斯韋德拉什，他有英國部隊支援，葡萄牙人沒對他做什麼。對於英國報界的指責，他說：「我希望大英帝國大眾輿論不會被報紙上的幾段文字所影響，在這一問題上，那幾段文字根本不會改變大眾的輿論和情感。所以，我（我更有理由抱怨

那些誹謗性文字）絕不會在意他們，也不會製造矛盾，也不會發表聲明以回擊這些眾多的無稽之談。」對於來自尊敬的市長和市政務院的威脅，他說：「他們可以做他們喜歡的，但只要計畫還能執行，我就不會放棄。」

英國軍隊在托雷斯韋德拉什戰役後期挫敗了法國，最後法軍撤退。公爵緊追不捨，法軍為了輕裝撤退毀掉了大部分輜重武器。潰兵以掠奪、燒毀農舍為樂；許多村民被吊死在路旁，僅僅是因為他們表示了對法國侵略者的不友好。法軍撤退的路線從他們路過村莊時縱火的濃煙可看得一清二楚。公爵在豐特斯德奧尼奧羅襲擊了馬塞納（Massena）的部隊，並給予重創。隨後攻擊了阿爾梅達、羅德里戈、巴達霍斯，打敗了薩拉曼卡的馬蒙特（Marmot），很快就進入了馬德里。很奇怪，西班牙的米蘭達旅長當時手下只有不足 43 人，威靈頓將軍一路乘勝追擊到馬德里，這時他已只有一個軍官相隨，那個人就是菲茨羅伊·薩默塞特勛爵（Lord Fitzroy Somerset）。

威靈頓對所經過國家的人民都很仁慈。西班牙人害怕英國人，但更害怕威靈頓的部隊。西班牙軍隊到哪裡就搶劫到哪裡，而英國部隊則禁止搶劫。但後者的資金和運輸工具就受到很大限制。當威靈頓的部隊在追擊馬塞納時，他的士兵拿了老百姓的木頭燒，慷慨的公爵從自己的口袋裡付了錢。他說：「部隊的使命之一是對不幸的居民施以同情，保護其財產免受搶劫。」

他部隊中的西班牙士兵透過多種途徑，散布對英國人的敵對情緒。公爵仍堅持，「平和的居民應該受到盡可能最友善的對待」。當西班牙士兵進入法國時，立即開始燒殺掠搶。公爵發現此種情況後，立即命令他們回國，並在沒有西班牙士兵的情況下發動奧爾泰茲之戰。他對唐（Don）說：「我絕不允許搶劫的發生，如果你希望你的人搶劫，那我就必須任命別的指揮官。」

在英國國內，威靈頓所得到的支持很少，他沒有權力對他士兵的英雄行為以獎勵。法國將軍則有權透過升遷職務來激勵士兵的士氣，威靈頓則不能，所有的提拔都是國內掌權者說了算。從未離開英國的軍人都是越過威靈頓將軍而得到提拔。

弗勒謝爾（Fletcher）將軍，他用壕溝防禦托雷斯韋德拉什，指揮攻打羅德里戈、巴達霍斯、布爾戈斯和薩拉曼卡等地，然而真正任命他為將軍則是 3 年後的事，那時他在聖塞巴斯提安戰壕中已被一個炮彈炸死。英勇的不屈不撓的瓦特斯（Waters）將軍則於西元 1815 年在滑鐵盧得到了他於西元 1809 年攻打斗羅時就要求的軍銜。是的，無奈之下的威靈頓只能不斷的透過向英國政府提出申請，來報告他的有價值的戰績。

他的士兵欣賞他為改變條件而進行的不懈努力，他們為他挽救士兵生命的熱情而感動。他們敬佩他的公正、真實、公平、無偏見。他對手下的官員和士兵總是賦予完全的信任。他原諒的士兵多，懲罰的士兵少。遵守紀律絕對必要，但他總是用最有利的眼光看待士兵的錯誤。一次，一位軍官在敵人面前表現軟弱，他沒有將其送到軍事法院，而認為這位可憐的人仍有可取之處。他說：「我寧願讓其退伍，而不願驅趕他出軍隊。」一次，一名軍士偷了同伴的錢，被判了刑，原因是一名婦女誘使這位軍士犯罪，他以前的品性良好。公爵原諒了他。他又當了官，並執行軍事任務，後來成為英國的優秀軍官。

威靈頓特別注重培養自己的服從特質，他能做到非常冷靜、文雅和迷人。他從不發布命令，只是懇求和要求。在與軍官的談話中，他懇請他們不要對下等人使用粗話。他說：「粗話完全不必要，可能使人受到傷害，但絕不會讓人心服口服。」

即使在戰爭中，他對士兵仍抱有最偉大的同情。納皮爾說，公爵在一旁默默的流眼淚，在他得知前方的 2,000 名士兵度過那個可怕的夜晚之

時。6 月 18 日清晨，休默（Hume）醫生來到公爵房間向他報告在滑鐵盧戰鬥中的傷亡情況，他發現公爵躺在床上，因一夜未眠，他鬍子沒刮、臉沒洗。公爵醒來後，坐著傾聽傷亡報告，報告很長，醫生不時抬頭看著公爵，他發現他的拳頭緊握、滿臉淚水。

同一天，公爵寫信給他的朋友馬歇爾·比雷斯福德（Marshal Beresford），信中寫道：「傷亡震撼了我，我對戰爭的所謂得失已冷淡。我向上帝祈禱，不要再發生類似的戰爭，失去這麼多老朋友和戰友，我的心已經碎了。」在給阿伯丁勛爵（Lord Aberdeen）的信中，他寫道：「這樣的勝利對我毫無安慰。」是的，他贏得了極大的戰爭，盟軍獲得了偉大的勝利！當他騎馬穿過田野，聽到傷病員的喊叫聲、呻吟聲時，這位武士迸發出炸裂般的情感說出了難忘的詞句：「世上除了失敗之外，再也沒有比勝利更可怕的事情了。」

後來，在參議院的演講中，他說：「我是在戰場中應該犧牲而沒有犧牲的人當中的一個，如果有國內戰爭，我將犧牲自己來避免它。」

公爵是一位仁慈的人，他保護西班牙免遭自己士兵的虐待。他甚至保護敵人。在塔拉韋拉戰爭之後，英國人打擊了古斯塔的士兵，以免他們殺死或者肢解受傷的法國人。夏多布里昂（Chateaubriand）說：「我仍對威靈頓公爵抱有太多的敬意。真的，我們感動得流淚，我們看到這位偉大的受尊敬的人，在葡萄牙撤退期間，給了每個活著的法國俘虜兩個畿尼（舊時英國金幣），讓他們安心回鄉。」

公爵的整個職業生涯都與此類事件息息相關。在印度，他醫治並培養都尼帝阿（Doondiah）的兒子長大成人，當時小孩躺在一群傷患中間，奄奄一息。他熱情的幫助弗蘭西斯（Franceshi）將軍恢復健康——當時他被西班牙人拋棄並處於自生自滅境況。他放走了年輕的馬卡里拉斯（Mascarhenas）和許多西班牙政府殘酷行為下的受害者。他焦慮的保護著法國

傷患，以避免遭受葡萄牙士兵的憤怒攻擊。「依據戰爭法，」他說，「他們應在我的保護之下，我也決定向他們提供這種保護。」他允許法軍外科醫生加入傷病員武裝軍隊，在營地巡邏，以保安全。對敵人，他也抱有相同的榮譽感。在印度，有人提議暗殺都尼帝阿瓦（Doondiah Waugh）以結束戰爭，他輕蔑的否決了這種提議。西班牙國內有反叛跡象，他斷然拒絕支持反叛分子的建議。他眼裡的軍事勝利只屬於能力和勇氣的榮光，而非透過別國軍事政變來獲得。

在托雷斯韋德拉什，埃斯林親王（Prince of Essling）焦急的察看英軍防線。他在一法軍炮兵連的掩護下，在一座低矮的花園牆壁上支起他的望遠鏡。英國軍官看著他，他們可以制服這位「統帥」，於是發了一枚炮彈，以提醒統帥注意危險。這一炮非常準確，把親王支撐望遠鏡的牆打倒。馬塞納理解這一謹慎的提示，他命令炮兵連開走。

威靈頓在滑鐵盧也是如此。當公爵正在觀看法國工事建構時，一個火炮軍官騎馬趕到，指著拿破崙站的地方，「我們的炮火很容易打到他，打翻他們幾個絕對不成問題。」「不，不！」公爵回答道，「在大戰之中指揮部隊的將軍有別的事情要做，而不是互相射擊。」

皇帝倒臺後，威靈頓拒絕了處死拿破崙的要求。他說：「殺死拿破崙，我們的子孫將引以為恥。」在給查爾斯‧史都華（Charles Stewart）的信中，他寫道：「布呂歇爾（Blucher）希望殺掉拿破崙，但是我告訴他，我抗議。我堅持按公意辦事。身為朋友，我建議他不要與這卑鄙的勾當有牽連；在成為迫害者的問題上，我與他涇渭分明；並且我決定堅持如果君主被處死，他們就是劊子手，而我不是。」

他這樣急切的保護拿破崙，真是一個奇蹟。拿破崙曾拿出 1 萬法幣給那些可憐的傢伙，試圖暗殺威靈頓公爵。

公爵是一個真正的男人，他希望他的下屬與他一樣。西元 1809 年，他寫給克勒曼（Kellerman）將軍的信中寫道：「英國軍官送來假釋犯，你可以相信他們不會逃跑，如果逃跑，我再替你送回來。」公爵是一個寬宏大量的人，賄賂收買不了他，威懾嚇不倒他。身處卑微時，他會說：「下命令吧！我服從。」是的，他的服從、正直和忠誠是完美無缺的。他關心別人，不考慮自己，不嫉妒。他絕不為自己美言而與人爭功，注重自己和下屬的聲譽。出錯時，如在布爾戈斯，他完全承擔錯誤。他支持格雷厄姆（Graham）、希爾（Hill）、克勞佛（Crawford）反對英國國內的誹謗。他擁有堅定的信念和偉大的精神，這使他鄙視不公正和汙蔑。當馬德里市長讚美他時，他不說自己的功績，只說：「戰爭掌握在上帝的手裡。」

威靈頓最偉大的特質在於他的強烈責任感。履行身為一名士兵的職責，是他活著要做的唯一事情。即利用一切方法，一切機會，用盡最大的能力和發揮最大的資源去獲得最大的成功。持之以恆的要求和毫不動搖的決心，保證了他一生責任的言行合一。對於我們來說，觀察他的和睦、純樸和堅強的特質，並加以理解和效仿，這對形成自己的個人特質是大有裨益的（注：見湯瑪斯·比尼〔Thomas Binney〕所著的《威靈頓》）。布萊爾蒙特（Brialmont）在生命的最後時刻說：「他是一個時代創造的最自豪而又最真實的人。他最聰明，視保衛英國王權為其神聖的職責。」

以國家的建立為例，普魯士當時在拿破崙的統治之下，政府是一個空架子，它是法國皇朝的附屬國，馮·斯坦因（Von Stein）前來拯救他的國家。西元 1807 年 10 月，斯坦因構想了一個解救國家的計畫，這個計畫便是充分賦予人民自由。其核心包括一些激烈的語言：「國家的外部損失，必須用我們的內部力量加以彌補。」他說，皇朝的力量不在於貴族，而在於人民。「喚醒人民，給予他們自由、獨立、財產並最大限度的保護他們。讓我們使農民自由，因自由的勞動能使國家更有效率；讓農民擁有

自己的土地，因恆產能增加一個人保護國家的勇氣。把市民從獨裁中解放
出來，並監護貴族，因為工廠和城鎮的自由會給予古老的德國人民驕傲。
告訴貴族，貴族立法只有在他們的行為無害於國家、人民的條件下才能成
立。他們必須納稅，並剝奪武力上的特權。資產階級不要滿足於賣弄學
問，而要向人民學習，與人民一起生活，適應時代的生活標準。」

這就是斯坦因炮製的計畫。威勒齊（Villanage）因保護貴族而被罷
免，歧視性的法律被廢除，市政體系得以建立，普魯士青年逐步而廣泛的
訓練使用武器。就在此時，拿破崙已聽說了「一個斯坦因」，一個著手讓
普魯士自由的斯坦因。西元 1808 年，斯坦因被迫離職，到奧地利避難。
不過，他的計畫正被他的繼承者馮·哈登貝格（Von Hardenberg）周密的進
行著。不久以後，萊比錫戰爭爆發，拿破崙的部隊撤回法國，斯坦因的部
分計畫得以進行，然而，他提出的全國代表制被無限期的推延。農奴制被
廢除，普魯士的財產制度得以建立。斯坦因死於西元 1831 年，他被認為
是歷史上最有堅定品格的最偉大的政治家。

大約 3 年以前，斯坦因紀念碑在柏林落成，法學教授格耐斯特
（Gneist）博士號召人民記住這位歷史上的英雄，記住他為普魯士所做過的
事情。他說，斯坦因證明了宗教是道德生活唯一真實的基礎。除非有愛國
精神、與鄰友愛的熱情，否則，感官上的快樂、無聊、富裕彼此是不能中
和的。除非有民主的存在，否則憲法就是一種相對的冷淡。「我們感激他
的教導，他是一個實踐者，活力、愛國、真實而忠誠。由於深深的敬畏上
帝，人與人相互之間隔膜的虛偽面紗被撕下，彼此消除了害怕。他不畏艱
難，訂立規則，指導人們執行。他懷著君子般的憤怒去抨擊害怕、膽怯、
自私、假裝、傲慢、粗魯和專橫等這些不良性格，並大膽的與偏見和陳腐
抗爭。這是上帝仁慈的委任，這位可敬的斯坦因，這塊寶石，我們的根。
他是一位堅定的有活力的改革者。豎立這塊紀念碑是幫助我們記住這位離

去的政治家，現代德國所有的慣例都有他的思想痕跡。我不吹噓這塊紀念碑是光榮的象徵，這種想法會玷汙他純潔的思想和行為。但碑文已經明白的告訴我們，這不是光輝之碑，而是感恩之碑，不是勝利之碑，而是感謝之碑。」

我們所有活著的人，用自己的眼睛已經看到這個國家逐步出現的活力。40 年前，義大利前途黯淡。自治政府的能力，雖然曾一度被認為是義大利的榮耀，但是現在已經窮途末路，人民已經喪失了舊時的政治特質。在拿破崙倒臺後，義大利被一群絕對主義者分割，他們以鐵的手腕統治著人民。直到西元 1848 年，薩丁尼亞國王卡洛·阿爾貝托（Carlo Alberto）大膽的宣布了立憲政府的基本原則。那年，一場偉大的戰爭席捲歐洲。巴黎街頭路障林立，路易 - 菲利普國王流亡英國。柏林，軍隊和人民巷戰，城市處於緊急狀態。波蘭爆發起義，後被殘酷的屠殺所鎮壓。墨西拿被拿坡里國王所炸毀。教宗流亡到加埃塔，羅馬共和國建立。米蘭人民起來反對奧地利人並將他們趕出國土。威尼斯也步其後塵，在馬寧（Daniel Manin）的領導下，建立了臨時政府。

卡洛·阿爾貝托去增援米蘭人，將奧地利軍隊趕回杜林，並在諾瓦拉將其擊敗，收回了叛亂省分。國王在其兒子維克多·伊曼紐（Victor Emmanuel）的逼宮下退位。年輕的國王把劍指向了奧地利軍營，說：「把奧地利人趕走！」當時，這話近乎吹牛，然而目標實現了。約瑟夫·拉德茲基（Joseph Radetzky）提出廢除由他父親創立的人民立憲憲章，而效仿奧地利的專制政策。年輕的國王拒絕了這一提議，並宣稱要盡快簽署文件，準備與所有的君王斷絕關係。他說：「王室只知道流亡的道路，而不知道恥辱為何物。」拉德茲基，雖然他自己也是一位征服者，但不得不承認年輕國王的偉大。他說：「他是一個高尚的人，他將為我們做很多的事情。」

有能力的政治家群起支持國王。在諾瓦拉獲得成功過程中所經歷痛苦

的日子裡，加富爾（Cavour）說：「存在一天就多一分收穫。」當與俄國的戰爭爆發時，薩丁尼亞國王只派了 15,000 人的軍隊到克里米亞，這是大膽的行動。有人告知加富爾，薩丁尼亞的步兵在泥水中作戰，他驚異的嚷道：「義大利將從泥巴中誕生！」奧地利非常憤怒的注視著薩丁尼亞國王力量的增長，威脅要解除他們的武裝。維克多‧伊曼紐發表宣言：「奧地利正在我們邊境增加部隊，威脅要侵略我們的國土，其原因是因為這裡的民主，這裡的人民與統治者和諧相處，因為義大利在發出吶喊。奧地利膽敢問我們，誰為自衛而武裝？它要我們放下武器而屈從於它的仁慈，那汙辱性的要求已經得到了它應有的回答：我拒絕它的要求 —— 士兵們，武裝起來！」

拿破崙皇帝與薩丁尼亞國王組建了聯盟，向奧地利宣戰。戰爭開始了，奧地利士兵相繼撤退到蒙特貝羅、帕萊斯特羅、馬真塔、馬利納諾和蘇法利諾。一紙比利亞弗蘭卡條約結束了戰爭，這樣，倫巴底、托斯卡尼、帕瑪、摩德納和波隆納統一為北義大利。隨後，加里波底（Garibaldi）動議侵略西西里區，他贏得了一場又一場戰爭的勝利。加里波底隻身乘坐火車進入拿坡里。王國從來沒有這樣被征服過，但是，時代變遷，人民倒向義大利聯邦。威尼斯和羅馬是最後加入聯邦的。

義大利已經融合為一個聯邦並團結起來，建成一個新的強大的國家。這是歐洲最有力的國家之一。幾年的時間內，義大利已經逐漸變得偉大。我們把這一事實視為最偉大的道德征服。民族不是一天建立起來的，只有經過多代人長期不懈的努力，一個民族才會擁有至高無上的權利。

請不要遺忘戰爭的恐慌。歐洲到處都是軍隊。科學只為戰爭服務，製造各種武器：來福手槍、迷你槍、加特林機槍、馬提尼 - 亨利步槍、魚雷和其他戰爭武器。民族之間都彼此警惕的監視著，任何輕微的挑釁都相伴著龐大的復仇、霸權乃至征服的戰爭。在法國、德國、俄國都一樣。

歐洲最後一場戰爭發生在歐洲東部。俄國攻占了土耳其，經過殘酷的較量，土耳其人被趕到君士坦丁堡。當戰爭的光環消退之後，讓我們來看一看戰場：軍事聯盟、指責、得意忘形、英雄行為、勝利的榮耀。在西元 1879 年 5 月，羅斯（Rose）先生陪著斯戈比羅夫（Scobeloff）將軍參觀希普卡山口。（注：《塞洛瓦和希普卡（修訂版）》，作者金納伊德·羅斯〔Kinnaird Rose〕。見《紳士雜誌》。）羅斯將軍說：「在希普卡村莊附近，斯戈比羅夫將軍走出帳篷，在他的指引下，我們一隊人觀看了地形。剛走出幾步就看到 4 棵山毛櫸樹樹蔭下立起的木製十字架。將軍立即脫帽，我們大家都脫帽致哀幾分鐘。離開後，將軍告訴我，那是英雄之墓，在戰鬥的那天，我特別命令要把十字架立在他的墓上，以便標識他安息的地方。他僅僅是一個十五、六歲的孩子，出生在俄國的一個良好家庭。戰爭期間，受軍隊的熱情和神聖的俄國軍隊的正義事業所感染，他逃離學校和家庭，獨自來到戰場。在攻打普利文時，我接受他為志願兵，他在戰鬥中表現英勇，在色挪華指揮第三十二團攻擊中心據點。滿腔熱情和全不考慮危險的他，英勇迅速的帶著他的人走上戰場，他們在槍林彈雨中前進，最終進入據點時，被敵人的刺刀刺進了胸膛。他的一生是短暫的一生，但卻是英雄的一生！」

這就是英雄主義；其次才是結果。「穿過溪流，我們進入那個小島的中心據點，呈現在眼前的是什麼景象啊！據點所有門的周圍都散落著破碎的彈筒、炮彈片、破爛的軍服，好像戰爭就在前幾天剛剛結束。據點內部的恐怖景象是我沒法想像的，幾百個人被匆忙的埋在那裡，雨和雪敲打著屍體旁邊的鬆土，狐狸和狗吃掉旁邊還沒埋掉的屍體，據點底部到處是屍骨。這些骨頭混合成奇形怪狀，但都已被太陽和雨水漂白。

「『看看這些已不再呼吸的嘴！看看他們怎樣的嘲笑你們大家！然而，他們曾經與你們一樣！』這之後我們似乎經歷了戰爭的震撼，這個地

球被泥土所覆蓋，這些泥土是：騎手與馬匹，朋友與敵人，但事實上都沒有這個場面的一半恐怖，這一恐怖景象出現在戰爭騷動 16 個月以後。當我們盯著這堆屍骨存放所時，斯戈比羅夫將軍對我說：『這是一種光榮！』我回答道：『無論如何，是的，將軍，擦乾眼淚比流血更好。』他回答道：『對，但我是士兵。』」

第九章
真正的英雄

耐心戰勝一切。

　　　　　　　　　　—— 蘇格蘭諺語

此世之責任心，即來生得救之路。

　　　　　　　　　　—— 猶太哲人

不為自己活著，才能為他人死去。

　　　　　　　　　　—— 聖保羅

古時候，美德和勇敢是同義詞。勇敢，在羅馬人看來，就是財富和價值。它意味著力量和魄力，可用來達到高貴的目的。誰最重視於其夥伴，並提升、解救他們，誰就是最勇敢的人。

毋庸置疑，還有一種內在的勇敢，它表現為良心、忠誠、忘我、自我犧牲、勇於在這個無恥的世界面前舉止得體。它最大的特徵是具有一顆偉大的心靈。忍耐和熱情，乃是價值的兩個靈魂，它們才是真正的勇敢。

最高貴的勇敢並不只屬於戰場上。在戰刀飛舞、炮火紛飛的戰場上，男人們激昂高漲、無所畏懼，時刻準備著為國家和人民奉獻出自己的生命。一切榮耀皆屬於他們！

女人，似乎天生就是忍耐和克制的代名詞。她們的忍耐力，絲毫不比男人遜色。在充滿血腥的戰爭故事裡，有的女人女扮男裝，跟著她的戀人一起奔赴戰場、出生入死；看著戀人倒下，拚死守衛他們的屍體。也許，再沒有什麼比這種故事更能夠打動我們的心靈了。其實，世上有多少這樣的戰士呀！她們與生存的命運抗爭，為自己的地位奮鬥，卻從來沒有成功；她們在飢餓貧窮中掙扎，在打擊和羞辱中苦鬥；一切是那樣的渺茫和絕望，但她們何嘗有所畏懼！

基督教英雄的英勇行為，與戰鬥英雄有所不同。其活動方式，不在於

侵略和爭鬥，而是忍受和自我犧牲。沒有鮮花戴在他們的胸口，沒有旗幟飄揚在他們的頭上。當他們像司空見慣的那樣在履行職責中倒下時，沒有得到國家的桂冠，也沒有獲得假惺惺的哀哭，得到的只是悄悄滴落在他們墳頭上的幾滴眼淚。

人生在世，並非為了聲譽和榮耀，抑或為了功勳卓著，而是為了某種比世界所能給予人的更高貴、更偉大的東西。傑里米・泰勒（西元 1613～西元 1667 年。英國基督教聖公會教士，以所著《聖潔生活的規則和習尚》、《聖潔死亡的規則和習尚》而聞名）曾說：「人生雖然短暫，而永恆正是在短暫中求得。我們必須始終牢記，有許多敵人等待征服，有許多邪惡等待驅除；我們必須克服許多險惡，也必須擺脫許多困境；太多的要求期待我們去滿足，也有太多的善事期待我們去完成。」

自我犧牲是基督教的真諦。最善的人，從來都不會是一個自私者。把自己給予別人，而從未考慮過聲譽和光榮，在履行職責的良知中他們尋求到了最好的報酬。舉世而譽之而不加勸，舉世而非之而不加沮。「我為人人，人人為我」，這是一個放之四海而皆準的律令。當然，做到這一點並不容易 —— 至少對於那些生活富足或碌碌無為的人來說是如此。

世上，在偶然的事情面前，我們並不僅僅只是理解；生活中，每一次意義深遠的經歷，我們明白它的同時應該考慮到其延伸的影響。即使是不幸，它也通常是人是否高貴的最可信的試金石。一首最有名的德國詩歌這樣說：「一個沒有含淚啃過麵包的人，一個沒有在悲痛的夜晚哭泣過的人，是不懂得上蒼之偉大的。」不幸之事，也許僅僅是為了試探和確證我們。在這樣的考驗時刻，如果立場堅定，心靈將因此鎮定自如，從而使一心一意履行自己職責的我們感到心滿意足。

對於一切悉心向善的人，機遇都是同等的。最執著的精神往往能通達別人的心靈，耐心和容忍能夠戰勝一切。多少男人，同樣有多少女人，甘

願在默默無聞中死去。他們警醒自己要關心窮人；他們照料患病者，與病人共苦，甚至染上了病人的疾病而死亡。由於他們的勞苦和仁慈，多少生命從此得到了安寧！愛就是他們的一切報酬。天生不為自己而是為他人所做出的犧牲，永遠是神聖的。

克里特哲學家和詩人埃庇米尼得斯（Epimenides）被人請到雅典去撲滅瘟疫。他四處奔波，堅持不懈的與瘟疫搏鬥，並且拒絕了一切報酬，除了雅典他所居住的地方 —— 克諾索斯 —— 的人們對他的善意。

古時候，瘟疫是一種可怕的疾病，人們對它避之唯恐不及，互相之間也是猜疑恐懼。因而，受瘟疫侵襲的人常常在孤苦伶仃中死去。於是那些高貴的、仁慈的人們挺身而出，獻身於驅除這種疾病。大約 300 年前，米蘭（義大利北部一城市）爆發了一場瘟疫。大主教嘉祿 · 鮑榮茂（Charles Borromeo）紅衣主教那時候（西元 1576 年）正在洛迪逗留，他聞訊立即趕往受災地區。牧師們勸他留在當地，等到瘟疫自行消退之後再去。他回答說：「不！一位牧人，他的責任就是把生命獻給他的羊群，怎麼能夠在危難之時卻棄牠們於不顧呢？」

「是的，」他們回答說，「守衛在牠們身邊，是一項高貴的事業。」

「那麼，從事高貴的事業不也是牧師的責任嗎？」

於是，他趕到了米蘭。

瘟疫持續了大約 4 個月。在這期間，紅衣主教親自訪問了那些病人。在病人的家裡、在醫院裡、在任何地方，都留下了他的足跡。他探視他們，給他們食物、藥品，他們臨終時為他們主持最後的祈禱儀式。他的所作所為深深感染了他的牧師們，隨之，他們也步他的後塵，全心全意獻身於自己的人民。直到最後一個患者康復，仁慈的紅衣主教才回去盡他的主教責任。

紅衣主教在另一方面也值得我們深思。他是第一個創辦為窮人的孩子提供讀書機會的「主日學校」的人之一。「安息日是為人而設的，而不是人為安息日而設」，任何一件善事都可以在這一天裡做。正如在平常日一樣，星期日下午，紅衣主教從大街上把孩子們叫到米蘭教堂裡，教他們讀書寫字。孩子們帶著自己抄的書，帶著石板，來聽他的教誨。在他的教士協助下，這所學校日漸興盛。300 年過去了，鮑榮茂紅衣主教的「主日學校」仍然繼續存在著。西元 1879 年春天，筆者看到孩子們集合在教堂裡，拿著石板和書籍，正在他們的「主日學校」裡接受教育。

　　紅衣主教把他的稅貢收入全部花在建學校、做善事上。在他生活的時代，貧窮是非常普遍的，因而他想方設法給予消除。他與自己的同道一起，努力支持僧侶改革，特別是廟宇制度的改革。他引領那些由於行為放蕩而臭名昭著的尤密利塔提人進入到全新的生活境界，雖然這些人認為紅衣主教在大教堂裡教窮人的孩子讀書，不過是為了掩飾自己的醜行而已。他們認為紅衣主教褻瀆了安息日、玷汙了神聖的處所，也是僧侶制度的破壞者。（注：一位美國作者寫道：「今天，如果有誰還試圖以這種包攬孩子全部生活的大型方式推行『主日學校』教育，他得到的只有譴責。例如，讓他試一試用他那些健康安全的藏書，去抵擋洶湧而來的有害書籍的侵襲，或者讓他在他的學校設立一個職業委員會，來壓制學生的動盪不定，那麼，一切捍衛安息日的人、所有提倡只讀聖經的人，都會立刻抬頭。因為，偽君子是不會希望有任何人君臨於上帝之上的。他身為上帝的骨肉兄弟，難道不希望那些礙手礙腳的人全部死光滅盡？」）他的「主日學校」被認為是一個「危險的發明」。於是，他們僱了一位殺手，企圖把紅衣主教殺害在聖壇上。當唱詩班正唱著聖歌「別讓你的心靈困惑，也別讓它憂懼」時，刺客向紅衣主教發射了一發火繩鉤槍子彈。子彈打中他的後背，但主教穿的柔軟而結實的外衣把它擋住了，子彈掉在地上。紅衣主教

勇敢而鎮定。當周圍所有的人都驚惶失措時，他自己反而仍然安靜的在祈禱著。

還是回到瘟疫這個話題吧。哪裡的人們缺衣少食、健康狀況極度惡化，這種疾病就會不請而至。倫敦就是一個典型的可怕的例子。它的街道狹窄、骯髒，通風性能極差，下水道也不暢通。倫敦最近一次瘟疫爆發於西元 1665 年，它奪去了 10 萬人的生命，使得城市的人口銳減到不足現在的六分之一。它還從倫敦蔓延到周圍鄉村。雖然無數的人們逃離了疾病區，但仍然傳頌著許多高貴的自我獻身的例子。約克郡的莫頓（Morton）主教就是這些人之一。他從來沒有考慮過自己，他的眼裡只有他的人民。由他建立的一所收容窮人的庇護所或醫院，把病人從他們那陰暗的房子裡解救出來，加以細心的看護。雖然尋找服務員是一件極為困難的事，但主教一直堅持不懈。像戰士一樣，他時刻堅守著自己的崗位。窮人們沒有糧食了，他跑到自己的鄉下農場裡，把一包包的糧食馱在馬上，送到他們身邊。他不讓僕人去冒本來應該是自己冒的險，也不讓自己的馬匹奔波不停。在自己家裡，他沒有另外開一扇專供自己出入的門，以便使自己與農場裡的人們區別開來。這樣一來，瘟疫就被限制在約克郡以內。主教是一個忘我、慷慨、善良的人，他把增加的收入全部用於慈善事業，用於樂善好施，用於獎勵一切有功績的人。他的一生是虔誠的一生，是充滿基督教善行的一生。

在倫敦，包括錫德納姆在內的許多醫生都逃離了，但仍然有一些忘我的人留了下來。在這些人中，霍基斯（Hodges）就一直堅守在自己的崗位上，不懈的照看著病人。他的忘我工作，除了人們的衷心讚譽以外，沒有獲得任何報酬。後來，他的生活狀況越來越差，並由於債務而被投進了盧格特監獄，西元 1688 年死於獄中，死後留下了對最近一次瘟疫起因的最好說明。

正如我們曾經提到的，疾病從倫敦蔓延到了鄉村。人們遙指著許多偏僻的地方，會油然而生敬佩之情：「是他們埋葬了瘟疫。」例如，在德比郡埃亞姆一個偏僻的村子裡，一位理髮師收到了倫敦寄來的一包衣服。當他把衣服在火上烘乾時，人們發現他染上了倫敦的瘟疫，並於 4 個月之後死去。疾病蔓延開來。當地僅有的 350 名居民，準備逃離這個村子，但這種打算被當地修道院院長威廉·蒙珀森（William Mompesson）的英勇行為給阻止了。他警告人們，如果他們逃離，將會把疾病傳播得到處都是。於是，人們留下來了。蒙珀森把自己的孩子送走，並打算把瘦弱的妻子也送走，但她還是堅持留在了自己丈夫的身邊。

蒙珀森博士決定把村子隔離，這樣瘟疫就不會蔓延到周圍地區了。德文郡伯爵（Earl of Devonshire）則傾其所有來滿足人們的需求 —— 包括食物、藥品和其他必需品。為了使人們不至於共處一所教堂裡做彌撒，蒙珀森博士在露天場地舉行宗教儀式。他挑選了一塊石頭作為講臺，把人們安排在綠色斜坡的兩邊，使他們都能聽到他的聲音。

可怕的瘟疫持續了 7 個月，來聽彌撒的人群越來越少。院長和他的妻子堅定不移的在病人中間活動，照顧他們、護理他們、餵養他們。終於，妻子染上了瘟疫，加上她的體質弱，沒過幾天就去世了。在她的葬禮上，院長站在她的墳頭，像往常為許多教區居民所做的祈禱那樣，他聲音哽塞：「願死者安睡在上帝身邊，她的靈魂永存。生者生還，是因為死者的勞苦！」院長早做好了赴死的準備，但他還是憑著希望頑強的活下來了。瘟疫奪去了五分之四居民的生命，人們把他們埋葬在村子上頭的石南山坡上。「老實說，」院長在一封信中寫道，「我們的村子變成了一塊墳地，一座地獄。……我探視了教區內的 76 個家庭，它們之中死去了 295 人！」蒙珀森博士壽終正寢，他拒絕了林肯教區教長的席位，而寧願留在他的教區居民中間，靠著親愛的妻子的墳墓，直到西元 1708 年去世。

　　說起來奇怪，50 多年之後，一些工人在「埋葬瘟疫的地方」掘土時，發現了一些毫無疑問與死者有關的亞麻布，他們立即染上了斑疹傷寒熱。3 個人死了，但傳染病在村子裡蔓延開來，使 70 個人帶上了這種病毒。斑疹傷寒症似乎是那場遍布英國各鎮、奪去了千萬人生命的可怕瘟疫的餘威。

　　33 年前，筆者曾經在里茲目睹了一場斑疹傷寒熱的爆發。它首先在鎮裡最貧窮的地區開始，然後蔓延到富裕的地區。28 個感染者擠在一個院子的 7 間房子裡，3 間連床鋪都沒有。其中住著 12 個斑疹傷寒症患者的房子裡，空無一張床鋪。其他院子裡、房子裡情況大同小異。康復中心和傷寒醫院裡，病人早已爆滿。人們搭起了一棟臨時當作醫院的小木屋，闢出一座工廠，專門用來安置傷寒病人。

　　時任里茲教區牧師的胡克（Hook）博士以及希爾斯（Hills）閣下（後來擔任了哥倫比亞的主教），天天視察這些地區，不遺餘力的為病人分憂解難。最賣力的要數天主教的牧師們了。斑疹傷寒症瘟疫剛開始爆發，他們立刻就趕去幫助窮人。在那些人口密集的傳染病住所，也許吸一口毒氣就能致人於死，可是毫不畏懼的他們，盡職盡責的穿梭其間。人們總能在瀕危患者和剛死病人的床架邊見到他們的身影。在危險面前，他們的決心無法動搖；面對死神，他們毫無懼色，即使面臨染上了瘟疫、一個接一個病倒死去的危險。亨利·沃姆斯利（Henry Walmsley）閣下，一位天主教副牧師，首先倒下了。接下來的一天，他的助手死去，後者到里茲才 3 個星期而已。宛如一場攻城戰，他們剛死，其他的人又立刻接上工作。這些人快樂無比，因為他們被允許占據一個危險的位置。沃姆斯利先生的後繼者接著犧牲了。加上已死的另外兩個人，牧師們一共有 5 個人獻身。為了紀念他們，後人豎起一塊簡陋的石碑，上面寫道：「為履行神聖職責不幸染上傷寒病之五烈士，西元 1847 年。」

此外，一位當地教堂的助理牧師也為這一事業而捐軀。一位因力倡戒酒而聞名鄉里的紳士，也在這一場瘟疫中死去。鎮裡的兩位外科醫生染上了瘟疫，其中一位去世。這場瘟疫，一共奪去了400多人的生命。醫生總是和疾病打交道，不管疾病是否會傳染人。他們時刻勇敢的與死神搏鬥，卻往往連最少的報酬都得不到。哪裡需要他們，他們就會毫不遲疑的奔赴那裡，有時連一句感謝的話都沒有。他們花費精力，忍受折磨，直到精疲力竭，在病入膏肓之時默默死去。他們是這樣 —— 生命在默默中奉獻的英雄，榮耀卻從來不會青睞他們。無名英雄才是真正的最偉大的英雄。

外科醫生在戰場上履行職責，與在貧困地區一樣。他們冒著槍林彈雨出去，帶回來的卻是急待包紮和看護的傷兵。在這方面，法國的拉雷（Larrey）醫生就是一位真正的英雄。在莫斯科大撤退期間，有人看到他在敵人的炮火下從容的動手術。當時只有一張營房篷布可用來保護病人，他叫人舉在頭頂，擋住紛飛的大雪。另一次在埃及燃燒的沙漠中，這位身影活躍的小外科醫生表現了同樣的熱情。在首次與英國交火的時候，希里（Silly）將軍的膝蓋被子彈擊中了。拉雷發現除非馬上動截肢手術，否則後果不堪設想，他於是建議將軍截肢，將軍同意了。手術就在敵人的炮火下進行，而且時間只有3分鐘。可是糟糕！英國騎兵已經逼上來了。這位法國醫生和他的可愛的病人怎麼樣了呢？「時間不多了！」拉雷說，「我把受傷的將軍背在肩上，朝著我們那些潰退的軍隊飛跑過去。我發現一片壕溝，周圍長滿了叢生的灌木，我於是橫穿過去。可是騎兵在這個溝渠縱橫的地方不得不繞道而行。這樣一來，我就有運氣在這隊騎兵之前追上自己的部隊。最後，我終於背著這位光榮受傷的將軍到達了亞歷山卓，在那裡，我完成了他的治療。」

下面是另一個英雄。薩爾多夫（Salsdorf）博士，一位撒克遜皇家外科醫生，在瓦格拉姆戰役剛開始時，他的腿炸傷了。躺在地上，他看到離他

15 步遠的地方，侍從副官克伯格（Kerbourg）被一顆子彈擊中了，正倒在那裡鮮血井噴。外科醫生明白，要是不馬上動手術，這位軍官很快就會死去。於是他拚盡自己所有的力量，沿著地面一步步爬到軍官的地方，替他止了血，從而挽救了他的生命。克伯格來不及擁抱他的恩人。這位受傷的醫生就已被轉移到維也納，他精疲力竭，截肢後 4 天就撒手離去。

在戰鬥中，部隊往往在隊伍後面預先準備一些馬車，用來運載傷病員。當有人倒下時，他們就會被抬到醫生那裡接受護理。如果隊伍被敵人趕回來，醫生和傷病員往往來不及撤退，只好做了俘虜。在阿爾馬河戰役中，英法聯軍追擊，俄國軍隊潰退，結果留下了一大批傷病員。幾百名俄國傷兵被抬到戰場的東邊，在靠近河流的陰暗處一字排開。

幸運的是，當時的司令部裡有一位外科醫生。強烈的意志力、不可抗拒的熱情、公正的判斷力，以及很少和當局合拍的性情，使他的榮耀感和責任心極其強烈。他就是第四十四軍團的湯普森（Thompson）醫生。雖然俄國部隊已經放棄了這塊領土，他仍然成功的獲得了 400 磅的餅乾，以及協助他工作的必要人手。他立即讓一整天沒吃任何東西的傷兵們飽餐一頓，下一步著手把傷兵傷口全部包紮好，這樣整整花去了他從晚上 7 點到半夜近 12 點的全部時間。

這時，留下來的士兵全部去運送英國傷兵了。他們把傷兵運送到停靠在葉夫帕托里亞的戰艦上去。可是，湯普森醫生和他的助手約翰·麥格拉斯（John McGrath），仍然留在俄國傷兵中間。白天烈日似火，夜晚寒冷如冰，就這樣，他們單獨留在那裡三天三夜。終於，運氣來了，交戰雙方休戰了，他們把傷兵裝在船上，運送到一個俄國碼頭。「最後，」金萊克（Kinglake）先生回憶道，「在 26 日早上，『阿爾比號』船長路希頓（Lush-ington）上岸後發現了他的兩個同胞，他們正處在求助無門的時刻。路希頓船長為他們的幸運而高興萬分，也為他們所遭受的一切而倍感同情。」

與他們一樣，伯納瑞斯醫院的外科醫生凱（Kay），在印度兵變期間，也曾冒著生命危險堅守在自己的崗位。那時敵人正向他們撲來，準備把他和他可憐的傷兵一網打盡。對於發生在坎普爾的那次可怕事件，人們仍然記憶猶新。每個人都死了，從男人到女人，連孩子都無法倖免。在暴亂的印度兵的戰火焚燒下，英國兵拚死支撐到最後。「簡直不可思議，」紐約的科里爾（Collier）先生說，「在這些普通士兵面前，幾乎所有的人都成了無宗教信仰者。生活的艱難和親友的窮苦，使他們很難具有任何宗教意識，即使有，也是少得可憐。可是，在印度兵大暴亂的時刻，他們的宗教意識突然產生了。無數的英國士兵，面臨著印度兵強加於他們的兩難選擇：或者信奉暴亂者的宗教，或者宣布自己信仰基督教，從而被那些窮凶極惡的野蠻人以各種殘酷至極的方式處死。他們毫不猶豫的選擇了後者。毫無疑問，這些普通士兵死得異常剛烈，世上沒有什麼比他們所走的路更能通達光明之境了……他們是屬於基督教陣營的，即使烈火金剛，都無法把他們剛毅的心靈撕裂……所以，在缺乏優美雅致的地方，剛毅仍然存在，除非你認為優美雅致就意味著高尚之物、就意味著純潔高尚的生活，以及一種發自心底的宗教意識。」

接著就讓我們談一談兩位士兵的例子吧。在莫爾頓最近爆發的霍亂期間，他們服役於第七十軍團。在沒有婦女的情況下，他們承擔了護理病人和死者的任務。在霍亂醫院裡，他們夜以繼日的工作。德比希（Derbyshire）下士由於疲勞過度，終於倒下了，但他的職位馬上又有人替補。另一位霍帕（Hopper）下士，自願到托帕醫院去服務，在那裡，他受到了院方和軍方的雙重嘉獎。兩位下士堅守著自己的崗位，時刻與死神搏鬥。過了不久，部隊指揮官來到莫爾頓視察，當著許多可敬的戰友之面，公開表揚了德比希和霍帕。

同樣的品格閃耀在戰火紛飛中。西元 1812 年，法軍圍攻加的斯。在

第九章　真正的英雄

大街上，在窗戶邊，在屋子門口，到處可以見到倒下的人們。敵人的炮火一來，人們就拉響唯一的一口大鐘，警告居民趕快逃避。一天，警報的鐘聲拉響了。可是，炮彈偏偏紛紛落在大鐘上，把它擊得粉碎。負責拉鐘的僧人毫無懼色，拉響了另外幾口小鐘。這位善良的人戰勝了死亡恐懼。

　　在這場圍攻戰中，女人表現出了同樣勇敢的行為。馬塔哥達是一個偏僻的堡壘，沒有溝壑，也沒有防空洞。在這個堡壘中，駐紮了 140 名英國士兵，任務是阻止法國軍隊的進攻。一隊 74 人的西班牙士兵和一支全副武裝的小艦隊合作，共同抵禦敵人。可是，一艘偽裝的敵艦悄然進入碼頭，向著小艦隊猛烈攻擊，士兵們紛紛落水，艦隊被驅趕到加的斯碼頭去了。58 門大炮和最大口徑的迫擊炮集中火力向著小堡壘猛烈轟炸。脆弱的圍牆在如雨般炮彈的攻擊下，瞬間就消失得無影無蹤，只剩下光禿禿的城隍和勇敢無畏的衛戍部隊。激戰進行了 30 個小時，只剩下馬塔哥達婦女在抗擊。

　　一位名叫雷絲頓（Retson）的陸軍士官妻子在炮塔裡照料傷兵。病人口渴了，急著要水喝。她叫來一位當鼓手的男孩，請他到井裡去打水。男孩猶豫著，因為他知道水井正處在敵人的炮火攻擊視角之內。於是她自己搶過水桶，冒著密集的炮火衝向水井。在井邊，她終於打滿了一桶水，隨即一顆子彈打斷了水桶繩，她又從容的把它修好，帶著水回到病人身邊，完成了任務。

　　炮火密密麻麻的掉落在堡壘中，一個小時之內把西班牙國旗旗杆打斷了 6 次。最後，指揮官湯瑪斯·格拉漢姆（Thomas Graham，即後來的萊內多克男爵〔Lord Lynedoch〕）見抵擋不住，便派一個小分隊把倖存者送走。在副官勒費布雷（Lefebre）的指揮下，他們占據了一座陣地，可是不久副官就犧牲了。戰士們拚死抵抗，直到剩下最後一個人，才最終放棄了陣地。小船載著倖存者，包括這最後一名戰士和英勇的馬塔哥達婦女，回到了加的斯。

有誰會相信女人也能在戰時護理傷兵呢？這樣做，確實需要無畏的勇氣和高貴的精神。護士往往來自日常家庭婦女階層。在南丁格爾（Nightingale）小姐獻身於照顧傷老病殘從而使自己名垂青史之前，人們並沒有了解到，護理是一件需要專業培訓的事情——它需要聰明、堅強、專注，以及仁慈、同情心和愛心。「據說，甚至書上都這樣寫道，」南丁格爾小姐說，「每個女人都是一個好的護士。相反，我認為男人對護理的知識知之甚少。」

　　然而，她把自己奉獻給護理職業，是出於什麼原因呢？一句話，出自愛心和責任感。她本來根本就沒有必要從事如此令人厭煩、如此不為人喜歡的職業的。她是一位優秀的年輕小姐，懂得多種多樣的手藝。她是家裡的寵兒，逗人喜歡，也是交際圈裡的中心。上帝給了她一切使社會生活和家庭生活都幸福無比的東西，然而她放棄了所有這些優勢，走上了一條通往痛苦和悲哀的路。她對自己的同類永遠充滿了強烈的同情心。她在學校教孩子，看望貧困窮人，當他們生病時則救濟他們、護理他們。她工作和生活的地方，不過是英格蘭的一個小角落而已——漢普郡的恩布利。然而，一個人在太陽底下做的好事，也能在暗中悄悄完成。美好的世界在向她招手，她本應該做鎮裡其他女孩所做的事情，可是她的心靈把她引向了別處。（注：①曼徹斯特主教在奧斯沃斯特里布道時，收到一位年輕女孩的來信。她告訴主教下面一些關於她的生活的事情，並問他在這樣的生活中是否還有時間做善事：「我們10點鐘早餐。早餐占據了一小時的大部分。其間我們閱讀來信和報紙上的新聞。之後我們必須回信，母親希望我替她寫請柬或對別人的請柬進行答覆。接著我必須去溫室餵金絲雀和鸚鵡，並修剪樹枝和花。然後就到了著裝去午餐的時間。我們的午餐常常在午後2點鐘舉行。3點，我母親喜歡我陪她去打電話，然後接著朋友們來訪了，就回家喝5點鐘的午茶。這之後，我們準備開車去公園，然後回家

吃晚飯。晚飯後我們去劇院或歌劇院看戲，之後當我回到家裡，已經精疲力竭，連自己這一天做過什麼都記不清了。」）對不幸者、失落者、被蹂躪者，她懷著濃厚的同情。她看望醫院、監獄和管教所。當別人在瑞士或蘇格蘭或海濱消磨快樂的假日時光時，她卻一頭鑽進德國護士學校或德國醫院裡。她從零學起，先學習如何使用抹布、硬毛刷、撢子，然後循序漸進的學習護理技術。接連 3 個月，她日日夜夜守候在病床邊，從而累積了大量的臨床經驗。

南丁格爾小姐回到英國以後，繼續從事她的工作。「女家庭教師醫院」由於不懂得如何管理，幾乎瀕臨倒閉，於是她負起了管理這所醫院的責任。她忘記了對自己家庭的愛，忘記了鄉村裡新鮮的空氣，全心投入到哈雷大街那可怕的醫院裡。在那裡，她把自己的精力、時間、才學，全給了她那些病弱的姐妹。雖然醫院被挽救了，可是重大的壓力使得她的健康狀況急劇惡化。她不得不抽空跑到漢普郡去呼吸宜人的空氣。

然而，一件急待救助的事情發生了。克里米亞戰爭進入了白熱化狀態，急需一大批專業護士。傷病員躺在博斯普魯斯的醫院裡，少人看護。南丁格爾小姐服從了自己高尚的衝動，立刻趕去救助他們。她上了一艘開往斯庫塔里的船。這是一件非常危險的事情。生命威脅，艱難困苦，船隻失事，總之是什麼樣的危險都有。然而，當責任感推動勇敢精神時，誰會考慮危險呢？南丁格爾小姐幾乎是有求必應。她深入到傷病員中間，護理那些受傷的士兵和水手；她安排了一切護理事務，管理著整個醫院的大小事情。

在這位英國小姐的耐心看護和救治下，傷病員很快得到了康復。當士兵們看到她俯身拾起他們掉落枕頭的身影時，默默的為她祝福。他們不知道該叫她什麼，只是稱她為「光明小姐」：

睡吧，誰替他圓一個安靜的夢？

敵人已離開，他的心思與誰共？

天使不曾來過，

唯有一張美麗的面孔，

在人間裡，煥發著生命的溫暖！

戰士們崇拜這位年輕的小姐，他們禁止一切可能傷害她的粗言穢語；需要動手術時，他們毫不畏縮，強忍住一切痛苦；對她的建議和勸告，言聽計從。而她，也十分關懷那些普通的士兵。她不僅對他們個人的喜怒哀樂關懷備至，而且與他們那些英格蘭、愛爾蘭以及蘇格蘭偏僻山區的朋友取得了聯絡，她替他們節省開銷。每一週，用一個下午的時間替他們發送給家鄉朋友的匯款。他們之間建立了一種莫逆於心的相知之情！

「勇氣，說來簡單，」她說，「無非就是耐心、善良，以及默默忍受痛苦的力量。一個民族在戰爭中所表現出的勇氣，比一個普通士兵所表現的，又多到哪裡去呢？……就拿一個人來說。如果需要的話，他會把自己的時間、精力，甚至一生都獻給了別人 —— 不管是他的女王，還是他的國家，那麼，他就是一個真正的好人。這比一切禁欲、齋戒、謙遜、坦誠都強過許多。在英國，這種自我奉獻而不叫作犧牲的精神，確實什麼都比不上。」因而，即使從最普通的士兵生活經歷中，我們都能讀出許多。

斯坦利（Stanley）小姐回到英國以後，就投身於幫助那些士兵的妻子和寡婦。她在約克大街和西敏購買了一棟房子和花園，建立起一個洗衣店。她從政府那裡獲得了一個專門提供軍服的合約，從而保證了一大批被遺棄婦女的就業機會。斯坦利小姐以強大的熱情致力於安慰和護理倫敦窮人的妻子。在千萬個人中，她是唯一一個這樣做的人，但那些善良的女人所做的工作與她並無二致。她把終生獻給了為他人服務的事業中。她是自我犧牲的化身。至於是否獲得他人的嘉許，這並不重要。對那些希望步她

後塵的人，她說：「永遠別忘記阿諾德醫生。對他日誌中的最後一條，我每天都重複兩次：『做上帝所願做的，也別怕別人做你所做的，如果神願意，它就會如此。』」

好的榜樣永遠帶來好的結果，其他的女人也都走向了同一條道路。在這些人中，弗洛倫斯‧李斯（Florence Lees）小姐，就是一個值得一提的例子。她不僅親自從事護理工作，而且還教別人護理科學知識。她心中第一次萌發做善事的念頭，說起來奇怪得很。這起因於她親愛的哥哥之死。她的哥哥死於中國上海的一所海軍醫院裡。每當她想起他，想起他在陌生人手中受到的照顧，便感到一種強大的動力，使她希望為別人做別人為她哥哥所做的一切。

這件事發生在她還是女孩的時候。她向已故的溫徹斯特主教請教。他說，這麼小就從事這種工作未免太早了，「等妳的悲哀過去，心靈真正成熟了，才能從事這種職業。」但她的決心和心願已定。於是她向心目中的真正英雄 —— 南丁格爾小姐請教。從她那裡，得到了最好的建議和培訓幫助。終於，在 3 年的等待之後，她進入了聖托馬斯醫院，開始了護士生涯。不久，她到了皇家大學醫院，獲得了珍貴的實踐經驗。為了完成護理知識的學習，她花數年時間跑遍荷蘭、丹麥、德國和法國。在德國的凱瑟沃斯，經過護理女執事的常規臨床訓練，獲得了從業證書。在法國公共醫院主任醫師、醫學博士哈森（Hasson）的關懷下，她獲准在羅馬天主教姐妹的指導下進入巴黎第一醫院工作。身為一名助理醫師，她與教會團體眾人們合作。姐妹們對她的工作非常滿意，而這也為她帶來了極大的快樂。她與她們合作得非常愉快，雖然宗教信仰、思考方式各不相同。

姐妹們對她的友好，非言語所能形容。她們對待她，更像是姐妹和朋友，而消除了信仰、國家和世俗生活的差異。除了學到臨床知識以外，她從她們那裡還學到了困境中的沉著和樂觀，在極端困苦時對萬能之主的期

盼和信奉，堅定的忘我精神，以及放棄一切既得的屬於主的東西。在那裡，她也學會了對於所有那些侍奉和護理病人的人來說值得珍惜的樂觀情調。屬於李斯小姐最後的也是最可貴的鍛鍊，是在勒巴佛（Leboeuf）將軍（後來擔任了法國國防大臣）的允許下獲得的。他的影響使她進入法國軍事醫院工作。這是一次具有雙重收穫的訓練，在這裡，醫院主管、已故的米歇爾·勒維（Michel Levy）將軍對她的進步產生了興趣。這位將軍稱自己是克里米亞的南丁格爾小姐的「戰友」，由於後者的原因，他使李斯小姐通過了一系列嚴格的訓練和培養。他承認，這比可能給予任何一位法國護士，或者通常而言給予任何一位英國女人的訓練，要嚴格得多。然而，從米歇爾·勒維將軍那裡得到的實踐經驗，是如此之寶貴，以至於在她以後的從業生涯中，從來就沒有忘掉。

經過這次長期的護理見習之後，她回到英國。不久法德之戰爆發，報紙長篇累牘的報導這次殘酷戰爭的結果。勝利的一方無情的屠殺傷病員，或者任由他們死去。他們成千上萬的露天躺著，缺少護理，也得不到救治。李斯小姐的心被仁慈和同情觸動了。她立刻出發來到歐洲大陸，隨同而來的還有 3 名德國女孩，不過不久之後她們分道揚鑣。李斯小姐穿過比利時來到科隆，在這裡，她看到傷病員一排排的躺在車站的平臺上，孤立無助。經過科布倫茲、特里維斯，她到達了目的地梅斯。這是她下船之後的一次艱難行程。在一片混亂中，她遺失了行李，隻身來到了這裡。

這時，巴贊（Bazaine）元帥正帶著一大批部隊在梅斯駐紮。腓特烈王子（Prince Frederick）向這個城市增援了一支由德國人和巴伐利亞人組成的部隊。李斯小姐被指定到馬拉格的一所醫院裡工作，這裡正處在增援部隊的後部。她到達指定地點後，發現所謂的醫院不過是一個廢棄農場，所謂的病房只是幾間穀倉。這是一個極為糟糕的地方，生活環境非常艱苦。護士們睡在用稻草填滿的布袋上。藥品和食物奇缺。最主要的病症是斑疹傷

寒熱，這是由於戰壕潮溼所致。這所傳染病院裡只能容納 22 張床位，因而總是人滿為患。

一所鄉村醫院的護士，工作上當然沒有輕鬆可言。熱病患者被抬進來時，她們首先得把他洗刷乾淨。從戰壕裡出來的人，腳上的泥巴都結成了硬塊，因而護士們必須在清洗之前把泥土刮下來。清洗後，患者被放到病床上，開始行醫用藥。有時，護士們得清洗病人髒黑的嘴巴，有時則要幫助他們洗淨全身。晚上，病人常常說夢話，護士們就用溼毛巾替他們敷頭，或者替他們洗手淨臉，並把床鋪移來換去，以免弄痛他們。而這一切，都是在一個極端艱苦的環境下完成的。

病人有時會變得狂躁不安。李斯小姐講述了一則自己在梅斯熱病醫院發生的故事：一天晚上，她一個人值班，樓上突然傳來一陣吵鬧聲。她爬上樓，發現一個狂躁的士兵正在拚命打門。這個可憐的人盼望回到家裡，見到他那位「文靜的多嘴多舌的人」。她叫來另一位病人幫忙，告訴他明天就會回到家裡，這才把他重新弄回病床上。樓下另一位狂躁的病人，這時正從床上的枕頭下抽出一把刀。李斯小姐連忙衝過去，把刀搶過來。原來枕頭底下一直放著一把刀。她把刀藏在隱密的地方，外科醫生一回來，她就懇求他，以後千萬別把她一個人留在醫院裡值夜班。

護士們在那裡工作了幾週。士兵們有的死了，有的治好後卻成了殘廢，被送回家裡，只有極少數人重新回到戰場上。最後巴贊投降了，他把俘虜送回德國，而「鐵血王子」和他的部隊則行軍去圍攻巴黎。李斯小姐完成了在梅斯的任務，但她自願接受的工作卻沒有完結。她遠途跋涉（中間坐了一段車）去了漢堡，被安排在處於普魯士加冕公主監督下的傷兵醫院工作。在那裡，她碰到的最大困難是保證正常的空氣流通。德國醫生討厭氣流，所以每當這位護士打開窗戶，醫生就趁她不在之時叫人把窗戶關上。她向加冕公主申訴，最終贏得了開窗的權利。

李斯小姐的故事在繼續。從德國回來之後，她準備航行到加拿大和美國，去視察那裡的醫院。西元 1873 年，她完成了任務，沿途視察了哈利法斯、魁北克、蒙特婁、多倫多、克里夫蘭、紐約、波士頓、費城、華盛頓和安那波利斯，看了一切想看的東西。最近幾年，李斯小姐成了西敏護士協會的會長，至今仍在繼續她的辛勤工作。許多女人，不管是年輕的或是年老的，都把自己獻給了這種神聖的職業。她們深入到城鎮的庭院或巷弄裡，護理那些沒有她們就必然躺下或死去的病人。她們的雙手抑或心靈，並沒有在為她們那些可憐的病人做最卑下、最煩悶的工作時受到玷汙。這裡要提及的是工作在波普勒窮苦女孩中間的沃克（Walker）夫人、工作在西部最高法院的奧克塔維亞·希爾（Octavia Hill）小姐、工作在布萊頓的韋凱斯（Vickars）夫人、工作在樸茨茅斯的士兵中間的羅賓遜（Robinson）小姐所做的一切。我們必須承認，這些難能可貴的人。因為世界上存在許多求助無方、哭救無門的無助者、墮落者、貧困者、飢餓者，她們甘願默默奉獻著一切。

在日常生活中，無數的英雄行為不為人所知。或許，窮人會比富人的英雄行為更多一些，因為前者更加同情他們的鄰里。一位街頭乞丐說，他從貧窮的街頭女孩那裡得到的施捨，遠比從任何人那裡得到的多。美德穿得破破爛爛，卻能博得尊敬。

「人們談論英雄和英雄行為，」賓尼（Binney）先生說，「常常認為英雄行為在許多不為人知的城市生活中，也能得到充分的表現。而英雄，也可以在不為人知的情況下高尚的生活和工作。最高貴的自傳，並不一定非形諸筆端不可。世上有許多偉大的英雄，他們在日常工作中受盡折磨、痛苦和失落，卻一直保持著完美的品德。誰服侍上帝，幫助他的親人，追求美德不輟，誰就能在心底擁有真正的勇敢和善良的品格，他就應獲得主教、將軍或法官給予的榮耀。」

　　我們最近常常談到瑪麗‧卡本特（Mary Carpenter）這位仁慈的女士。有生之年，她全心投入到救助那些被人遺忘的窮人中去。她在布里斯托爾設立了一座教養所，並親自擔任總監。她懷著純潔的目的，出入連警察都不太敢去的街頭巷尾。面臨眼前展現出一片貧民窟的可怕景象，她從不沮喪，也不厭煩。她把孩子從這些悲慘的地區帶到她那簡陋的教養所。這種無畏的工作精神，比之約翰‧霍華德（John Howard）毫不遜色。她筆耕不輟，不停的把自己的設想公之於眾。最後，她獲得了極大的成功，因為政府採納了她的計畫，建立一所「感化勞動學校」，專門收養被遺棄的孤兒。在我們的軍隊中、工廠裡，有無數的人有理由向「瑪麗‧卡本特」這個名字表示感謝。年齡並不能阻止她的慈善工作。60 歲那年，她到了印度，把她教育體系的種子播撒到東方世界。她一共到過印度 4 次。最後那次是在西元 1876 年，這時她已接近 70 歲。有生之年，她親眼見到自己的工作成果全面開花。整整一代人，要不是有她，就會淪於邪惡和犯罪的緊緊包圍之中。對於這些女人，關於她們那些忘我的工作，除了給予人類所有的榮耀和祝福，我們還能說些什麼？

　　已故的奇澤姆（Chisholm）夫人開闢了一片全新的工作領域。她致力於幫助年輕女人移民，照料直至她們得到妥當的安置。一次，在帶著一大批移民從南安普頓出發前，她和她的丈夫參加了一次宴會，在宴會上，她闡述了自己從事這一工作的動機。「生命的價值，」她說，「就在於順利的境況下，通達一種無法言說的天堂般的幸福。我懂得這一點時還是一個小孩，當時還在萊格‧瑞奇蒙（Legh Richmond）的膝頭咿呀學語。童年時，我常常玩一種用胡桃殼做成的船的遊戲，把分開的家庭成員運送過海，使他們在另一個國家團聚。我清楚的記得，我曾經把一個衛斯理公會教徒和一個羅馬天主教牧師放在同一個胡桃殼裡，而作為遊戲的一部分。這種念頭肯定是由我母親的做法所引起，她在鄰居叫門時要我待在房子裡。這些

鄰居有的是旅行家，見多識廣，他們熱烈談論著傳教的事 —— 當時傳教已經開始成為人們的話題。後來這種念頭便在我成年之後根深蒂固。她是一位好母親，屬於我的一切熱情和品格都受益於她。不要掉一滴眼淚，也別讓恐懼改變自己的主意。她的格言使我堅定。」長大後，她愛上了一位在印度軍隊服役的軍官。然而在訂婚禮上，她告訴他，她感到上蒼給了自己一個使命，要把所有的精力都用於解救人類的痛苦，而不管他工作的地方是國內還是國外。由於她的坦誠直言，他更加愛她並同意她的一切想法，不久，這對美滿的夫婦結婚了。丈夫非常忠誠於自己的婚姻，而且還幫助妻子推展工作。時機終於到了，西元 1850 年，一大批被遣送的移民亟待安置。奇澤姆上校立即自費航行到澳洲。出發前，兩人把他們微薄的收入分成兩半，然後就分開了。奇澤姆夫人隨後也到了印度。在那裡，她建立了一所專門教育歐洲軍人的女孩的學校，名叫「工業女校」。這所學校至今還在。西元 1838 年，她和丈夫曾經到澳洲旅遊。

「在那裡，」她說，「我發現了幾百個無依無靠、沒有工作的單身女人，而且乘船抵達的人數越來越多。顯然，她們當中絕大部分過著不光彩的生活。我說服自己，決心肩負起為這些可憐的人提供安全和正當職業的責任。我在來自各方面的阻力面前堅定不移，並最終獲得了成功。地方長官後來同意我與那些女孩同睡在臨時移民營的一間小屋子裡。真的，我在那裡睡的第一個晚上，便發現老鼠成群。於是撒了毒藥，繼續堅守自己的崗位。這樣一來，我便在那些女孩中間樹立了個人威信，她們開始對我言聽計從。我創辦了一所大學，透過教育使她們盡快融入當地生活，並使幾百個女孩得到了妥當的安置。在達到這一目的的過程中，我發現，只有使這些孤獨無依的女孩組成大的團體，融入當地人的生活，她們才能真正得到安置。而且，我還必須與這些團體朝夕相處。每個團體人數從 100 到 150 人不等。就這樣，我在澳洲連續堅持工作了許多年。為運送移民而預

付的一大筆錢款，因為她們的誠實守諾，這些預付金很快被收回。這麼多年來，我僅僅才損失 2 英鎊，這個數目微不足道。上帝保佑，我成為一位安排就業的中間人。在離開那裡之前，我一共撫慰了不少於 1,000 顆柔弱的心靈。在那些被從不光彩生活中拯救出來的年輕女孩當中，這是一個相當大的比例。我應該永遠記住當初接受我的人給予我的溫暖，記住我的丈夫和孩子對我的支持。我的孩子，他就在我的格言下成長起來的 —— 相信自己，自謀生存，並且，像他們母親教導的一樣，從不尋求政府的津貼，也不要拿政府的薪資。」

也許有人認為這些並非英雄行為的貼切事例，最感人的例子，應該要數獻身於在海難中挽救乘客生命的那些人。一個來自澳洲西部的故事，它向我們講述了一位年輕淑女的英勇行為 —— 她的名字叫葛蕾絲·巴塞爾（Grace Bussell）。「基爾格特號」汽船在帕茲附近的海灘上擱淺了。船上派出一艘小舟，把婦女、孩子搶送上岸，可是衝天的海浪隨即便把小舟淹沒。可憐的人們抓住小舟的邊緣，拚命掙扎，生命危在旦夕。這時，在陡峭的海岸上，出現了一位騎馬的年輕女孩。

她的第一個念頭，就是如何去救這些淹沒在水中的婦女和孩子。她飛奔衝下懸崖 —— 真是不可思議，她與她的馬衝進海浪中 —— 在下一個高潮來臨的瞬間，靠近了小舟，並成功的把婦女和孩子救上岸。當時海面還有一個男人在水中掙扎，於是她重新一頭栽進水裡，也把他救了上來。在如此洶湧的海浪中，她花了整整 4 個小時才把 50 個人全部救上岸。這些人上岸後，英勇的女孩已是全身溼透，身心疲憊。但仍掙扎著回到 12 英里外的家中，找人來安撫這些脫險的人們。這時接班的是她姐姐。她隨身帶著茶水、牛奶、糖，以及麵粉，穿過叢林來到岸邊。第二天，人們被帶到她的家裡，受到了悉心的照顧，直到完全恢復之後，才走上他們孤獨的路。令人痛惜的是，英雄的姐姐，布魯克曼（Brookman）夫人，在救援當

中著涼了，幾天後死於腦膜炎。

　　謝德蘭群島一位年輕女孩的行為同樣英勇無比。沒有人願意去救幾個落水的漁民，她卻隻身入海，拯救了他們的生命。當捕魚隊正在海上捕魚時，一場暴風雨突如其來的襲擊了遙遠的烏斯特島。漁船一艘接一艘安全上岸，可最後一艘卻始終無法靠岸。岸上的人們眼睜睜的看著這艘漁船陷入可怕的困境。船翻了，水手們在水中苦苦掙扎。在這節骨眼上，海倫·皮特麗（Helen Petrie），一位瘦弱的少女，一邊往前衝，一邊呼籲人們不管多麼危險都得趕快去救他們。可是人們回答，在這樣可怕的暴風雨裡救人，無異於送死。

　　海倫·皮特麗卻甘願去送死。她快步衝向一艘小船，這時她的嫂子加入了她的行列。她的父親一隻手已癱瘓了，也衝過去為她們掌舵。漁船上有兩個人已經不見了，另兩個人則死死抓住還沒有翻的船邊，只等這些女流之輩過來救他們。她們費了九牛二虎之力才把船划到漁船邊。這時，一個人已經被水沖走了，要不是海倫及時抓住頭髮把他拉上船，他肯定會被淹死。幾經周折，其他的人也被救上船，安全的回到港口。海倫·皮特麗後來靠當一個家庭女僕默默的賺取自己的麵包，直至老死，人們才想起她生活中曾經發生過的那些故事。（注：見西元 1879 年 6 月 28 日出版的《凡人》雜誌。）也許有人會說，在一個能夠發生這種事情的國家，肯定能盛產女英雄。也許真是這樣。

　　可是誰又能忘記她，隆斯通燈塔的女英雄葛莉絲·達令（Grace Darling）？在諾森伯蘭海岸的東北部，有一個荒涼的法恩島。它只不過是一堆冰涼的石頭，黑漆漆、光禿禿的，被一片咆哮的海洋包圍著。在長達幾週的暴風雨季節，誰也不能夠接近它。這裡除了在岩石上嗷嗷尖叫的海鷗和角嘴海雀，就沒有居民了。然而，就在它的一個最偏遠的角落，一座名叫「隆斯通岩」的燈塔高高聳立著，向往返英格蘭和蘇格蘭的船隻發出信

號。兩個老人——一個男人和他的妻子，與一個年輕女人——他們的女兒，在西元 1838 年 9 月的一個風雨交加的晚上，守護著這座燈塔。

「佛伐西爾號」汽船正航行在它從赫爾到丹地的航程上。船上情況糟糕透頂：鍋爐在離開赫爾不久就壞了。在勉強抵達聖阿布斯赫德之後，又被狂風暴雨刮了回去。它在暴風中漂泊了一個晚上，第二天早晨便盲目的撞在霍克斯島的岩石上。船隻的後部被撞裂成兩半，9 名船員被迫站在船隻的前半部上面呼救，它仍插在石頭裡。而許多旅客和船員都被淹死了，從此長眠海中。

在半英里外的燈塔裡，葛莉絲·達令聽到了他們的呼救聲，在她今天最後一次查看燈火的時候——太陽一升起，就可以把燈火吹滅。雖然海面大霧仍然瀰漫，海浪在咆哮，但她還是看見了那幾個抓著船隻前半部的船員。她懇求父親把自己的小船放下海，去救那些落難的人。父親威廉·達令（William Darling）雖然認為這不過是冒冒失失去送死，但還是把船隻拖下了水，葛莉絲·達令第一個鑽進船裡。老人都同意了，何況女兒？當時，救人的機會，甚至自救的機會都微乎其微，然而上帝使她的手臂變得強健有力，宛如洞燭觀照她的心靈。兩個人在極端恐懼和擔心中，漸漸離岸遠去。

經過一段時間小心謹慎的划行，小舟終於靠近了岩石，這打通了通往落難者求生之路的第一步。划行過程中，葛莉絲拚命搖槳，同時在岩石縫裡左點右撐，以免船隻被撞成碎片。9 名獲救者被一一拉到船上，送到了燈塔裡。那裡，母親正在恭候。她悉心照料、護理他們，直到落難者的健康和體力完全恢復。他們在那裡整整待了 3 天，直到風暴平息，能夠被送回英國本島。

葛莉絲的英勇行為震撼了整個國家，無數的禮物紛紛寄到她的手裡。藝術家從遠方跑來為她畫像，詩人為她創作了一首首優美的詩歌。阿德爾

菲劇院願意每晚給她 20 英鎊，讓她在上演海難場面時坐在一艘小船裡守望。但她是不會離開她那片被海水環繞的石頭孤島的。她無法離開那座燈塔，因為那裡的光榮屬於她、適合她，她的一生需要這樣的堅守。見過女孩的人，無不對她的天真樸素、文靜善良讚頌備至。救人事件發生 3 年之後，她得了肺病，幾個月不到就去世了，死時安寧、快樂，充滿了宗教的虔誠。在她去世前不久，菲利普（Phillips）先生說，一位穿著樸素的女人來向她道別，祝福她在最後的路上好走。這位善良的姐妹就是諾森伯蘭公爵夫人（Duchess of Northumberland）。她的桂冠將由於這次慈愛的、溫柔的道別而永放光芒。貞德有一座紀念碑，而諾森伯蘭的葛莉絲卻一無所有。她的事蹟被登錄在：

> 天堂的簿記中，不滅永生。
> 當天使為高尚靈魂的美德而載歌載舞時，
> 受福的人間卻如此無情。

在與法恩島方向相反的諾森伯蘭陸地上，有一塊很高的三角形岩石，上面聳立著班伯城堡。自古以來，它就是一座抗擊蘇格蘭人入侵的堅強堡壘，同時也是英國內戰時期一座重要的要塞。最近幾年，它成了失事水手的避難所，這主要應歸功於克魯（Crewe）先生、達拉謨（注：英國一地名）主教、夏普（Sharpe）執事長等人。克魯先生在這裡所做的善事，其數量比這個國家的任何一個人都要多。沿岸的船隻經常失事，克魯先生竭盡所能給予援助。由他組織配備的一個 30 人的小分隊，在每個暴風雨夜裡沿著 8 英里的海岸線不停巡邏，一旦發現處於險境中的船隻，則立即派出救生艇。遇到大霧天，班伯城堡就會警鐘長鳴，提醒船隻躲避。如果發現船隻瀕臨險境，則鳴炮一次；如果船隻擱淺或撞沉在岩石上，則鳴炮兩次。同時，堡裡會升起一面大旗，告訴遇難者，岸上已經知道了他們的不幸。當陸地上的救援船隻不能及時趕到失事地點時，堡裡就會發出信號，請聖

島的漁民趕往那裡。這個聳立在懸崖上的撒瑪利亞碉堡，不僅為海上的人，而且為陸地上的人，都提供了力所能及的幫助。

「因而，像一個強大的守護神，」威廉‧霍維特（William Howitt）說，「聳立在雲端，俯視著那片洶湧而險惡的海洋。這神靈般活生生的高尚，是世上所有善良的人終生追求的光榮榜樣。無論誰，只要他遙視這神聖的建築那高飛的簷角，得到它那無微不至的關懷，看到它為海洋和陸地送去吉祥時，請別忘記克魯先生。那些窮困潦倒的人，那些在深夜裡恐懼戰慄的人，當他們默默為他祝福時，他已化為塵煙、長眠不醒。」

第十章
最偉大的力量根植於同情心

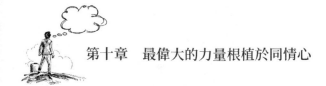

神祕而莫測的同情心，

如同銀線和絲帶，

將心和心、情和情穿針引線，

把肉體和靈魂拴成永恆。

　　　　　　　── 華特‧司各特（Walter Scott）

請你溫柔的愛我，

凝視我眼睛裡的一朵花。

心靈將從此豁然開朗，

你可以看到，我那隱沒其中

深深的一片同情。

　　　　　　　　　　── 韋林（Waring）

人人都愛著自己：即使最窮的人，

在困乏的生活中也渴望光輝的時刻。

當他們明瞭自己已經成了

福佑很少的丈夫和父親，

仁慈仍然永在，因為

屬於人的同一的心靈在胸膛跳動。

　　　　　　　── 華茲渥斯（Wordsworth）

　　同情心是永恆的生命之謎。它戰勝了邪惡，弘揚了美德；它解除了反抗的武器，融化了最頑固的心靈，助長了人性中美好的部分。它是基督教得以立足的偉大真理之一。「愛你同類的人」，包含了足以使世界煥然一新的福音。

　　據說，聖約翰（St. John）很老的時候 —— 老得幾乎都不能行走和說話了 —— 在朋友的攙扶下，參加了一次教會舉辦的兒童集會。在會上，

他站起來說：「孩子們，愛你同類的人。」接著，他又說：「愛你同類的人。」有人問他：「您沒有其他什麼對我們講的嗎？」他回答道：「我一再重複這句話，是因為，如果你們這樣做，別的就不再需要了。」

同樣的真理適用於世界任何地方。同情心建立在愛的基礎上，它無非是無私和愛心的另一代名詞而已。我們設身處地的為別人著想，忘卻自我並將自我投入於他人。我們同情他，幫助他，安慰他。因而，沒有愛，就沒有同情。仁慈、同情心和愛心，是同時受到祝福的；祝福，既為那給予者，也為那接受者。當它們在給予者心中結出豐碩果實的時候，也就是在接受者心中生長出仁慈和愛心之時。

「我們經常透過同情心而非勞動，」佳儂·法雷爾（Canon Farrar）說，「做更多的善事，並透過嫉妒心的缺失和美德的意識，而不是雄心勃勃的堅韌努力，來使世界走上更持久的幸福之路。一個人也許會失掉地位、影響、財富，甚至健康，但如果他認命的話，同樣會生活得舒適。可是，有一件東西，少了它，生活就會成為負擔，這就是人的同情心。」

確實，仁慈的行為並不一定總是受到歡迎，但對於懷著同情心的幫助者，無人可以將他拒之門外。這屬於我們生存競爭中難以征服的困難之一。即使是最卑微的人，也應該得到常人之間互相提供的幫助。我們應該記住，正如邊沁（Bentham）（注：英國倫理學家、法學家，功利主義的創始人之一）所深刻指出的那樣，野蠻人的幸福與一切人的幸福並無多大差別，與人類中最善最高貴者的幸福也是一樣的。因而，一個人既然自己未曾從善從惡，對他人也不會為善為惡。

或許，在喚醒人心中的情感方面，沒有什麼比同情心的作用力更大了。即使是最粗野的人，也會深受感動。它比暴力的作用要大得多。一句友善的話語，一次友善的注視，能使無法征服的人乖乖順從。同情心導致愛和順從，野蠻則招致厭惡和反抗。還是一位詩人說得好：「暴力本身，

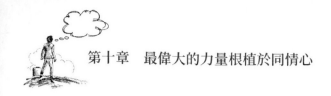

其力量不過是溫情的一半。」

　　假如允許同情心擴展到更大的範圍，它必將成為一種廣泛的公共慈善事業的形式。對於那些極力幫助朋友擺脫貧窮和悲慘境遇的人，對於那些極力改善勞苦大眾苦難狀況的人，對於那些極力把文明成果深遠的融入人類生活中的人，對於那些極力把破碎的家庭連結到和平友愛的紐帶中的人，同情心有著其強大的推動作用。同情是每個人的責任，特別是那些與別人相比命運更加鍾愛他的人，那些享有別人沒有的財富、知識、社會影響力的人，更應如此。他們，至少應該為改善普通人的狀況，貢獻出一定的時間和精力。

　　同情心的力量並非金錢的力量，也非大智大慧的力量。人們往往過分高估了金錢的力量。保羅（Paul）和他的信徒把基督教播撒到半個羅馬世界，用的錢絕不會比從普通市集上賺取的多。偉大的基督教社會學說是建立在「兄弟之愛」這個觀念之上的，「盡量為別人做，直到別人為你做」。每個人應學會幫助別人，強壯的幫助虛弱的，富裕的幫助貧窮的，淵博的幫助無知的，並且，反之也是，那些擁有很少的人並不缺乏幫助那些擁有很多的人。一切依靠力量的強度而定，因為信徒是無法教導他的教師，無知者和無助者無法幫助那些教導和幫助他們的人。

　　人能夠按照自己的意志造就生活。他擁有的力量越大，能夠給予自己和別人的生活的價值也越大。當環境並不與之相悖時，他就能夠完全控制自己的道德和精神境界。他能夠為自己做很多，並且，上帝給他的一切，他也必須傳遞給別人，這本身就是他的專項任務。

　　所謂希望理智能為自己帶來快樂，充其量這只不過是對幸福的一廂情願。幸福意味著一種自我犧牲精神。其內在的美德，就像我們的孩子一樣，為它受苦越多，與它就越是親密。「我母親影響力的祕密在於，」弗萊徹（Fletcher）小姐在她的自傳中寫道，「正如她早期的朋友，里彭的凱文頓

（Kelvington）博士所正確指出的那樣，這種影響力構成了她的生活基調。在他寫給 17 歲時的她的一封信中，他說：『我從未曾聽說過有哪一個人像妳那麼受到別人如此溫柔、如此真誠、如此全面的寵愛，而且我相信，別人對妳的這種愛，恰恰來自於妳愛別人的能力。』」

世上最可悲的人，是那些對自己失控，缺少責任心的人，那些虛度一生尋求自我快樂的人，或者那些即使在為善的時候，內心仍充滿邪惡動機和自我滿足，不畏懼良心譴責的人。那些對自己的美好感覺充滿自負的人，他們愛自己徹底，對別人卻毫不在意。即使在外面表現得文質彬彬，但如果你跟著他們到家裡，看看他們是如何操持家務的，一切就可以一目了然了。已故的迪恩·拉姆齊（Dean Ramsay）曾經講過一個可悲的故事：一位小男孩升天後參加了一次死人的會議。「我爸爸會來這裡嗎？」他問。有人告訴他：「當然，他也會來這裡。」小孩立即回答說：「那麼，我就找不到伴了。」

虛假的同情心是非常普遍的。夏普（Sharpe）說，可悲的虛情假意其最嚴重危害在於，它們易於產生一種同情和憤慨的習慣，卻不會有真正的解救危難或反抗壓迫的行為。因而，斯特恩（Sterne）能夠同情一隻死了的驢子，卻讓自己的妻子挨餓。（注：英國民間故事，斯特恩的妻子叫他到外面找點吃的，他出來後看到一隻死驢。他歷來以富於同情心著稱，因而悲傷的把死驢子埋了。回到家，妻子已經餓死。）

「歌德，」貝恩（Bain）教授說，「一直與悲傷無緣。因為他清楚的知道，自己有最大可能的聰明來理解人們的痛苦，可是只要著手行動使他們擺脫痛苦，就肯定會把事情搞得更糟。因而悲傷只能刺傷他的心靈，打亂他的生活，除此別無他用。」（注：貝恩《性格研究》）

在聖奧古斯丁、巴克斯特（Baxter）、喬納森·愛德華茲（Jonathan Edwards）、亞歷山大·諾克斯（Alexander Knox）等人的著作中，讀者將會

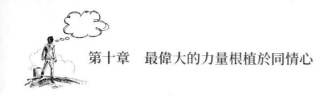

發現，在他們關於神的真理和人的職責的觀點中，宗教情感占有多麼重要的地位。亞歷山大‧諾克斯說：「與其說同情心最能夠激起感情，毋寧說除此別無他途。心靈必須作用於心靈，活人的觀念對於所有的心靈交融來說，都是最基本的。」真正的堅強只能存在於善本身被找到的時候，不管這種善是盡單純的法律義務，還是解除對美德的限制。善能夠單獨反作用於人的性格。

人之所以獲得新生，很少是因為抽象的真理，而是由於透過善和同情心所表現出來的神聖的熱情。這是「讓全世界都邪惡」的自然界所沒有的。一個把自身投入到別人的存在中的人，在以各種方式 —— 社會的、道德的、宗教的全心幫助別人的時候，也就對別人施加了一種神聖的影響。他被最強大的安全衛兵守衛著，向自私提出挑戰。考驗過後，他仍然謙卑而高貴。坎農‧莫斯利曾經用自己的雙手表達，同情和互相幫助能夠轉化成一種快樂，能夠對社會做出重大的貢獻 —— 它減輕痛苦和悲傷 —— 這種原理是基督教的偉大發現之一，具有和科學原理中的新發現同樣的意義。

最好的和最高貴的人是最富有同情心的人。威伯福斯（Wilberforce）主教以其同情心而聞名天下。有人問他的一位朋友：「威伯福斯成功的祕訣是什麼？」「他的同情心。」這是他早就想好的答案。主教是一個胸懷寬廣、慷慨寬容、行動自由的人。他常常活動在最基層的社會，把自己的心靈和靈魂投入到每一個有著美好目的的計畫中。任何在他看來值得努力的事情，他都會帶頭去做。結果往往成功。

同情心是對他人的苦難、艱辛和懦弱的感受能力。諾曼‧麥克勞德曾說，同情心是他性格中最先也是最後的事物。他發現人性中有許多有趣的東西，而最平凡的男人或女人都被迫放棄了這其中存有的某些優越性。「當他每一次來看我時，」一個鐵匠說，「他覺得自己就是鐵匠，不會在我

心中留下什麼救世主般悲天憫人的印象，但一直都在，就是這般自然。」畢竟，人是人的所有行動的中心，因此人心中有什麼以及流露出什麼，就是唯一重要的。人活在這個世上，就要同情和主動，他的感受就應該和他人連結在一起。只有我們人類，才能踏上跨越人間限制之路。

當諾曼·麥克勞德即將前往格拉斯哥行使他的男爵職權時，他說：「我們需要活著的人，不是他們的書籍，也不是他們的金錢，而是他們本人……貧窮困苦者、衣食無著者、浪子和傷心人，由於他們在這個世界上其他什麼也沒做，因而能夠看到和感知從那訴說著內心的光明與寧靜、展示著疲憊心靈發現和享有的休憩之所的眼睛裡悄悄放射出來的愛。他們能夠理解和欣賞完全的無私 —— 對他們來說，這是一種簡直難以想像的事物。這種無私，把常常注視舒適精緻的屋子的目光，帶到一個骯髒混亂的陌生處所。這種無私，使自己能以一種那麼友善的話語、那麼溫柔的擁抱表達出來，以至於陪伴他們一生。」這些話成了他行使格拉斯哥男爵職權的主要指南。

「我的打算是，」他又說，「對我們的人民加以認真的訓練，使他們履行自己的個人義務，諸如扎實的工作；保持健康、清醒、友善、謹慎、純潔；身為父母的家庭義務；身為社會成員的謙恭誠實的義務；諾言的兌現；身為獨立工人的服從；對他們的國家 —— 不管是對統治者還是對司法行政 —— 的義務；對自己國家的歷史和政府的了解等。在這些問題上，我們之前已經極大的忽視了對他們的教育，因而迫切需要展開更廣泛的工作。我們的工作是建立在基督教原則的基礎之上，應把這些原則潛移默化的帶到他們中間去。」

麥克勞德的話同樣可以應用於倫敦，這個當今世界上最富有也最貧窮的城市。很少有人會知道倫敦的東部居住著無數的窮人、病人和不幸者。一些人拿出錢來幫助他們，卻很少有人會施捨自己的時間和頭腦。不過，

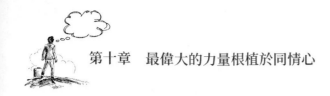
已故的愛德華‧丹尼森（Edward Denison）卻是一個例外。他全心投入到改造倫敦東部貧窮狀況的工作中去。他在他們居住的地方建立了幾間小銀行。他知道，改造一個人的第一步，就是把他的多餘收入從酒吧裡搶過來，提供給他的家人和未來。他不斷的在那裡建起了學校、閱覽室和教堂，在一定程度上把這些人從不幸中拯救了出來。可是，面對這麼多人，他的力量又能產生多大的作用呢？「一件最怪異的事情是，」他說，「在當今世界最富強的國家裡，居然有如此大量的人口每年受到飢餓和死亡的威脅。……事實是，我們近 20 年來接受了不可思議的財富，卻沒有對與之相關的背景加以反思，也沒有提醒我們自己對這種成就所需要的艱辛和犧牲加以關注。」丹尼森僅僅起了一個開頭作用，在他的成果能夠被收集起來之前，他就逝世了。但是，如果誰願意踏著他的足跡繼續前進，前面仍然有他所標畫出來的廣大的義務天地。

下面是約瑟夫‧德‧邁斯特（Joseph de Maistre）在他艱難困苦的一生行將結束之際發出的呼籲：「我不知道一個流氓的一生是怎樣的 —— 我從來都不是這樣的人，然而，我知道一個平庸者的一生是令人厭惡的。在這個愚蠢的星球上行走的芸芸眾生之中，那些真正為善、對社會有用的人何其少也！在那些能夠被稱為『他為善事而奔走』的人面前，在那些成功的教育、安慰和解放他人的人面前，在那些為了做善事而真正做出犧牲的人面前，在那些隱姓埋名、對世界一無所求的慈善英雄面前，我無法報以一言，只能佩服得五體投地。可是，人們的日常奔走為的是什麼？在這千千萬萬個人當中，又有幾人能夠坦然的問自己：『我在這個世界上做過什麼？我是否促進了普遍性的工作？我留給這個世界的，究竟是善還是惡？』」

塔爾福特（Talfourd）法官的遺言是：「如果有人問我，消除英國社會中的各種差別，最需要的是什麼？我將用一句話回答他：『最需要的是同情心』。」缺乏同情心是我們這個時代的主要罪惡。我們的時代，有著一

個龐大的裂口，它把社會劃分為許多階級。富人遠離窮人，窮人也遠離富人。一個階級拒絕付出自己的同情心和領導責任；另一個階級則拒絕付出自己的服從與尊敬。

舊的社會法則是：世界必須由那些友善的、熱心的監護人來統治；命運的無常，部分是由那些天生高貴的人的自發的仁慈和愛心行為來彌補。可是這一切如今都不見了。現在的法則是：毫不顧及他人利益的個人利益，是我們地球空間的北極星；任何橫在它路上的障礙，都將被我們飢餓的鐵蹄踐踏得粉碎。

在雇工和雇主之間，同情心看來業已消失殆盡。在大工廠區，主人和工人分開居住，他們彼此一無所知，互相之間也缺乏同情心。如果工人需要提高薪資，罷工就發生了；如果雇主需要減低薪資，裁員就發生了。罷工和裁員是緊緊相連在一起的。有人提議開協商會，可是它的結果有時好，有時則不妙。焰火越扇越高，話鋒越來越激烈。有時，雇主的房子被送進了火堆，他的馬車也被燒毀。於是招來了騎兵和步兵，一切都停止了。顯而易見，這種行為對於雙方的頭腦和心靈，造成了多麼大的創傷啊！

對於家庭服務，我們又該怎麼評價？至少在大城市裡，人們已不再需要同情心了。不斷的變換繼續著 —— 一個服務大軍緊接著另一個。家庭生活不再能夠以物物交換的原則進行 —— 金錢就是一切，服務就是一切。本來，女僕進入我們的家庭，從某種意義上是被當成家庭的一員。可是，現在這一切都變了。雖然女僕的幫助對我們日常的舒適生活是必不可少的，但她現在只不過是被看成一個受僱的人，她只為那麼多的通用貨幣而按照主人的安排行事。她生活在廚房裡，睡在走廊裡。除了這兩個與她的工作有關的地方，她對任何地方都不感興趣。主人和僕人之間沒有任何同情心，宛如兩個住在不同國家、說著不同語言的人。

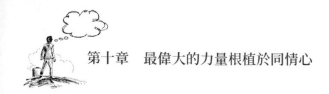

　　一位女士向我們寫信談到了安妮·瑪凱（Annie Mackay），她與自己的主人羅伯特·狄克（Robert Dick）生活在一起，沒有小費，也沒有報酬，主人死後，她也沒有接受他那可憐的遺物。信中說：「她的獨立精神確實彌足珍貴，在我們的農民之中，這種精神已經變得十分罕見了。哪裡還有這種精神，哪裡就應該倍加珍惜，因為在今天，事物的變化從不停息，而且越來越快，以至於舊觀念轉眼間就被顛覆。隨著她和她那一代人的消失，我擔心，她對她主人的這種感情將會在新的一代人中變得聞所未聞。當我聽到或讀到主人對自己的僕人缺乏同情心的事例時，我就深感憤怒──好像鐵路、汽船和少量知識造成了僕人對我們原有感情的變化，而我們仍然能夠維持舊有的那種關係似的。她們渴望變化，如果沒有變化，她們是無法滿意的。」

　　同情心的缺失成了社會的通行病。我們互不認識，也互不關心。自私的根已經扎得極深。在追求快樂或財富的過程中，我們彼此僵硬而漠然。每個人都急切的奔向自己的路程，對他人則漠不關心。我們從未考慮過是否幫助那些負擔比我們自己重的人。塔爾福特法官的遺言（注：貝恩《性格研究》）指出了這種現有狀況的可悲之處。它使人們對欺詐和犯罪行為熟視無睹。無法充分了解人類之間的兄弟關係，在自私而執著的追求他們自身利益的同時，既忽視使自己的肉體和靈魂得以完美的企盼，也忽視對他人的生命財產加以關注的追求。

　　懶惰而自私的人，很少在意自己身外的世界。他從來對被遺棄者或窮困者抱著袖手旁觀的態度。「他們與我有什麼關係？」他說，「自己照顧自己吧。我憑什麼要幫助他們？他們從來沒有為我做過什麼！他們在受苦受難？這個世界受苦受難的人每天都有。無法治好，就只有忍受。千百年後，它還會是老樣子！」

　　即使是死者的聲音，也很少能喚醒「別管」的態度。持這種態度的

人，對自己的享樂、自己的事情或自己的懶惰，都是極端投入，對別人的呻吟聲卻充耳不聞。討論貧窮、無知或苦難，這使他憤怒。「讓他們自生自滅吧，」他說，「我們為什麼要干涉他們？讓他們自己幫助自己。」與「別管」相比，懶惰還算是一隻活躍的動物。

然而，「別管」並不如他所想像的那麼容易擺脫。漠不關心，一個從不同情和幫助別人的人，往往會得到公正的報應。某人對幾條街外的居民所呼吸的汙穢的、引發瘟疫的空氣漠不關心，可是，那裡滋生的瘟疫，難免會散布到他的房子裡，甚至奪去他自己的生命；某人對犯罪、無知和貧窮漠不關心，可是，夜賊和小偷也是會找到他頭上的；某人對貧窮漠不關心，可他每半年就必須付出沉重的「救濟稅金」；某人對政治漠不關心，可是，國家有常用作戰爭基金的收入調節稅。總有一天，他會發現「別管」畢竟不是一種廉價的態度。

把「別管」比作一個人，那麼他的使命就是攪起一場人人皆知的大災禍：「少一顆釘子馬掌就掉了；少一隻蹄鐵馬就廢了；少一匹馬人就危險了。」伽利歐（Gallio，英國民間故事中一位冷漠而懶散、不負責任的人）就是這樣一位「別管」，有人告訴我們，他「對你們這些事情從不關心」。像伽利歐這種「別管」的人，往往沒有好下場。

政治經濟學家們說，雇主和雇工的關係簡單說來就是一種金錢交易 —— 做多少事，就給多少錢。毫無疑問，這是經濟學家計算中必須加以理解的關係。可是，在道德家、哲學家、政治家、「人」看來，在雇主和雇工的關係中，必須有一條社會紐帶，它從兩者均具備的、身為人就必然具有的同情心中生長出來，把一定的責任和愛心強加於雙方，並讓雙方各占據自己應得的位置。而且雙方均應該友愛，崇敬不朽的事物。這種崇敬，只能存在於身為活著的人的真正的尊嚴感之中，不僅滲透入信仰，而且滲透入情感地帶。沒有它，任何對社會狀況的改進都毫無希望。

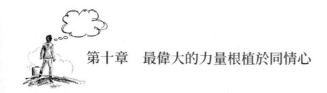

「是的！」西德尼・史密斯說，「這是一個功利主義至上的社會。人們活得如此僵硬，以至於你駕駛一輛寬輪馬車從他們身上輾壓過去，也看不到任何壓痕。如果你拿一個手鑽在他身上打孔，我相信，也只有一些碎屑從他身上掉下來。這個社會僅僅是把人當成機器，至於情感和心靈，卻從未進入過他們的考慮範圍。」

我們的誠實、忠心、無私，都到哪裡去了？誠實已經成為一門失傳的技術，除了金錢。現在即使是互相的尊敬也不多見。「尊敬別人，別人才會尊敬你。」赫伯特說。我們必須回歸原本去尋求如今業已消失的指導性原理。那時候，工人與主人之間彼此互相尊敬。許多年來，我們的工人賺取的收入一直遠多於歐洲其他國家工人。可是不久，這個時代就接近了尾聲。鐵路和汽船使得所有國家的薪資接近於同一水準。當所有的階級必須開始新生活之時，一個新的時代也就宣告來臨。

這個新時代，並不需要太多文字上的文明，例如反思、思慮和操行等習慣。金錢買不到最高的快樂。只有心靈、品味和判斷才能決定一個人的幸福，並使他回歸最高等的存在形式。

彭斯說 ──

身分與地位，

包括倫敦銀行裡的財富，

它們始終無法使人獲得安寧與休憩。

真正的神聖，

它不在局促的房間裡，

抑或書中，哪怕在草地上。

一旦遠離，

即使有幸福縈繞心中

在安然的我們，

秉承聰明、富有、偉大的同時，

它也將消失不再見。

　　某位見多識廣的人士曾說，富人擁有的苦惱與窮人的一樣多。富人在他獲取財富的過程中，逐漸失去了挑戰困難的精神。如果他把得到的東西用來作除了增值財富的工具之外，什麼也沒有，那他將是可悲的。像一位富裕的牛脂零售商那樣，他唯一的快樂就是「在如火如荼的日子裡」到他的老商店去。因為接受的教育不多，他無法從書中找到樂趣，不能饒有興致的看著科學的發展進程，也不能在使人輕鬆釋懷的林蔭道上遛一遛。不過，他的手中握有一根神奇的魔棒 —— 那使人擺脫痛苦、使飢餓者滿足的金錢。他能夠平息飢餓者的哭聲，能夠使寡婦和孤兒心情放鬆。可是，不！他對自己賺來金錢的關心遠遠超過對改善無助者和悲傷者狀況的關注。

　　一個人追求得越少，生活得越單純，得到的快樂也就越多。因為那種無我的生活摒棄了邪惡，它會消除各種原始的願望，增強人的意志，讓心靈沉醉於更高階的事物中。「一個人需要的東西越少，」蘇格拉底說，「他就越靠近上帝。」當雕刻家米開朗基羅的僕人烏比諾（Urbino）躺在他臨死前的床上時，米開朗基羅雖然也已年邁而且身體虛弱，但仍然日夜照顧著他。他在給瓦薩里（Vasari）的信中談到了他：「我的朋友，雖然我可能寫得語無倫次，但仍然必須答覆你的來信。你知道，烏比諾死了。這對我來說，在兩方面都是值得高興的。首先，來自於上帝，因為上帝終於接受了他。其次，他的死使我陷入痛徹心肺的悲痛之中。可是這也值得高興，因為這位在他的有生之年就一直照顧著我的人，曾經教給我許多關於死亡的道理：不要在悔恨中孤獨的死去，而要在安樂中死亡。26 年來，他在我生活中總是那麼善良、聰明、虔誠、充實，可是，在我的晚年時，想從他那裡找到一根拐杖時，他卻走了，留給我的，只是那重新在天堂裡看到他的希望而已。」

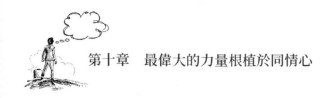

卡瑟斯教徒狄奧尼修斯（Dionysius the Carthusian）對已婚人說：「對待你的僕人要將心比心，在所有的僕人面前，男主人和女主人應該把自己表現為一個慈愛、耐心、謙遜、沉穩同時公正的人。對他們說話，不要傲慢而嚴厲。但是，如果家裡出現了什麼做錯的事，也要真誠而耐心的忍受他們的過失，或者默默的把錯誤修正。記住，僕人做錯了多少事，上帝就會給你多少保佑。」

我們的工作和奮鬥，不僅僅是為自己，而且要像為我們自己那樣為他人。道德準則、家庭紐帶、團結感、家務管理，都需要很高的水準，而且都建立在高尚的意識上，而非基於自我享樂、金錢支付的基礎上。我們必須謹防以自我為中心的觀念。「沒有一個，」愛比克泰德（Epictetus）說，「愛財富、愛享樂、愛榮譽的人，同時能夠是一個愛人的人。」「成為一個愛人的人，」聖安東尼（St. Anthony）說，「事實上，就是生活本身。」因而愛是美好事物的普遍原則。它存在於人的理智且顯得更加奪目、鮮明。它是醫治人類悲哀的唯一藥品。在行動上，在學習中，在思索裡，在待人接物間，在立法時，在管理中，它都是一盒點心。

崇高的愛與疾惡如仇的精神無法分開。傅華薩（Froissart）把加斯東·德·福瓦（Gaston de Foix）描寫成「一個十全十美的人，他無法忍受別人過分的讚頌，他愛一切應該被愛的人，憎恨一切應該被憎恨的人」。聖奧古斯丁也說過幾乎同樣的哲理：「美德只不過是一種正確的愛，它引導我們愛我們應該愛的，恨我們應該恨的。」

「什麼是節欲？」另一位神父說，「難道不是愛忍受痛苦的誘惑嗎？什麼是謹慎？難道不是愛沒有錯誤的誘惑嗎？什麼是堅韌？難道不是愛勇敢的忍受嗎？什麼是公正？難道不是愛用某種方法調解生活中的不平等嗎？」斯多葛主義者了解到了這種神奇的力量。「愛產生之前，」蘇格拉底說，「必然王國中出現了許多可怕的事物。可是，這個上帝一產生，人就

擁有了一切事物。」

　　體貼、友善、關心他人，這樣的人永遠會得到回報。它們將使受惠之人感激不盡，其回報將自願而爽快，這是單靠金錢所無法保證的。同情心是家庭之燈，是溫暖之源，在家裡，主人和僕人、丈夫和妻子、父母和孩子緊緊相連。少了它，家庭就得不到真正的幸福，有了它，整個家庭就會由一條溫馨和睦之線緊緊編織在一起。

　　已故的亞瑟·海普斯（Arthur Helps）先生在一篇閃爍著智慧光芒的文章中寫道：「你看到一個人日益富裕起來，或地位日漸增高，或職業聲譽逐漸隆起，你把他歸結為一個成功者。然而，如果他的家庭混亂不堪，家人覺得與他在一起是一件不幸的事，缺乏一條感情之線的牽繫，那麼，我可以肯定的說，他是一個不成功的人。不管他在世上命運有多好，我們都得記住，他永遠把一個尚未攻破的重要堡壘留在了身後。當愛心沒有在家庭中找到落腳點時，男人（或女人）的生活就不能說真正完美。家庭生活可以在許多方面放射出光輝，但應該有一種溫暖的愛橫貫其中。溫馨家庭纏繞著每一個好人的心。」

　　14世紀一名匿名畫家作了一幅迷人的畫，其主題是描寫家庭的安寧。在這幅畫中，我們發現，名門望族的年輕人都習慣於在父親與朋友聊天時待在桌旁服侍。

　　卡丹（Cardan）在讚揚威尼斯貴族時，特別提到了他們對待僕人時親切而自由的態度。他非常推崇這種溫和而謙遜的態度。在評論勇士維克修斯（Vectius）時，他說：「他主要靠理性，而非權威管理所有的下屬。是的，也許有人會說，他只是他家庭的職員而不是老闆。」

　　至於家庭的同情心，我們就沒必要多說了。「人生遇到的第一個社會，」西塞羅說，「是婚姻；第二個社會，是家庭；第三個社會，是國家。」支配家庭成員的父親是一位君主，但他的力量必須充滿對家庭成員的同

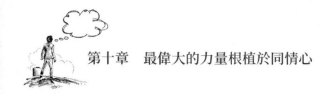

情。一切進步從家庭開始，從此出發，才出現了管理社會的各種或對或錯的原則和標準。父母親的動力是同情和愛。「為了後代的成長，」讓・保羅（Jean Paul Richter）說，「自然界能夠也必須向女人提供的最高尚、最純潔的特質，是愛。母愛充滿熱情，不求回報，追求一個與母親本人不同的目標。孩子接受母親的愛、吻和呵護，可第一個回答往往只是拒絕。這可憐的生物，需求最多，付出卻最少。相反，母親卻不停的給予，她的愛只能越來越多，哪怕孩子毫無謝意，也是如此。正如父親是所有最堅強的人當中最偉大的，母親在所有最柔弱的人當中也是如此。」

支配家庭的是父親，管理家務的則是母親。父親學過如何用友善和自制來支配家庭嗎？母親學過用任何使家庭舒適的方法來管理家務嗎？如果沒有，婚姻將成為一種語言與行動上可怕的難題。「實際上，」亞瑟・海普斯先生說，「我幾乎懷疑，如果一個人沒有同情心，他身為家長所造成的不幸會比一個不公正的人少。」一個被丈夫拋棄的女人說了一句很妙的話，她說：「把我給你的東西還給我。」「好，」丈夫回答，「妳的財產我會給妳的。」「我不是說財產，」她說，「請還給我真正的財富，把我的美貌和青春還給我，把我靈魂的童貞還給我 —— 把我快樂的感情還給我，把我從未失望過的心靈還給我。」

一個人要想真正擁有幸福，他必須有一個心靈的伴侶，正如必須有一個幫手一樣。兩個人都必須真誠、堅貞、充滿同情心，都必須愛自己的孩子。家庭生活是非常煩瑣的，但他們必須用自我約束和自我犧牲將其克服。「耐心，」特土良（Tertullian）說，「是女人的象徵、男人的證明。童年時我們喜愛它，青年時我們讚美它，它美妙無窮的綻開在每一個歲月裡。」安東尼奧・德・格瓦拉（Antonio de Guevarra）對一個向他請教丈夫職責的瓦倫西亞紳士說，如果他希望報復每一個對自己發怒的人，不管是參孫（Samson）的力量，還是所羅門（Solomon）的智慧，對之都無能為

力。因而，這就得靠耐心和容忍。一兩快樂，抵得上一頓憂鬱。

人們很少注意女人的外在生活，對她們的內心生活就更是如此。可是，這兩者恰恰是成為女性氣質、女人的自然稟賦所必須小心的。此語並無惡意。我們眼裡的女人是柔弱的，她需要依靠、信任、傾訴、尊敬和照顧，同時，她有一種力量，使她能夠容忍、保護、攻擊和支持他人。這些稟賦，我們可以在她適應環境的神奇力量中，在她盡職盡責的堅定態度中，在她贏得的優雅和自我的奉獻中，找到它們。好妻子對丈夫的事業富有同情心。她取悅他、鼓勵他、幫助他，她為他的成功和快樂而高興，並盡最大可能解除他的後顧之憂。法拉第 71 歲時，寫信給與自己相伴度過漫長而幸福婚姻生活的妻子：「我渴望見到妳，親愛的，渴望與妳一起說話，重溫妳給我的所有的溫馨。我腦中全是妳，心裡也是妳，這使我的記憶力下降，就連同處在一間房子裡的朋友的名字都記不住。妳必須盡妳的舊職責，做我的心靈之枕 —— 讓我休憩、使我快樂的妻子。」

世上再沒有人比查爾斯·蘭姆（Charles Lamb）更富有同情心了，也很少有人未曾聽說過他生活中的可怕故事。21 歲時，他的姐姐狂怒之下用刀殺死了母親。從這一刻起，他決心把終生獻給他那「可憐的、可愛的、最親愛的姐姐」，自願承擔了照顧她的責任。他放棄了一切戀愛和結婚的念頭，並因此而拒絕了唯一的一次婚約。依靠那每年不足 100 英鎊的收入和對姐姐的愛心，他隻身踏上生活的里程，快樂和痛苦都無法改變他的決心。

從精神病院出來後，他的姐姐把部分時間用來寫作（莎士比亞故事集）和別的作品。赫茲利特（Hazlitt）談到她，認為她是他所見過的人中最聰明的女人，雖然她終生受到精神病的折磨，不斷處於瘋狂的邊緣。每當她感到精神病即將來臨時，查爾斯就會把她抱在懷裡並送到霍克斯頓精神病院。看到弟弟和姐姐在這樣痛苦的路上一起行走、一起哭泣，沒有人不

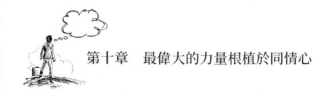

為此而感動。查爾斯手裡拿著破舊的夾克,把姐姐交給精神病院看護。每當她恢復理性,她就會重新回到弟弟的身邊,受到弟弟熱情的歡迎和最溫柔的對待。「上帝愛她,」查爾斯說,「我們之間的愛也從不遜於上帝之愛。」他們的感情維持了 40 年,除了她的健康狀況引起的風波之外,中間沒有任何烏雲。查爾斯高尚而堅強的盡到了自己的責任,也得到了相應的回報。

對他人的同情常常表現為危急之中拯救他人生命的願望。我們已經舉了很多這方面的例子,但仍有一個例子值得一提。一天,華生(Watson)夫人正在海邊撿貝殼,以充實自己的收藏品。抬起頭,她看到一個人隻身攀住一塊岩石,四周全被海水所包圍。她不知道他是誰,但她知道,這個人正處在生命危險中,她決定去救他。海浪越來越高,急劇而狂怒的拍打著海岸線。顯然,要救這個處於危難之中的落難人幾乎是不可能的。華生夫人顧不得這些,她哀求幾位船夫,並許諾給那些願意出海救人的人很多報酬。一開始時,他們猶疑不定,但最後還是答應派一艘船去。正當那個人的體力剛好耗盡時,他們抵達了那塊岩石。他們把他接到船裡並安全的送到了岸上。令華生夫人大吃一驚的是,被救的不是別人,而是她的丈夫 —— 威廉・華生(William Watson)先生!

即使是一句溫暖的話,都會被人記住。著名的西登漢姆(Sydenham)博士曾說,無論何時,每個人,不管是對好人還是對壞人,都說過一些或好或壞的話。奧爾尼的助理牧師,古柏的朋友,是一個很少對人說壞話的人之一。他說自己:「沒有愛就沒法活了。」

「一個女人的一本回憶錄,裡面記述了她在野蠻世界裡的野蠻生活,把我從無數的誘惑中拯救了出來。當地的人們,並不是每個人都熟悉她。她在我離開家鄉之前死去,可是使我從許許多多令我難以承受的事情中安全逃離,原因只是因為我曾經愛過她。我從沒有感到自己曾失去過她的愛。不把她的愛深藏心底,我什麼地方都不能去。當我稍微感到孤獨的時

候，我就敞開心靈擁抱這個念頭：『為了她。』」（注：指 J.F. 瑪約〔J. F. Mayo〕小姐。）

下面是一個表現同情心及其重要性的故事，這個故事是現屬紐約的芝加哥州立教堂牧師羅伯特·柯勒在其布道中講述的。柯勒先生出生於約克郡的基斯利，但其早年主要是在美麗的水鄉伊爾克利度過的。他當過鐵匠傑基·伯奇（Jackie Birch）的學徒，並在當砧工時結了婚。後來，他成了一名衛理公會教的世俗傳教士。他的布道從人性中的大道理出發，並且充滿活力、詩意和雄辯力。

「我記得，」他說，「30 多年前，我在英國衛理公會教的一所教堂裡參加了一次『聖愛宴會』。一個男人站起來，向我們講述了他是如何在一場熱病中失去了妻子，然後接連失去了全部的孩子。面對這一連串打擊，他感到平靜而安然，好像什麼也未曾發生。他沒有絲毫痛苦和任何苦悶。他只是相信，上帝之愛是會保護和照顧自己的。直到把這一切講給我們聽的那一刻，他也沒有感到任何悲痛。他一講完，主持宴會的聰明而耿直的老傳教士站了起來，他說：『現在，兄弟，回家去吧。關起門，跪下來，從此不再站起，直到成為一個新人。你告訴我們的，沒有任何愛的成分，只不過是我所遇到的基督教徒中最硬的心腸而已。你不僅成不了一名天使，就連當一名得體的罪犯都不配。宗教從來沒有使人喪失人性，而是使人更加成為人。如果你是一個人，遭遇到這樣的不幸，你的心靈應該破碎不堪。我知道這只是我個人的觀點，而且我也知道自己比其他的人並不多什麼神性。但我警告你，以後別在聖愛宴會上講這樣的故事。』」

讓我們從柯勒先生的布道中選出另一個感人至深的故事，以便在另一個更加真實的方面說明同情心的力量：

在另一個比較遠的地方，我相信是在愛丁堡，一個非常寒冷的夜裡，兩名紳士站在一家旅館的門前。這時，一個小男孩過來了。他的臉蛋枯瘦

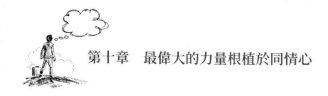

而鐵青；光著腳，已經凍得通紅通紅；披在身上的，只是一縷破布條。他走到兩名紳士面前說：「求求您，先生，買幾盒火柴吧！」

「不，我們什麼也不要。」紳士們說。

「可是它們一盒才 1 個便士。」小傢伙哀求。

「是的，可是你知道我們是 1 盒火柴都不需要的。」

「那麼，兩盒只要 1 便士。」男孩最後說。

「為了擺脫他，」紳士後來在一本英文雜誌中回憶說，「我買了 1 盒，可是沒有零錢，於是我對他說，我明天再買。」

「喔，請買下它們吧，」男孩再次哀求，「我可以跑去把零錢找開。我實在太餓了。」

於是，我給了他 1 先令，他跑遠了。我在那裡等著，可是一直不見他回來。於是我就想，我們把 1 先令丟了。可是我們仍然相信男孩那張臉，不願把他往壞處想。

深夜的時候，一位侍者進來說，一個小男孩想見我。當他被帶進來時，我發現他是拿走我那 1 先令男孩的弟弟。他同樣衣衫襤褸、貧窮、乾瘦。他在門口站了一會，撚著自己的衣襟，好像在尋找什麼東西似的。然後他說：「您是從桑迪（Sandie）那裡買了 1 盒火柴的那位先生嗎？」

「是的！」

「哦，那麼，這是 1 先令剩下的 4 便士。桑迪不能來了，他非常糟糕。一輛馬車撞上他，把他撞倒了。他丟了帽子，丟了火柴，也把您的 11 便士丟了。他的雙腿斷了，他非常糟糕，醫生說他活不了了。這是他能夠給您的找零。」

可憐的小男孩把 4 便士放在桌上，然後傷心的哭了。我把小男孩安慰了一番。紳士繼續說道：「然後我就和他一起去看桑迪。」

「我發現兩個小傢伙和他們骯髒、酗酒的繼母生活在一起。他們親生的父母親已經死了。可憐的桑迪躺在一堆木屑上面。我一進去，他就知道是我。他說：『我換了零錢，先生，正要回來，一匹馬把我撞倒了，我的雙腿斷了。魯比（Reuby），小魯比！我肯定活不了了。我走了，誰來照顧你？你將怎麼辦？魯比？』我拉住可憐的桑迪的手，告訴他，我將永遠照顧魯比。他懂得了我所說的，使勁看著我，好像要向我表示謝意。然後，光彩從他那藍色的眼睛裡消失了，在這一刻：

他沐浴在上帝的光輝裡，
像孩子躺在母親的胸口。
一切痛苦消失，
疲倦的人從此安眠。」

同情心使人性顯得絢麗多彩。其同義詞正是愛心。它能夠滿足傷心人和被壓迫者的需求。不管哪裡有暴行、無知和悲傷，同情心都會出手安慰和撫平。悲傷的眼神、呻吟的聲音，將會緊緊抱住同情心，不讓它離開。出於同情和公正，現時代許多最大的事件才得以產生。難道還要我們提起英國、美國和法國奴隸制的廢除、文盲的受教育、主日學校的普及、禁酒的努力、最高階級的男男女女以如此大的興趣所致力於的下層階級生活水準的提高嗎？

同情心有著廣闊的天地。愛上帝的人 —— 不管貧窮還是富有 —— 就會愛他的鄰人，因此不失公正、真誠和仁慈。「公正的人，」馬西隆（Massillon）說，「是超乎世界及其萬事萬物之上的。一切眾生匍匐於他腳下，而他則是上帝的屬臣。」看望病人、訪問寡婦和孤兒、參加慈善事業、幫助消除貧窮 —— 所有這些都需要勤奮、慈悲和愛心。

馬提紐（Martineau）說，「不管你怎麼看待基督教熱情的失敗和錯誤，

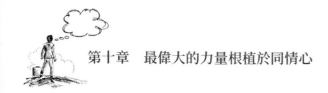

但你認為更富理性的熱情，往往卻連基督教仁慈的一半功勞都沒有。即使基督教熱情迷失了自己的目標，它仍然能夠影響其他更冷靜的熱情所無法影響的人。要不是有教會，到哪裡去找教會學校？要不是有困難重重、飽受攻擊的傳教大軍，文明的進步陣線到哪裡去立足？世上的野蠻人到哪裡去受教育？要不是有對人的靈魂的尊敬，對各種彌補身心缺憾的形式，在人生的旅途上，我們將要等待多久？基督徒也許做過許多蠢事，但影響明智者的又是誰？他們也許對世界過分藐視，但又是誰使它變得更適合人居住？」而且，「即使是最貧窮的人，只要一接觸活生生的宗教精神，就會變得敬畏上帝，就會出現一種精神的轉型。破布扔掉了，家具購置了，疾病痊癒了，孩子聰明了，爭吵停止了，艱難的時期度過了，一切比原來更好，一度沉悶而憂鬱的悲傷，被希望和信任驅趕得無影無蹤。」

「即使是最窮最窮的人，」華茲渥斯說，「都能由於幾句小小的祝福，而變成父親和商人。」一個皮匠在樸茨茅斯創立了一所貧民免費學校。古斯瑞（Guthrie）博士對他的評價是：「約翰‧彭茲（John Pounds）是人性的驕傲，他的名字應該被刻上不列顛海岸線內的最高紀念碑上。」一位印刷工人在格洛斯特創辦了英語主日學校，他的名字更應該被刻上紀念碑。一位製鞋匠從紐卡索出發到印度傳教，一名女工在格拉斯哥創辦了「鑄造廠男孩宗教協會」。

窮人對自己需要什麼，了解得比富人清楚。在大城市裡，我們見到窮人的孩子，他們臉上憂心忡忡、眉頭緊鎖，這種景象是最令人難過的。富人和窮人分開而居、互不相熟，眾多藩籬阻止他們的社會關係。窮人除了自己的階級之外，就沒有什麼社會，他們沒法擺脫與粗野無知共處的命運。許多窮人的孩子活在世上，似乎就是專門與父母親的食物作對。他們被胡亂養大成人，過早進入艱難的現實生活。對上流社會來說，窮人只是一群野蠻國家的居民。

只有窮人才能真實而確切的理解窮人，唯有他們才知道各自的苦難遭遇以及各自對同情心和愛心的需求。如果人們願意，盡可以講一講富人的仁慈，可是這與窮人的相比，它們簡直就不值一提。在貧窮的季節，在患病的時候、在險惡的環境裡、在悲傷的心情中，窮人們互相安慰、互相支持、相濡以沫，這是上層階級的人從來不敢想像的。窮人們滿足於日復一日、年復一年的辛苦工作，為的只是少得可憐的薪俸。他們還必須把這有限的資金盡量節省，以備自己親人的應急之需。一旦有人遭遇不幸，馬上就有許多雙同是不幸的溫暖之手伸出來，極力的盡其微薄的友善之力，使疾病和苦難尚可忍受。在這方面，窮人階層的女人是特別無私而堅韌的。她們做出的犧牲、甘冒的危險、忍受的貧窮、付出的耐心和仁慈，都是人世間聞所未聞的，即使有所耳聞，也令人難以置信。

關於已故的羅伯特・雷克斯（Robert Raikes），已經有許許多多的著作專門描述他的事蹟，因而我們對他只略微提一提。在他之前，主日學校已經存在了。我們曾經提到過鮑榮茂學校，這個學校存在了 400 多年。可是，在英國，主日學校的出現是很遲的事情。德斯利的木質卡片製造商威廉・金（William King），首先把創辦主日學校的念頭灌注到雷克斯腦中。前者在德斯利建立了一所主日學校，可是由於缺少合作者而關閉。在格洛斯特的一個星期天，他叫上雷克斯，兩人沿著小島 —— 該城最低的部分 —— 漫步。幾個衣衫襤褸的小孩正在那裡玩遊戲。「真可憐，」金說，「安息日居然被如此褻瀆！」「可是，」雷克斯說，「怎麼才能改變這一切呢？」「先生，創辦一所主日學校，就像我在德斯利所做的那樣。我得到了一個虔誠的旅客的幫助，可是事情太多了，我無法花如此之多的時間在它上面，雖然我願意盡量如此，但感到自己仍需要休息。」

雷克斯訪問了格洛斯特監獄，他看到一個人由於入室行盜而被判處死刑。「他從來沒有，」雷克斯說，「接受過哪怕是一丁點的教育，也從來沒

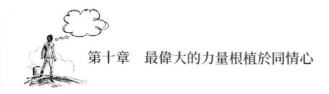

有向主做過一次祈禱。他只知道，上帝是一個該被詛咒的名字。對未來如何，他也一無所知。」這一次拜訪讓雷克斯留下了深刻的印象。雷克斯進一步發現，這個城市的年輕人，只有極少數接受過極少量的教育。一旦到了能夠做事的年齡，他們就被送去工作。在工作的空閒，主要是星期日，他們就毫無節制的在一起鬼混。

於是，雷克斯創辦了一所主日學校。他同情這些孩子們，同時贏得了這些如他所暱稱的「小野人們」的愛。他提議教他們讀書，教他們學習教會問答集，同時讓這些「小野人」學會遵守秩序。西元 1783 年，他相繼創辦了 4 所學校，並同意給這些孩子的每個教師 1 先令的薪資；同時邀請教區的助理牧師星期日下午到學校訪問，並且檢查孩子們的學習進度。雷克斯的學校擁有最難得的教學因素 —— 教師們對孩子們真誠的愛。教師們的愛深深感動了孩子們的幼小心靈。

在雷克斯的第一所學校建成近 30 年後，一位名叫約瑟夫·蘭開斯特（Joseph Lancaster）的教友派信徒，來到學校訪問已退休的雷克斯。這位年輕的教友派信徒熱心的投入到組建一個協會，該協會後來被稱為「不列顛及國外學校協會」，任務是在週末替窮人的孩子們上課。這時，主日學校的創始人已經 72 歲高齡，而且行動吃力。可是他仍然以極大的熱情管理著他所衷心熱愛的學校。蘭開斯特問了他許多關於創辦主日學校的事，而且保存了一份有趣的問答紀錄文件。

蘭開斯特攙扶著老人穿過了格洛斯特大街，來到後街的一塊場地，這裡正是第一所學校的原址。「停在這裡。」老人說。然後，老人抬起頭，閉上眼睛，站著祈禱了一會。接著把頭轉向蘭開斯特，一行清淚從他的臉上滑落。他說：「就在我現在站的地方，我看到了孩子們的貧窮，以及這個城市的居民對安息日的褻瀆。當我問：『難道就沒有辦法了嗎？』一個聲音回答說：『試試看吧。』於是我就開始了嘗試，並看到了上帝讚許的眼光。

每當我走過這個地方,『試試看』就會強烈的侵入我的心房,於是我舉起雙手,把心靈向天堂敞開,感謝上帝把這個念頭植入了我的心中。」

老人向蘭開斯特講述了許多年來他一直不停的拜訪城市和監獄,幸運的把 3,000 多名孩子從監獄裡救出來,並使他們接受了教育。蘭開斯特率直的問他,他教過的孩子是否有人再次回到監獄裡。老人搜尋了一下記憶,然後自信的說:「沒有。」

格拉斯哥女工瑪麗·安·克拉夫(Mary Anne Clough),她的社會地位比羅伯特·雷克斯要低許多。當雷克斯成為一名報紙編輯的時候,她還是一名磨工。可是,正如每個人都能做的那樣,她找到了幫助別人醫治人性創傷的機遇。激勵她的,並不是文化,而是女性溫柔的同情心。她用自己的雙手賺取每天的麵包,可是愛 —— 這偉大的導師,卻把她提升到一個更高階的工作領域。只有在結束每天的勞動之後,她才開始愛的工作。她發現僱傭的一大群窮男孩沒有得到工廠的任何照顧。他們完全被忽視了,很早就涉足犯罪的領域。女工對他們非常同情。「我將盡力,」她說,「使他們回歸上帝的懷抱,做個好人。」

她的決心一下,就盡力付諸實行。她所在的工廠最後答應把一間地下室借給她用。西元 1862 年 6 月的一個星期日,她把它開放了。不久,她的身邊就聚集了一大批衣服破舊、蓬頭垢面的鑄造廠男孩。他們一直習慣於把時間花在抽菸或粗野的嬉戲上面。現在,女工教他們發音、閱讀,教他們講究衛生、做好事,還要他們信仰宗教。她愛這些貧窮、流浪、受歧視的男孩,他們什麼時候需要幫助,她都會毫不猶豫的協助他們。

她保佑和拯救這些男孩的努力,不僅僅局限於星期日。整週的剩餘時間,她都與他們待在一起。這位高尚的女工,一旦完成她每天的工作,就會來到男孩們的家裡 —— 如果能夠稱之為家的話。她知道他們的一切,他們悲慘的經歷、他們的危急、他們的險阻。依靠基督教原理,依靠她那

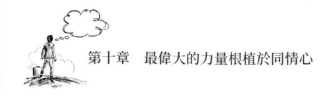

動人的行為方式和豐富的仁慈，她在他們之中獲得了能夠帶來幸福結果的影響力。確實，這些男孩與同一階級境況的其他人相比，顯得異常勤奮。他們舉止溫良、說話得體，言辭中沒有了褻瀆的嫌疑。「瑪麗·安·克拉夫的男孩們」成了鑄造廠的一句諺語。

「想起來真是令人悲哀，」古斯瑞博士說，「如此之多的基督徒，教養是如此之好、影響力是如此之大，花了如此之多的時間和金錢，所做的善事還不如這位女工的十分之一多。如果有人只是一日三省：『我是我兄弟的守護者嗎？』那麼，不僅如此，她還是一個對自己卻毫不留意的人。每天早上，工廠的鐘聲一響起，她就起來。然後急急忙忙穿過黑暗而寂靜的街道，在半個世界尚未醒來之前，完成了幾個小時的工作。……多少個夜晚，她踏上自己的慈善征程，去尋找失落者，安慰傷心人。對於因仁慈而帶來的創傷，她把它們緊緊藏在自己那優美的纖手中。」

3 年多的時間，瑪麗·安·克拉夫小姐一直從事她的高尚工作。最後，她的健康狀況惡化，這迫使她把這些工作轉讓到別人手裡。可是，她播下的種子已生根發芽，並且茁壯成長。西元 1865 年，「格拉斯哥男工宗教協會」終於成立了。6 年裡，它就登記了 14,000 名男女會員，並且由大約 1,500 名理事和 200 多位紳士負責管理和指導。在城市的各個地區，有 300 多位紳士向年輕人發表了演說。為了提高這些年輕人的社會地位，人們什麼辦法都使盡了。他們的協會成了主日學校和教會之間的仲介，在其中，宗教知識和世俗知識得到自由的傳授。協會以節制為第一宗旨，建立了各種小金庫和儲蓄銀行，並得到了其他銀行和宗教協會的贊助。每個星期六的晚上，協會都要舉辦一次音樂晚會。協會盡其所能的使年輕人擺脫無知、無助和城市生活的邪惡。除了個別長期任職的高階教師外，所有為協會工作的人都是志願者 —— 其工作出於愛心。

在夏日裡，男孩和女孩們與他們的理事一起到農村去避暑。他們往往

到阿蓋爾公爵（Duke of Argyll）設在因弗拉雷的公園去 —— 這位公爵是協會的名譽會長。正是在一次這樣的活動中，我們有幸知道了這個協會所做的一切善事。雖然它現在還沿用「男工協會」這一名稱，但範圍早已擴大，它現在成了所有男女工人階級的協會。它已做的善事是無法用言語表達的。但願每個城市都有這樣一個協會！不過，到目前為止，只有蘇格蘭 —— 格里諾克、愛丁堡、丹地和亞伯丁仿效了這一榜樣。曼徹斯特、里茲、布拉德福，以及英國北部人口密集的工業城市，都怎麼啦？在這些地方，同樣的協會無疑是有重大價值的。

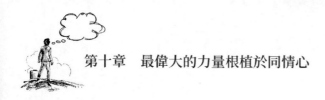 第十章 最偉大的力量根植於同情心

第十一章
仁愛是暴力的終結者

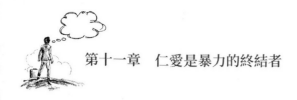
高貴的真正表現，在於美好的仁慈。

—— 莎士比亞

噢，兄弟，你的步履是如此蹣跚。
可憐的姐妹，正義離妳如此遙遠。
在生命和活力造就以前，
它來了，
伸手替你背起行囊。

—— 《生命賦》

　　人們放棄對暴力的信仰其實是一個緩慢的過程。他們把暴力當作支配、教導和培養他人的手段。暴力，顯而易見，浸透了一切因果關係。它不問青紅皂白，隨意率性處理事情。它是野蠻人的普遍邏輯，在這些人當中，最好的人，就是那些拳頭最重、兩肋插刀的朋友。即使在文明國家，人們對暴力信仰的放棄也非常緩慢。直至最近，那些偶然鬧翻的人為了維護自己的聲譽，竟然不惜以決鬥來結束他們的爭吵。政府也毫不例外，也把它們關於國土或國際地位的爭端訴諸軍事行為。實際上，我們就是在信仰暴力效果的環境下成長起來的 —— 歷史上的光榮、榮耀，以及一切響亮的名字，無不與戰爭融為一體。如果放棄暴力行為，我們幾乎不能想像社會結構還能組織起來。愛、仁義、公正，全得依靠它而存在。可是，暴力政策是否行之有效，在很大程度上值得懷疑。暴力往往會招致更大的抵抗，因而得不償失。人們一旦被暴力壓制住，就會滋生牴觸情緒，時不時以凶殘、憎恨、邪惡、犯罪等方式爆發出來。實際上，這就是暴力政策在一切國家、任何時候所產生的結果。世界歷史，在很大程度上，乃是一部暴力的失敗史。

　　我們是否變得聰明些了呢？我們是否已明白，如果能夠使人們生活得更好更幸福，必須求助於一種更偉大、更仁慈的力量 —— 善的力量！

這種對待人的方式，無論如何都不會導致牴觸或抗議，也從來不會使人變壞，相反，只有變好。愛是一種強大的力量，在它的影響下，任何人都會受到激勵和教養。它充滿了對人的信任，如果沒有這種對人善良本性的信任，什麼辦法都不能激勵一個人。友善是人之本性的寫照——它消除反抗，撫平憤怒情緒，溶化鐵石心腸。它能夠戰勝邪惡，使美好更上一層樓。即使擴大到國家的原則，這同樣適用。它曾經消弭了部落之間、省分之間的敵意。假如讓它自由發展，國家之間的戰爭也會停止。也許這種想法現在是一種烏托邦，但將來，人們會把戰爭看成犯罪，一種可怕的罪行。

「愛，」愛默生（Emerson）說，「將賦予這個可怕的舊世界一張新面孔。在這個世界裡，我們彼此以陌生的敵人面目出現，彷彿在黑暗世界沉淪許久。愛逐漸溫暖了我們的心靈，我們可以清晰的目睹政治家毫無結果的外交活動、無能為力的軍隊和防線，是如此之快的被這個手無寸鐵的孩童所取代。愛能夠滲透任何角落，以一種無法覺察的方式——它的支點，它的槓桿，它的力量——成為暴力永遠完成不了的事業終結者。我想，你會注意到，在晚秋早晨的森林中，那些可憐的蘑菇，沒有任何依靠，看上去不過一塊軟團，卻透過自己堅強的、勇敢的、不可思議的鑽勁，設法從嚴寒的地面破土而出，在頭頂留下一個堅硬的外殼！這就是愛之力的象徵。可是人類社會這個更大的利益世界，早對這種美德喪失了興趣，甚至遺忘得一乾二淨。歷史上也曾有過這樣光輝的時刻，事實上，不只一人做過嘗試，且獲得了福音般的成功。時至今日，我們這個偉大的、過分龐大的、死去了的基督教界，至少仍然保持著它那『人類的愛者』的名稱。總有一天，所有的人都會是愛者，所有的災難都會在陽光的普照下冰消雪融。」

久遠的時光中，暴力原則被我們用來對付那些瘋子、罪犯、船工奴隸和麻風病人。瘋子被銬住鎖在牢房裡，像一頭猛獸。麻風病人被趕出城

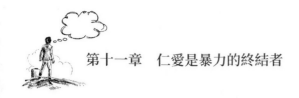
鎮，住在某個遠離人煙的偏僻之處 —— 雖然他們也是人。船工奴隸在鞭笞下拚命搖櫓，直至在痛苦中筋疲力盡。罪犯們擁擠在一起，不管年齡和性別，直到歐洲監獄成為人間地獄。大約 400 年前，罪犯們被送給佛羅倫斯和比薩的外科醫生做活體解剖。現在，他們的位置才被不會言語的動物所代替。

聖文森特·德·保羅（St. Vincent de Paul）是一位來自上層社會的慈善者，他是一位朗格多克農民的兒子。父親希望他成為一名政府官員，為了替他繳大學學費，連鐵犁都賣掉了。馬賽城的一位朋友遺贈給他一小筆財產，他於是坐船到那裡去接收。在回國的路上，他乘坐的船在一陣激戰後被 3 名非洲海盜劫掠。激戰中，聖文森特負了嚴重的箭傷。海盜把船員和旅客鎖在一起，聖文森特也在其中。他被帶到突尼斯，成了一名船工奴隸。由於受不了海上的艱苦，總是生病，他被賣給了一位摩爾醫生。一年不到，主人死了，他於是又被賣給一位農民，一位尼斯的土著。聖文森特使他的主人改信了基督教，於是決心一起逃亡。他們把一張小筏放到海裡，登上了法國南部艾格莫爾特的土地。

不久，聖文森特在羅馬加入了一個兄弟會，其職責是在醫院裡護理病人。接著他去了巴黎繼續這一工作。後來，他成了船務巡視員茹瓦尼（Joigny）的家庭教師。在那裡，這位年輕的牧師目睹了可怕的場面 —— 人們被鍊子鎖在船槳上，像非洲奴隸般拚命搖槳。他以極大的熱情投入到幫助這些人的工作中去，這種熱情由此深深感動了國王路易十三（Louis XIII），在聽了他的所作所為之後，國王任命他擔任船務施賑官。一次，他為了救一位可憐的流浪者，以自己交換了這位流浪者的自由。於是聖文森特戴上了他的鐐銬，替他服滿剩下的刑期。在犯人社會生活一段時間後，聖文森特獲救，然而鐐銬在他身上造成的傷痕，一輩子都無法彌合。他被重新安排在原來的位置，繼續以一種神聖的熱情忘我工作。最終，他贏得

了許多罪犯的懺悔，透過堅韌的努力，改善了犯人和船工奴隸的處境。

他的後半生非常有名。回到巴黎後，他建立了「慈善姐妹會」的規章制度，從而開創了婦女慈善和福利事業的全新局面。這些「慈善姐妹會」的成員來自法國及其以外的地區，是每一件慈善任務 —— 諸如護理病人、教育青少年、照顧孤兒等 —— 的主要工作者，而且幾乎非常出色的完成每一件工作。出於曾被囚禁的經歷，他轉而致力於為贖回那些非洲俘虜而募捐。就這樣，他拯救了不少於 1,200 個奴隸。西元 1816 年，海盜被英法聯合艦隊徹底消滅，他們在阿爾及爾的老巢也被搗毀。

在騎士城堡，我們聽說了地獄和鐐銬，但又有多少不幸和殘忍的故事被訴諸現代的法庭呢？翻開我們大城市的貧困紀錄，你又該會多麼同意傑里米·泰勒所說的：「這是一種近似於野蠻殘酷的無情，與耶穌的仁慈，相距何只千里之遙！」

約翰·霍華德的仁慈心腸，在一次表面上出於偶然的個人災難中，首先被用來改善囚犯的境遇。他坐船去葡萄牙，因為這時里斯本正處於水深火熱之中 —— 一次強烈的地震襲擊了該地，到處都是廢墟，正是仁慈心充分表現的好時候。航行不久，一夥法國海盜劫掠了他所乘坐的船隻。他受到了殘酷的折磨，48 小時沒吃沒喝。在布雷斯特上岸後，他和其他俘虜被關在一座骯髒的、地獄般的堡壘中，長時間沒有得到任何食物。最後，海盜們向牢房裡投進了一大塊羊肉，這些不幸的人拚命把羊肉撕成碎片，然後像猛獸般啃咬。整整一週的時間，囚犯們都受到了同樣殘酷的對待。他們被迫睡在這座可怕地獄的潮溼地板上，除了稻草，沒有任何可以遮蓋的東西。

霍華德被釋放後回到了英國，然後就馬不停蹄的開始拯救囚犯的工作。他成功的使許多與他有同樣遭遇的人獲得了自由，並與英國本島監獄和堡壘中的英國囚犯取得了聯絡。他發現，極大的、甚至比他自己遭遇更可怕的苦難，乃是俘虜的平常境況。

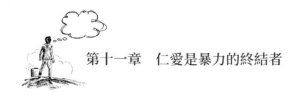
　　不久，他擔任了貝德福德的最高長官，任期內，他把注意力轉移到英國監獄的狀況。在當時的英國，郡長一職不過是一個虛名，只能帶來微弱的聲勢和空虛的炫耀。然而，在霍華德手裡，這種境況有所改觀。得到一個職務，就意味著能激起他完成職責的雄心。他坐在法庭裡，認真的聆聽著審判的每一個步驟。當審判一結束，他就跑去視察關押罪犯的監獄。這裡對待犯罪分子的可恥的、野蠻的方式，他再熟悉不過了。暴露在他眼前的監獄裡的景象，決定了他未來的生存使命。

　　英國監獄，正如其他國家的一樣，正處於一種可怕的狀況。囚犯既沒有被隔離，也沒有被區分。相對純潔的罪犯和極端可惡的罪犯，被一視同仁。於是，這種普通堡壘就成了犯罪的溫床。迫於飢餓而偷了一塊麵包的人，發現自己與強盜和殺人犯同屬一個陣營；債務犯和偽造假幣的人，罪行輕微的小偷和殺人凶手，不誠實的女孩和妓女，都被混同在一起。誓言、詛咒、謾罵，風行於牢獄中，宗教信仰卻無處可尋。魔鬼四處縱橫，邪惡就是至尊。對於監獄這種對待囚犯的狀況，霍華德簡單的談了自己的印象：「一些被法官宣判為無罪的人，一些沒有被盛氣凌人的法官找到犯罪證據的人，一些被證明檢舉無效的人，被關了數月之後，重新被拉回監獄中，一直鎖到他拿出酬金給監獄看守員、立法會議成員以及諸如此類的人之後，才能獲得自由。」他同樣提到了那些「鐵石心腸的債權人」，他們有時會威脅債務人說，不還債就得「在監獄中消耗掉」，而且他們往往說一不二。實際上，人們在監獄中確實會消耗掉 —— 在汙穢和瘴氣中倒下、爛掉。霍華德估算，有無數的活人在恐懼中倒下了，也有如此之多的人成了寒冷、潮溼、病患和飢餓的犧牲品。

　　監獄看守員的薪資並非由大眾支付，而是來自於那些被迫支付的弱者。霍華德懇求立法會議，要求政府提供看守員的薪資，立法會議則要求提供先例。他答應了，從而跨上馬背，走遍各郡去尋找先例。然而在訪遍

遠近各郡的監獄後，他就是找不到一個能向看守員提供薪資的先例。所看到的，只是普遍存在於囚犯中的悲慘與不幸。這更加堅定了他致力於改善英國以及世界各地監獄狀況的決心。

在格洛斯特，他發現了一座情況最為糟糕的古堡。這座古堡現在被用作監獄。所有的囚犯，男男女女，都住在一個大庭院裡。債務犯的牢房連窗戶都沒有。重罪犯的牢房黑漆漆，成天緊閉。熱病流行於監獄中，並奪去無數囚犯的生命。看守員們沒有薪資。債務犯沒有食物供給。在教會中心伊利城，情況也好不了多少。為了防止犯人逃亡，看守員對他們戴上沉重的腳鐐。他們身上到處都是鐵條，脖子上則緊箍著一根布滿釘子的鐵圈套。在諾里奇，牢房被建在地下，囚犯們唯一的福利，只是每年僅值 1 畿尼的稻草。監獄看守員不僅沒有薪資，而且每年還得為他的工作支付給副郡長 40 英鎊的貢賦！逼得他只好透過欺詐勒索來獲得收入。

高尚的使命激勵著霍華德不停的在英國各地奔走，改善囚犯境遇的念頭占據了他的整個頭腦，揮發了他的全部熱情。艱辛、險惡，甚至身體的疼痛，都無法使他與他那偉大的生活理想分開。他從英格蘭的這一頭走到另一頭，向人們展示不列顛牢房的醜惡嘴臉。許多次，他使那些因微小債務而身陷囹圄的人，以及被證明完全無罪的人獲得了自由。對於他的調查結果，眾議院決心成立一個專門委員會，負責評估事情的真實狀況。他站在委員會面前，搬來了一大堆資料，慷慨陳詞。在評估過程中，一名委員驚訝於他的資料如此之長之詳細，詢問他是拿誰的錢去旅遊的。霍華德泣不成聲，好久之後才能回答他的問題。

立法會在他作證的最後，終於向他表示了感謝。他們按照霍華德所提出的辦法，在西元 1774 年 —— 正是這一年他開始工作 —— 通過了法案。法案規定：取消一切貢賦，向看守員發薪資，立刻釋放所有被判無罪的囚犯。法案同時規定，所有的監獄都要清掃、粉刷，保持良好的通風，

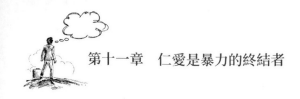

設立醫務室為囚犯治療。當法案獲得通過的時候，霍華德正躺在病床上，可是一旦他從忘我的工作所導致的疾病和疲乏中恢復過來，他就立刻起床，重新視察各個監獄，以便評估法案的執行情況。

視察完英格蘭之後，霍華德繼續到蘇格蘭、愛爾蘭這些地區調查監獄狀況。這些監獄的狀況同樣可怕。於是他公布了調查結果，並獲得了同樣的成功。接著他趕到歐洲大陸。在巴黎，巴士底獄的大門沒有向他開放，法國其他監獄的狀況，與英格蘭相比雖然要好些，但也是足夠糟糕。然而，當有人發現他正在設法調查巴士底獄時，一道囚禁他的命令發布了，幸好他及時脫逃。為了懲罰自己，霍華德翻譯發表了一份英國監獄的紀錄，這是他費了九牛二虎之力才寫成的剛剛出版的著作。

霍華德繼續漫遊到比利時、荷蘭和德國。每到一個地方，他都詳細的做筆記，從而獲得了大量的資料 —— 這無疑是無數次辛勤努力的結果。回到英國，看到囚犯改造工作已經啟動之後，他肩負著同樣的愛的使命，來到了瑞士。在那裡，他發現了科學的監獄制度：囚犯們被勞動改造，這不僅是為了他們自身的利益，而且減輕了徵收來用以維持監獄運轉的賦稅。

透過 3 年不知疲倦的工作（在這期間，他行程 3 萬多英里），霍華德以「監獄狀況」為書名發表了他的偉大著作。該書獲得了強大的轟動效應。他再一次被眾議院請去，詢問監獄改造的進一步準則。他主張用勞教所代替監獄，這是他在阿姆斯特丹發現的，並認為是一種好模式。

於是他再一次繼續旅行，以便評估這種工作方法的效用。他從荷蘭來到普魯士，沿途穿過西利西亞，通過奧地利和普魯士軍隊交戰的前線。在維也納度過一段時間之後，他來到義大利。在羅馬，他要求進入宗教裁判所的地牢裡，但是，正如在法國的巴士底獄一樣，他被拒之門外。當然，義大利其他的監獄都向他敞開了大門。然後他經過法國回到家裡。這一

次，他一共走過了 4,600 英里行程。不管走到哪裡，他都受到了熱情的接待。被監禁者的祝福，不管足跡行到哪裡，都會伴隨著他。他以仁慈的慷慨對待人，更有甚者，他打開了所有國家寬容和仁慈的心扉，讓人們懂得了監獄改造的重要性。

他絲毫未曾懈怠。回國後，他重新視察了大不列顛的監獄，行程達到近 7,000 英里。他發現自己以前的努力現在開始結出了碩果：過去的公然虐待，現在不見了；監獄較過去清潔、健康，而且更加有秩序。接著他又一次跑到國外去擴大自己的見識。鑑於以前已經參觀了歐洲南部國家的監獄，這一次他決心訪問俄國。他隻身步行到達聖彼德堡。警察發現了他，邀請他去宮廷訪問凱薩琳皇后（Empress Catherine）。他禮貌的告訴皇后，他來到俄國，是想參觀關押囚犯的地牢和窮人的住所，而不是國王和皇后的朝廷內宮。

他鼓起勇氣跑去觀看鞭刑。一個男人和一個女人被帶到刑場。男人被抽打了 60 下，而女人則被抽打了 25 下。「我看到那個女人，」霍華德說，「幾天後仍然虛弱至極，但那個男人則再也見不到了。」為了弄清楚那個男人的情況，霍華德決心訪問執刑者。「一個人能夠在很短的時間內，被抽打致死嗎？」他問。「能！」「要多短的時間呢？」「一天或兩天。」「你是否曾經這樣抽打過？」「是的。」「最近呢？」「嗯！最近經過我手中的皮鞭抽打過的那個男人，就死了。」「你是怎麼把他打死的？」「在他的兩肋抽打一、兩下，就會撕下大塊大塊的肉。」「你是否曾經接到過如此抽打罪犯的命令？」「是的！」就這樣，俄國吹噓自己已在全國取消了死刑的謊言就被徹底戳穿了。

他在莫斯科寫道：「在短短的一年之內，有不少於 7 萬名新兵死在俄國的醫院裡。」現在，霍華德已是一位權威人物，他所說的話幾乎是不容置疑的。因而，這種可怕的事實在我們心中激起的，除了對戰爭和專制的

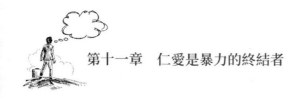
憎惡之外，就再沒有什麼了。從俄國回來，他取道波蘭、普魯士、漢諾威，以及奧地利的荷蘭人區。西元 1783 年，他懷著同一目的遊歷了西班牙和葡萄牙。回來後，他發表了這次遊歷的成果，作為他的偉大著作的第二份附錄。

自從霍華德投身於他孜孜以求的工作以來，12 年過去了。他訪遍了歐洲大小城鎮的監獄，走過了 42,000 英里以上的行程。為了拯救囚犯、病人和無助者，他足足花掉了 3 萬英鎊之多！然而，他的工作並沒有終止。他決心訪問那些傳染病流行的國家，如果可能的話，以便找到治療這種可怕疾病的藥方。他的第一個目標，就是橫穿法國，到達馬賽。

西元 1785 年 9 月，他出發前往巴黎。法國人想起了他在巴士底發表的小冊子，於是禁止他登上開往法國的船隻。他化裝進入巴黎。就在到達的同一天晚上，他被警察從床上叫了起來。他急中生智，把警察擋在門外幾分鐘，然後起來穿衣，從房子裡跑掉了，啟程趕往馬賽。在那裡，他獲准進入傳染病醫院，得到了一些資料。

他坐船趕往流行病肆虐的士麥那。從那裡，這位堅定的仁者搭上了一艘開往亞得里亞海的已被傳染病感染的船隻，希望能夠被送到最嚴厲的隔離所。他得了熱病，在隔離所躺了 40 天 —— 忍受了恐懼、無助和悲哀中的孤獨，最終康復。回到英國後，他來到自己的寓所，給那些貧苦的鄰居們一些幫助，然後又像父親離開自己的孩子般戀戀不捨的離開了他那些卑賤的朋友們。

在最後一次的行程中，他打算擴大自己對流行病問題的調查。西元 1789 年，他到過荷蘭、德國之後，打算前往土耳其、埃及和巴比倫。但他只能到達俄國韃靼人居住的赫爾松了。在那裡，與往常一樣，他訪問了當地的囚犯，結果染上了監獄的熱病。在孤獨無依的異國他鄉，他病倒了，死去了。這一年，他才 50 歲。彌留之際，他囑託身邊的人希望被葬在達

菲尼的墓地裡。「讓我平靜的躺在地下，在我的墳頭放一個日晷，然後讓人們忘記我。」

然而，高尚的霍華德一天也不會被人類所忘記。他是可憐人的救星，他從來沒有考慮過自己，想到的，只是那些沒有他就會孤獨無依的人。有生之年，他獲得了重大的成就。這成就並沒有隨著他的故去而消失，反而繼續影響著不僅是英國，而且是所有文明國家的法律，直至今日。

伯克是這樣描述他的：「他訪遍了整個歐洲，一頭栽進地牢裡。他深入醫院，與傳染病搏鬥。他探查不幸和痛苦的大廈，測量悲哀、沮喪和恥辱的深度；他記著被遺忘者，照顧被忽視者，問候孤獨的人；在所有的國家，他比較和收集了一切人的痛苦。他的計畫是創造性的，充滿了天才成分，正如它充滿了仁慈。它是一次發現歷程，一次仁慈心的漫遊。在每一個國家，人們已都能多多少少感到他的辛勞所帶來的收成。」

從霍華德那時以來，囚犯的待遇獲得了很大的改進。這首先得感謝那些志在推進他們境遇的仁慈者，例如莎拉·馬丁（Sarah Martin）、福瑞（Fry）夫人，以及其他的好心人。西德尼·史密斯曾經提到，有一次，他要求福瑞夫人允許他伴隨她進入「新世界」，因為他被裡面的場景深深感動了，以至於像個孩子般大哭。在一次布道時，他談及這一主題說：「現在，鎮上出現了一片新的場景，我將不憚淺陋的稱之為人類所能見到的最莊嚴、最仁慈、最感人的場景。看一看那位活動在不幸的囚犯當中的高貴女人；看一看那些急切呼喚上帝的人，是怎樣被她的聲音所安慰，因她的看護而再生。他們團聚在她的身邊，把她看作唯一愛他們、教育他們、關心他們，或向他們談論上帝的人。這一場景，足以使世上所有的盛大場面黯然失色。它告訴他們，生命是短促的，匆匆而過，我們必須以某種善良的行為去面對上帝。現在，已經到了像這位受人祝福的女人那樣去施捨、去祈禱、去撫慰、去行動，像我們的天堂救星耶穌那樣去活在罪犯中、活

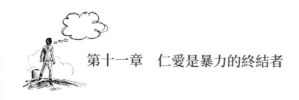

在傷心人中、活在病人中，在最深最黑暗的不幸生活中工作的時候了。」
福瑞夫人之所以成功，是由於她那堅韌的努力。她引發了對監獄狀況，特
別是對女囚犯待遇的徹底改革。大法官在西元 1818 年參觀「新世界」之
後，向「舊堡壘」（注：指舊時的宮廷）遞交了一份報告，其中寫道：「如
果把她所採用的管理原則像應用於女人那樣應用於男人，這些原則就會成
為把監獄變成改造所的工具。罪犯將不再帶著邪惡和墮落回到世界，他們
將會懺悔，也許會成為社會的有用成員。」

　　投身於改善丈夫擔任監獄長的華威監獄的塔特納爾（Tatnall）夫人，
知名度比福瑞夫人差一些。但她也把許多罪犯從邪惡的世界帶上了勤勞善
良之路。她主要關注那些處於逆境的少男少女，在使這些人重新回到社會
的努力中，她幾乎總是無往而不勝。

　　然而，對於改善眾多囚犯的待遇來說，個人力量畢竟是弱小的。要想
解決這樣大的問題，只有依靠法律。立法的目的之一，就是透過消除犯罪
動機來防止犯罪，而監獄管制的主要目的，也就是改造罪犯的道德環境，
引導他們回到他們曾經冒犯過的社會的懷抱。這對罪犯而言，是一件公
平的事情，因為他們的遭遇往往是由他們生長的環境所造成的 —— 在其
中，他們缺少教育，受到社會制定的法律的不公平待遇。

　　以往的時代，社會對罪犯往往採取報復措施，把他們看成洪水猛獸；
現在，社會採取的是一種溫和方式，力爭對他們加以改造。在紐約州，新
新監獄的管理人員就曾經帶頭改善罪犯的待遇。他們之所以這樣，是由於
艾德蒙斯（Edmonds）先生的報告。他說他自己「根本不相信在世上流行
了如此之久的暴力體制 —— 這一體制以為，透過折磨罪犯，就能使他們
進入所謂的好秩序，因而根本沒有必要求助於任何比恐懼恥辱感更好的東
西」。他還說他「透過親身經歷，已經打心眼裡相信罪犯們雖然墮落，但
仍然有一顆能夠被友善、良知所觸動的心靈。這顆心靈可以透過求助於理

性和對美好生活的憧憬來喚醒。而這，只需要充滿同情和希望的動聽聲音就夠了。就足以使他們永遠洗心革面，重新做人」。新新監獄聽從了艾德蒙斯先生的建議，採用了一種全新的對待罪犯的體制，不久就收到了良好的效果。現在，這所監獄的規章就是：懲罰越少越好，鼓勵一切願意進步的行為。過去被認為是無可救藥的許多犯人，現在被改造成了對社會有用的公民，只有極少數人重新恢復了他們以前的惡習。

這種體制在女人身上特別有效。一位女舍監在一個小禮拜堂裡向一群女囚犯講述自我約束的責任，以及不管在今生或是來世，如果希望擺脫痛苦，都必須加強修養的必要性，然後接著說：「這個小實驗的結果，是在囚犯們更為平靜溫順的活動中，在她們溫和謙卑的語氣中，在她們愜意愉快的服從中表現出來的。它堅定了我的下述信念：不管犯罪使她們如何低賤，暴行和錯誤使她們如何冷酷，只要理性占據了她們的頭腦，就沒有一顆心靈會如此頑固無情，以至於同情和友善的聲音都無法融化它；或者會如此冷淡，以至於基督之愛，它都無動於衷。」

皮斯伯利（Pillsbury）上校，康乃狄克州的威斯伯雷監獄的監獄長，在以人道方式對待和改造罪犯方面，他也獲得了極大的成功。他身上有種幾乎高不可攀的道德勇氣。在他被任命之前，對待囚犯的常見方式是極端粗暴的，這對他們產生了不可移改的惡劣影響，在他們之間導致了一種「根深蒂固的狠毒」。犯罪率急劇上升，監獄每年都使州政府負債累累。皮斯伯利上校徹底改變了這種方式，他以一種友善的態度積極從事改造囚犯的工作。對他們的好行為，他加以鼓勵；對他們的棄惡從善，他倍加讚揚。他解除了重刑犯的鐐銬，告訴他們他相信他們！這種政策呈現魔術般的效果。囚犯們對他抱持信任的態度，對他的規則表現出最大的尊敬。監獄裡秩序井然，不久就開始依靠自己的勞動來應付開銷。

他對待一個犯人的例子值得一提。這個囚犯力大無比，多次越獄，是

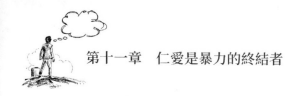
該地的凶神惡煞，已經陷進犯罪深淵 17 年了，而且越陷越深。在他進來時，皮斯伯利上校告訴他，他不希望看到他再重複在其他監獄多次嘗試過的逃跑。「我將會盡我所能的使你過得舒適，並盼望有一天成為你的朋友。而且，希望你不會故意針對我製造麻煩。監獄裡有一間打算用作單獨禁閉的房子，可是我們從來沒有動用它。打開它的門鎖，把任何一個人關進去，都會使我難過。你可以像我這樣在監獄裡自由走動，如果你像我相信你那樣相信我的話。」這個人安靜了下來，接連幾週都表現出對皮斯伯利上校的極端溫順。終於，有人告訴上校，他正在打算越獄。上校把他找來責備了一頓，這個人一直保持沉默。他告訴他，現在是有必要把他鎖進單獨禁閉室的時候了。矮小乾瘦的上校走在前面，大力士跟隨其後。當他們來到走廊的最窄處，上校把燈光轉向囚犯，看著他的臉。「現在，」他說，「我問你，你是否曾經像我應得的那樣對待過我嗎？我已經做到了我能夠想到的使你舒適的任何事情；我相信你，而相反，你卻從來沒有給過我哪怕是最小的信任，而是打算為我製造麻煩。是這樣嗎？不過我實在不忍把你鎖起來。如果我接到你一絲贊同我的信號 ── 」這個囚犯淚如泉湧。「先生，」他說，「17 年來，我一直是一個惡魔，但你卻把我當人看。」「來吧，讓我們回去。」上校說。從此，這位罪犯又像以前那樣在監獄裡自由走動了。他向上校敞開了心靈，快樂的服滿了所有的刑期。他們成了相互信賴的朋友，他對上校付出了所有的信任，所有的他力所能及的對朋友的忠誠。

皮斯伯利上校具有一種紳士風度。有人告訴他，一個窮凶極惡的囚犯曾經發誓要殺掉他。他趕緊把他找來，讓他替自己理髮，而且身邊不准有任何其他人。他看著這個人，指著剪刀，要他幫自己理髮。囚犯的手顫抖著，而上校卻泰然自若。理完髮後，上校說：「有人告訴我，你想把我殺掉，但我想我應該信任你。」「上帝保佑您，先生！」這個獲得重生的人

回答道。這就是信任的力量。（注：儘管在合眾國一些州的監獄裡，罪犯受到了人道的對待，但在一封寫給西元 1880 年 2 月 3 日的《泰晤士報》的信中，威廉·圖羅克（William Tulloch）卻抱怨一些州對待青少年罪犯的方式。「例如，」他說，「在最近的一份費城報紙上，有一篇參觀喬治亞州立監獄的報導。在這裡，數十個罪犯生活在極端墮落的令人噁心的環境中，被迫從事橡膠生產的工作。他們居住環境糟糕，被數隻大偵探犬看守著，身上還戴著鐐銬。在他們之中，參觀者發現了一個 15 歲的孩子，10 歲那年，他由於入室行盜，而在這樣幼小的年紀就被法官判了 5 年監禁！從那時起到現在，他已經忍受了 5 年這樣的奴隸生活！從登載這篇報導的雜誌來看，從作者的明顯特徵來看，恐怕有理由相信這篇報導完全屬實。何況，官方的聲明也完全證實，在美國無數的監獄裡，虐待現象是再明顯不過了。能夠對一個如此年輕的孩子做出如此判決的法官，我們將樂意看到他自己也被關進監獄裡，雖然我曾經在賓州的一所州立監獄，親眼看到一位美國法官的境遇也好不到哪裡去。他由於貪汙被判刑兩年，但他的住所已經被裝飾得奢侈豪華。而更令人驚奇的是，就連當地人都認為是極端「嚴重」的犯罪，在他那裡，法律也是如此輕描淡寫！」）

紐約州的奧本州立監獄長官古德爾（Goodell）將軍，以及另一位監獄看守員艾薩克·霍柏（Isaac T. Hopper）先生，在對待和改造罪犯方面獲得了同樣的成就。後者成功的改造了 50 名罪犯，其中只有兩個人重新走向了邪路。為了說明仁慈的力量，我們下面得花大量的筆墨來描述這樣一件事。

罪犯必然遭遇到的最大困難之一，就是在服滿刑期之後找到一份工作。他願意工作，決心成為一名誠實的人，然而警察知道他的行蹤，總是對他糾纏不停。於是，他很快又改變了主意，被迫回到原來的老路。因而，要想使一個囚犯回歸誠實，囿於環境，機會十分渺茫。湯瑪斯·萊特（Thomas

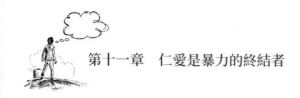
Wright)，曼徹斯特的一位仁慈者，把自己看成是受人冷落的囚犯的朋友。他沒有什麼社會地位，也沒有財富，有的只是他那顆用之不竭的愛心。

雖然他所受的教育不多，但早年從他母親那裡汲取了強烈的宗教意識。從母親的背帶裡解放出來後，從善的時機就成熟了。他必須面對這個世界，面對它的勞作，面對它的幸福，也面對它的邪惡。很早期開始，他就與曼徹斯特最不幸的大人和孩子混在一起。這持續了一段時間。但最終，他的心靈和良知對夥伴們的褻瀆行為產生了反感，從母親嘴裡說出來的道理開始起作用。他與一位宗教界年輕人熟悉起來，並開始有規律的光顧宗教場所。

15 歲，他成了一名曼徹斯特鐵鑄工的學徒。開始時，薪資每週 5 先令。由於他的堅定、沉著和勤奮，工作越來越順利，到 23 歲時，他成了製模工的領班，每週薪資達到 3 英鎊。這是他的最高收入，但他隨後所做的善事，根本就不靠這份錢。

他的心思從很早的時候就放在了那些最無依無靠的罪犯上面。從監獄裡釋放出來的罪犯，很少能回到老地方工作，而新的老闆也不會僱用他們，因為他們缺乏老闆需要的專長。長期監禁的浸染，往往使他們習慣與那些比自己更邪惡的罪犯接觸，因而出獄後他們留念過去的關係網，不少人就像以前那樣，重新開始他的犯罪生涯。這樣的惡性循環，周而復始。

一天，一個人來到鑄造廠，獲得了一份工作。這是一個穩重、細心、工作勤勉的工人。可是不久後有人洩露說，這個人是一名剛被釋放出來的罪犯。老闆問湯瑪斯・萊特是否知道此事，他說他並不知道，但答應去考察這個人。在第二天的工作中，萊特漫不經心的問那名工人：「你以前在哪裡工作？」「在國外。」他回答說。最後，在幾次進一步追問之後，這個可憐的人淚流滿面的承認自己是一個釋放出來的囚犯，並哀求萊特，別讓他回到過去的老路上去，讓他堅定不移的清除自己罪惡的過往。

萊特先生真誠的相信了這個人。他把他的經歷告訴了所有的工人，並在他們手上放了 20 英鎊，作為對這個人未來良好表現的保證金。他同時向這個罪犯保證，他將被留用。可是第二天早上，這個人就不見了，解僱他的命令就這樣在無形中生效。萊特立刻派了一個工人到住所去找他回來工作，但他已經離開住所，帶走了在這個世界上所有屬於他的東西。

　　確定這個人是朝著貝里方向出發之後，萊特先生立刻沿著他的足跡追了上去。他發現這個逃亡者坐在離曼徹斯特不遠的馬路邊，傷心欲絕，走投無路。萊特用手拍了他一下，然後拉他起來，告訴他工廠已經決定留用他，一切都要靠他自己，看他能否保持自己身為一名可敬的工人的品格。他們一起回到曼徹斯特的工廠。這個人之後的表現，完全證實了領班曾經做出的保證是正確的。

　　這次親身經歷深深的感動了萊特先生本人。他看出同情心和人類之愛在把那些可憐的罪犯從他們業已陷進去的痛苦深淵中拯救出來方面，可以有多麼大的作為。他感到，他們不應該放棄任何重新做人的希望，而每一個善良的人，都完全應該向他們伸出援助之手，使之回歸勤勞的生活。這成了他心中強烈的願望、應該努力完成的使命。他沒有任何助手，但一種強烈的信仰使他堅定不移的邁向成功。

　　萊特先生住在索爾福德監獄附近，希望能夠接近獄中的囚犯。可是，在很長的時間裡，他並沒有得到允許。後來，鑄工廠一位年輕人的父親在獄中擔任看守員，他把萊特先生介紹給監獄長。於是，他才被獲准參加星期日下午的服務。不過，他並沒有得到單獨看望囚犯的機會，只好耐心等待。

　　一個星期天的下午，在萊特先生正要離開監獄的小禮拜堂之時，牧師叫他別走，並問他是否能夠替一個囚犯找份工作。這個囚犯即將刑滿出獄，希望能夠有一次證實自己的品格已得到改造的機會。「可以，」萊特

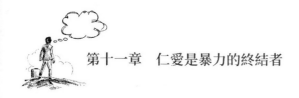

說，「我將盡力而為，努力為他找到一個位置。」他成功了，出獄囚犯找到了工作。

現在，監獄長讓他可以更自由的在監獄裡走動。他親自屈尊訪問囚犯，與他們談心，替他們出謀劃策，鼓勵他們下決心改正，把消息帶給他們的家人，盡量使自己成為他們的朋友和恩人。在囚犯出獄時，他常常約見並送他們回家。他以自己的綿薄之力幫助他們，供給生活費用，然後盡力替他們找到工作。

他在許多情況下都獲得了成功。工人的雇主也開始相信湯瑪斯・萊特了。他們知道他是一個善良而仁慈的人，不會出錯主意。出於對他的信任，他們常常僱用出獄的囚犯。如果有疑心，萊特就會用自己的錢當保證金，使他們信心堅定。而這保證金，是他從自己每週 70 先令的領班薪資中存起來的。

所有這一切，他都是在默默中完成的 —— 他寧願為人所陌生，以免所做的善事被人干擾。就這樣，在幾年之內，他成功的為近 300 名出獄囚犯找到了工作！他甚至成功的 —— 這是所有工作中最糟糕的 —— 為女性酗酒者找到了歸宿。當時，他跑到老遠的農村裡，說服女性酗酒者的丈夫把他那不再酗酒、而一心懺悔並渴望回到家裡的妻子領回來。

他的一個朋友曾經提到過一件明顯的事例。一個曾經在波特蘭島服刑期滿的人被釋放後，帶著一張出獄許可證和一封牧師寫給湯瑪斯・萊特的信來到曼徹斯特。萊特替他找了一份清道夫的工作，並使他升遷為道路修理工。他的行為證明他已完全改正了。萊特接著替他獲得了進入坎農・斯托維（Canon Stowell）的週末全日學校的許可，使他成為該校的一名教師。他表現出良好的教學能力，就連坎農・斯托維都對他產生了濃厚的興趣。他們開始相互熟悉，坎農安排他為自己伴讀，在適當的時刻，任命這位波特蘭罪犯為一名牧師。

另一位受到老闆信任而負責管理倉庫的年輕人，由於交友不慎，結果盜用了老闆的資金。他的偷盜行為被發現了，老闆打算起訴他。這位年輕人的父親懇求湯瑪斯‧萊特從中調解。萊特立刻趕到老闆那裡，成功的使他答應不起訴年輕人，而給他另外的懲罰。「給他另一次機會吧。」這常常是湯瑪斯‧萊特的迫切建議。年輕人被送回工廠，從此表現出了最令人滿意的行為。他比以前更加賣力的工作，後來成為工廠的一名股東，並最終成了工廠的負責人。他一刻也沒有停止過為「湯瑪斯‧萊特」這個名字而祈禱。

萊特這樣工作幾年之後，他的自願勞動終於受到了官方的注意。威廉斯（Williams）上校在他關於監獄狀況的年度報告中提到了萊特這個名字。他說：「要想說明這個卑微的、無助的好人到底是如何從事他的慈善事業，以及到底在何種程度上獲得了成功，這只要看一看那幾百名與他有深交的罪犯，大部分已重新做人，只有 4 個人再次入獄的事實就夠了。我們欣喜的看到，罪犯們信任和依賴他，這似乎完全來自於他那樸實、謙遜，以及慈父般的為善方式。」

許多情況下，當萊特先生無法為出獄罪犯找到工作時，他或者把自己的錢借給他們，或者在自己的朋友中發起一次募捐，把他們送出國。他就這樣幫 941 名出獄犯人出了國，在全新的、和舊時熟人相隔絕的環境下開始生活。出獄罪犯本人回報他的，是在許多情況下幫他做善事。他們為自己的朋友尋找工作，或者幫忙發起募捐，把別的出獄罪犯送出國。因而，仁慈總是產生仁慈。

這些出國的囚犯當中，有一位被送到北美去的人寫信給萊特先生，稱他為「親愛的養父」。他在信中夾寄了兩英鎊捐給「倫敦男性勞教所」。這位現在成了富翁的僑民在信中寫道：「您，我永生難忘的父親，是您的幫助使我獲得了今日的成功。您是我今生最好、最親切，也是唯一向我提供幫助的朋友。您透過自己無私的幫助，使我擺脫了昔日罪惡的生活。當所

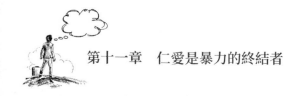

有的人見到我別臉而去，視我為惡棍和流氓時，您像一位浪子的慈父，熱情歡迎我回到高尚和完美的生活中，以黎明前將要出現的曙光般的希望安慰我年輕的心，用您慈父般的勸告和純真的希望指引我的命運。上帝保佑您，親愛的父親！上帝保佑您全部的仁慈！每當我想起您為您那可憐的朋友所做的一切努力時，思念的眼淚就在我臉上流淌。」

就在這時候，萊特先生正在鑄造廠裡工作——從早上 5 點直到晚上 6 點，有時更晚。整個晚上的休息時間以及大多數星期天，他都投身於他那自願接受的事業。或者在監獄、收容所、簡陋的星期日學校裡，或者在不幸者和罪犯的家中。現在，他已是 63 歲的高齡，身體也開始衰老。他一無所有，所有多餘的收入，都已用在出獄囚犯的解救和出國中。他常常把自己約束到最儉樸的生存方式裡——總認為如果自己擁有了財富，卻不把它們獻給那些處於不幸中的人，就是一種罪過。

當政府了解到了他的事業的價值時，便給他一個監獄巡視員的職位，並付給 800 英鎊的年薪。乍看之下，似乎這筆小錢是他可以賺取的收入，同時能夠擴大他的工作範圍。可他毫不猶豫的拒絕了。他說它會制約自己做善事的力量，他相信，一旦他成為一名政府官員，就不再會被看作「囚犯的朋友」。

同樣的，曼徹斯特人民也試圖為他募集一筆相當於他每週薪資數量的年金——這充其量相當於他的工作為國家挽救的金錢的十分之一。「皇家獎勵基金」響應募捐活動，認捐了 100 英鎊，剩下的由曼徹斯特人民募集。他們募集到了 182 英鎊送給萊特先生作為年金——這恰好是他以前透過白天的工作賺取的金額。

沃茨（G. F. Watts）先生捐獻了一幅名為〈善良的撒馬利亞人〉的珍貴畫作，作為響應曼徹斯特人民募捐活動的證明。這幅畫的主題是「藝術家欽羨崇敬的肖像，高貴的慈善家，湯瑪斯‧萊特」。它被掛在曼徹斯特市

政大廳的顯著位置，立刻成為藝術家友善和慷慨的證明，更成為它所展示的人的高尚品格的象徵。

直至今天，萊特先生仍在繼續他的慈善工作。他往返於城鎮之間，像霍華德那樣，探視這些地方的監獄。他走訪了「田野晚徑避難所」、「雷德希爾工業學校」以及米爾班克、彭頓維爾、波特蘭島、樸茨茅斯、帕克赫斯特等地的監獄。他在建立「貧民免費學校」時勤奮工作，滿心希望教育那些窮人的孩子過誠實的生活，從而防止他們走上犯罪道路。他把無知和壞榜樣看成是一切罪惡的滋生地，因而盡一切力量透過世俗或宗教的教育把它們徹底清除。他呼籲當時正積極提倡建立國家教育體系的科布登（Cobden）先生，應把消除犯罪和貧困作為國家教育體系的首要的強制措施。除了「貧民免費學校」之外，他還創辦了「改造學校」、「便士銀行」以及「擦皮鞋隊」。哪裡需要做善事，哪裡就少不了他的援救和幫助。屬於他的每一分鐘都無比充實。他的格言是：工作，工作，不管今天哪裡需要；時時如此吧，因為夜晚就要來臨了。

就這樣，他走到了生命的盡頭。當他進入 85 歲高齡時，健康狀況急劇惡化。然而，他仍然時刻準備接待那些希望看到他的人 —— 特別是那些窮人、出獄囚犯或回心轉意的罪人。他的生命逐漸凋零了。第二十三首聖歌不停的掛在他的嘴邊，在每天的昏迷中，他感到自己正在「向著家裡走」。他曾經戰勝了一切，現在正在結束這種戰鬥。西元 1875 年 4 月 14 日，他安寧平靜的睡著了。他的一生，確實是「活得值得的一生」。

萊特是透過信任罪犯來實現他們的改造。信任就是信心，他們的心靈是能夠被觸動的。除非情況特別糟糕，年輕人是在缺少關懷和不誠實的環境中長大，否則信任就會是雙方的。還是把人往最好的方面看吧。「往最壞處看人，」布林布魯克（Bolingbroke）先生說，「是壞心腸和卑鄙靈魂的確切標記。」你也許受騙了，這是真的，但受騙總比不公平待遇好。

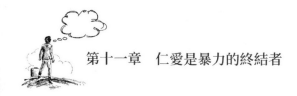

不久，英國關閉了一切公共場所，禁止平民大眾進入。許多重要的建築在平日都關門閉戶，除非你得到了「命令」，或願意給小吏和古玩講解人小費。大英博物館被關閉了，國家展覽館被關閉了，聖保羅大教堂和西敏寺被關閉了，溫莎古堡、倫敦塔、議會，以及其他一切公共建築、古玩珍藏、藝術作品，除了極少數之外，都被關閉或藏起來了。看起來，有人認為，如果允許平民百姓進入到這些地方，他們立刻就會砍掉木頭、砸碎石頭、摧毀這些古老的建築。

我們相信，已故的約瑟夫‧休謨（Joseph Hume），是第一個公開致力於改變這種可悲狀況的人。他獲得的第一個成就，是使大英博物館這棟公共建築向大眾開放。這一偉大成就的獲得，其阻力是強大的。有人早就驚呼，它的珍藏品已被無可挽回的損壞、損毀、弄碎、搗亂，甚至有一些價值連城的珍藏品也已被盜走。況且，所謂的革新居然是這樣的！然而不管如何，我們得感謝休謨先生的頑強爭取，是他使大英博物館重新向大眾開放，雖然博物館自然要對這些「洪水」進行預防。在重新開放之前，博物館只允許三三兩兩的小組參觀，而且有一名官員 —— 實際上是一名身著便服的警察 —— 陪他們四處觀看，他負責防範那些意圖打碎珍藏品的人，隨時準備突襲任何一心等待機會損壞身邊的珍藏品的野蠻人。

好！議會的命令下達了，大英博物館應該對所有屠夫、麵包師、普通士兵、女裁縫、女帽製造或販賣商，以及所有從事最普通職業的最普通的人開放。況且，我們的史丹利先生（Lord Stanley）在粗野行為大量出現時是怎麼說的？就在粗野行徑突發的那一天之後，他來到眾議院（這時他是其中的一名成員，同時是大英博物館的專員）。他從自己的座位上站起來，以一種斷然的語氣宣布：「我受到了警告，也為之深感憂慮。然而，我現在可以聲明，昨天（國際勞動節）有31,500人到過大英博物館，而損失只有價值不足6便士的收藏品！」因而，所謂的「洪水」是不存在的，

應該普遍允許人們自由的參觀我們自己國家的古玩和藝術珍藏，而不致引起普遍的社會動亂。其祕密是顯而易見的——人們應該受到信任。

在慈善工作中，休謨先生表現得非常頑強。他不斷呼籲那些管理者，應該信任人民，向人民開放公共收藏，獨樂樂不如眾樂樂，因為人民身在其中能夠得到快樂、薰陶和教育。透過年復一年的不斷重複的工作，他成功的使倫敦塔、漢普敦宮、西敏寺、聖保羅大教堂等公共建築次第向大眾開放。這場運動逐漸蔓延開去，現在，不僅在倫敦，而且在許多大工業城市，公園都向大眾開放，讓人民在其中享受欣慰和樂趣。

西元 1851 年大展覽時，是否應該派部隊包圍倫敦以使人民保持安定，成了議會嚴肅討論的主題。這一提議最終被否決了，水晶宮沒有被部隊包圍。結果怎麼樣？幾乎沒有哪怕是價值 1 便士的東西被人偷走，也沒有任何東西被人損壞。首都警察署署長羅文（Rowan）上校在眾議院一個委員會面前被問到這一問題時，他的回答是：這種結果應歸功於「人民的高尚行為」。他補充說，許多設備最近得到了近幾年都沒有得到的改進，也是允許人民進入公共建築的結果——一句話，得益於信任人民。這是一種消除「洪水」的正確方法：允許人民自由的觀看藝術作品，因為它們突出的展示了上帝給人的恩賜；讓人民在美的形式——它充滿了高雅、奉獻和高貴——面前沉思，喚起真誠的感情和嚴肅的思想，緬懷歷史上的高尚品行，他們就會在無意中變得高貴、謙卑、純潔、文明。因而，我們的畫廊應該成為教育基地，透過提高淨化鑑賞品味，觸動人們的內在靈魂，來最大限度的促進國家的教育水準。信任人民，允許他們自由的進入這些地方，這事實本身就是一種道德品格的教育。信任某人——表示你樂意相信他——就是透過你的行為而不是法律或權威的力量向他表示，你相信他的真誠，你將盡最大努力博得他的好感，贏得他的心靈。當你以自己的行為舉止證明你相信他的美好本性時，你就消除了他的罪惡本性。

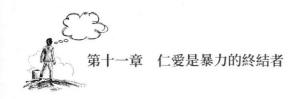

因而，善能克服惡。

　　實際上，我們只需要信任某人，就能把他的善引導出來。以實際行動相信他的長處，他就能學會正確的發揮優點。要消除新產生的自由之惡，唯有自由。讓剛從牢房裡出來的囚犯習慣於光線，他不久就能忍受最明亮的陽光。使人謙卑，就必須使他熟悉謙卑的作用。使人成為好公民，就要允許他熟悉公民的權利和義務。游泳之前必須先下水，騎馬之前必須先學會跨上馬背。在一個人成為優秀公民之前，他首先必須被允許承擔公民的責任。

第十二章
履行自己的職責

忍耐是聖者的
磨練，他們堅韌的考驗。
勝利者戰勝一切
暴政或命運的打擊。

　　　　　　　　　　　　　　　—— 米爾頓

我們仍然希望
一個更廣大的世界
這裡產生的信仰
能夠在那裡開花，而非遺忘。

　　　　　　　　　　　—— 克拉夫（A. H. Clough）

穿越一切生命，我清晰的看到一個十字
在它面前，上帝之子犧牲了自己：
有所失，才有所得
唯有死去，才能新生
在信仰之後，眼裡的星子明亮。
如果無法忍受恥辱，那麼光榮何在
不能接受責備，公正也將離我們遠行
永恆的熱情融化一切
即使不涉及榮耀、正確與名聲。

　　　　　　　—— 歐瑞格·格蘭奇（Olrig Grange）

　　威靈頓公爵曾經記述道，某位牧師問他，向印度人宣講福音是否值
得。公爵反問這位牧師：「你的前進口號是什麼？」牧師回答說：「到所有
的世界去，向每一個生靈宣講福音。」「那麼，按照口號去做，」公爵說，
「你的唯一職責就是服從。」

任務不受歡迎、不時髦、甚至危險都不要緊，在任何地方，我們總能發現許多不同年齡階段的人緊緊跟隨著救世主的指引。基督就曾向猶太人和異教徒布道。聖保羅是第一個福音使徒，他曾經在東方、在科林斯、在以弗所、在塞薩洛尼基以及別的地方建立教堂，並把自己的骨灰留在了羅馬——他去那裡，就是為了宣講福音。

在所有職業當中，使徒責任最強，最需要英雄氣概。他必須把自己的生命掌握在手裡。他甘冒生命危險，居住在野蠻人，有時甚至是食人者當中。這種獻身於痛苦危險事業的決心，是金錢無法買到的。自己肩負的仁慈使命是他得到的唯一激勵。不管是在國內還是國外，所謂的「前衛思想家」，與使徒的志願工作相比，無法為我們留下些什麼東西。單純的否定是什麼也說明不了的。它能夠摧毀一切，卻什麼也不能建設。它能夠動搖我們的信仰支柱，卻使我們兩手空空，在它面前，我們的靈魂得不到聖化、激勵、長進。

然而，野蠻人的本性是「卑鄙的」。「對我們來說，他們怎麼會是卑鄙的呢？」謝爾溫（Selwyn）主教說，「上帝什麼時候有過把某人稱作平凡的、骯髒的說法？我並不介意時下流行的『可憐的野人』和『討厭的粗人』這樣的詞語。也許，正是我們這些來自基督教國家的人，才是更可憐且更令人討厭的，因為我們得到的福音很多，能夠解釋的卻很少。所有人當中最可憐的也許就是我們自己，我們儼然是上帝福音的掌管人和擁有者，卻在擁有它的時候，而如此不虔誠。到野蠻人之中去，成為他們的朋友和兄弟，是一種比認為只有自己才真正正直的而沾沾自喜更為有益的事業。認為自己與眾不同，往往在感謝上帝的禮拜活動中，悄悄襲入我們的心靈。」

應該感謝聖奧古斯丁。是他，第一個到達英格蘭，教給我們自由、完美、學識，甚至賦予我們的使徒事業心。在 6 世紀末，奧古斯丁（Augustine），或稱奧斯丁（Austin），受到教宗葛利果（Gregory）的崇敬，得

到英格蘭候補主教的頭銜。周遊法國之後，他在一群修道士的陪同下抵達賽尼特，繼續他的使命。在坎特伯雷，他受到了肯特國王艾塞爾伯特（Ethelbert）的接待。這位國王娶了一位基督教妻子，受她的影響，他成了一名受洗者，之後被允許進入教堂禮拜。奧古斯丁的傳道工作逐漸擴展到整個國家，到西元 605 年他逝世時，英格蘭的大多數地方都已經承認了羅馬的權威。

可是，異教仍然統治了英格蘭的北部地方。亨伯北部國家埃德溫國王，與肯特國王伊德鮑爾德（Edbald）的姐姐，這位信奉基督教的公主結婚。新娘在一位出生於羅馬，名叫保利諾斯（Paulinus）的牧師陪同下，來到埃德溫。幾年之後，埃德威也成了基督教的天下，雖然埃爾德曼和塔尼斯王國均信奉異教。為了討論新的教義，各國在維特納謨舉行了一次會議。埃德溫國王把他改宗信仰的動機擺到會議的前臺，並反過來問其他的每一個人，他們對事情有什麼感想。比德（Bede）在他寫的歷史中講到了這個故事，並寫得極為動人。

第一個站起來回答的是牧師的領袖。他宣布，索爾（Thor）、奧丁（Odin）、芙蕾雅（Freya）等神，都沒有力量，他不願意再信仰他們。戰士的統領也站起來說：「哦，國王，你也許能夠回憶起一件發生在某個冬日的往事。這時，你正與埃爾德曼人或塔尼斯人坐在桌子旁，那時燈光明亮，大廳裡溫暖如春，無雨，無雪，也無風。突然，飛來一隻小鳥，牠掠過大廳，穿越一扇扇大門。這時，你備感親切，因為此時無雨無風。然而這樣的時間是短暫的，小鳥帶著嘲笑的眼神飛走，從冬天而來牠又回到冬天而去。這對我來說，看起來就像是這個地球上的生命，就像是拿過去將來的時間長度與這個短暫的過程相比。永恆是黑暗的，讓我們疲倦。它用人類所無法理解的不可能性折磨著我們。如果是這樣，這種新的教義就能告訴我們任何事情，它符合我們應該追尋的東西。」

這位老統領的演說解決了問題。投票表決之後，會議嚴肅的宣布斷絕與舊神的一切關係。可是當使徒保利諾斯提議他們應該打碎舊神的偶像時，卻沒有一個人表現出堅定的信仰，勇於冒這種褻瀆神靈之罪。於是高貴的牧師跨上馬背，帶著刀，揮舞著長矛，向廟宇飛馳而去。在眾目睽睽之下，他用長矛挑開大門，刺向偶像，直到把它們擊得粉碎。人們建起了一座木房子，埃德溫國王和其他許多人都在這棟房子中受了洗禮。保利諾斯走遍了狄利亞和伯尼西亞等國家，用斯瓦勒和烏爾河中的水，向所有願意服從「聖哲會議」協議的人施了洗。

7世紀，基督之光已照遍歐洲的各個黑暗角落，這得益於使徒們的努力：在高盧，有安多邁爾（Andomar）、克拉姆巴（Columba）；在英格蘭，有保利諾斯、威爾弗雷德（Wilfred）、卡斯伯特（Cuthbert）；在德國，有基爾肯（Kilcan）、魯毗特（Rudpert），以及隨後的波尼法爵（Boniface）。當波尼法爵乘船抵達不列顛時，他一手帶著福音書，一手拿著木匠的準尺 —— 他真心喜歡這種工作。在隨後去德國時，他已帶上一門建築手藝。安斯加爾（Anschar）與一名隨從，於西元826年進入丹麥王國的疆土，在那裡，他受到自己成就的激勵，建立了一所神學院，專門培養未來的使徒。傳道者們於10世紀來到匈牙利和波蘭，住在克拉科夫的主教教區。他們在工作中遇到了最大的困難，雖然困難是他們本來就打算加以克服的。他們毫不畏懼死亡，投身於幫助那些受到傳染病折磨的人。在傳播基督教的同時，他們還募集錢財，從鄂圖曼帝國贖回俘虜。試問，世上又有誰能夠抗拒如此充滿愛心的使徒事業呢？

在10世紀和11世紀，許多工人和建築師的使命與教會有關。是這些人，在各國建起了輝煌的大教堂。他們全心投入工作中，把宗教化為工作的力量。建築對他們來說，包含了愛、真理和快樂，每一個動作都會奏出美妙的音樂。與今日的次級品相比，這些建築又是何等不同？當現代建築

紛紛倒塌損毀時，古老的教堂巍然屹立，成為人們快樂的泉源。

據說，中國早在 7 世紀就有了基督教使徒的蹤影，早在 12 世紀就有了法國使徒。新教使徒只是到了西元 1807 年才被派往中國。亞洲和非洲現在仍然只是被一條傳教的前哨線環繞著。在非洲，傳教的英雄時代才剛剛開始出現。可見，還有多少大陸仍然留待我們去開拓！

被派往印度的傳教士聖方濟・沙勿略（St. Francis Xavier），對所有的人來說，都是值得學習的。西元 1542 年，他乘坐葡萄牙輪船去果亞，把福音傳播到黑暗之處。他是一位有著高貴血統的人，本應該如別人般生活得快樂而奢侈。可他放棄了這一切，選擇了犧牲、奉獻和勤勉的生活。他在果亞搖著手鈴四處奔走，懇求人們送他們的孩子去受教育。從那裡，他去了科摩林角、特拉凡哥爾、麻六甲和日本。他試圖進入中國，可是沒有成功。最後，他死於森西安島的熱病，收到了殉難者的花環。

拉斯・卡薩斯（Las Casas），這個出使西印度群島的使徒，使我們難以忘記。「有一個時期，」亞瑟・法普斯先生說，「在那些與宗教有關的地區，各種方式出現的野蠻力量受到普遍的召喚。於是，拉斯・卡薩斯在各個宗教團體和皇家參事會面前主張，傳道事業應該擺脫一切軍事支援，一個使徒應該自己掌握自己的命運，僅僅依靠上帝賜予他的保護措施，而非靠公民或軍事的支援。事實上，即使在今天，卡薩斯的工作也能構成最好的出使指南。」

西元 1498 年，拉斯・卡薩斯跟隨他的父親參加了哥倫布的探險隊，到過西印度群島，從而第一次看到了美洲。他回到西班牙後，第二次航行到伊斯帕尼奧拉島。在那裡，他被任命為牧師。在執行新任務的過程中，人們發現他健談、精明、誠實、勇敢、無畏和虔誠。他與西班牙人一起四處奔走，極力獲取印第安人的信任。他制止了許多混亂和暴行，因為西班牙人遠比印第安人野蠻。在目睹了幾次大屠殺之後，他決定回到西班牙為

可憐的印第安人求情。他拜訪了斐迪南國王（King Ferdinand），告訴他印第安人的錯誤和不幸，以及如何死於缺乏信仰。但那時斐迪南已到了老態龍鍾的垂暮之年，死亡就在眼前，因而從他那裡得不到任何答覆。

　　不久斐迪南就死了。拉斯·卡薩斯便轉而求助於攝政王希梅內斯（Ximenes）紅衣主教，希望他對印第安人的遭遇和不幸感興趣。紅衣主教承諾消除這種暴行。他指派了 3 名傑羅尼密特教父跟隨拉斯·卡薩斯到西印度群島去。抵達聖多明哥之後，教父們便加入了地方長官和法官一夥，拉斯·卡薩斯只好重新回到西班牙，向當政者呼籲。但他到達西班牙之後，發現紅衣主教的生命已岌岌可危了。新國王（查理五世〔Charles V〕）是一位年僅 16 歲的年輕人，西班牙的政權實際上操縱在他的大臣手中。當拉斯·卡薩斯與大臣的關係剛剛有一個好的開始時，與紅衣主教一樣，這位大臣也死了。在使命與其完成之間，似乎總有死亡在其中干涉。布爾戈斯主教在政權中獲得了顯赫的地位，於是，拉斯·卡薩斯便陷入了如他自己所說的「深淵」中。接著，幾位傑羅尼密特教父也被召回了。拉斯·卡薩斯這位使徒在西班牙得不到任何幫助，只好像以往那樣回到西印度群島。他試圖在庫瑪納建立一塊殖民地，與印第安人為友，使之擺脫西班牙人的暴行。可是總是遇到阻攔，他的建立殖民地的企圖也被擱置。他不能得到任何人的幫助，而嘗試做的工作僅靠一個人是無法完成的。

　　後來，拉斯·卡薩斯過上了一種僧侶生活。在伊斯帕尼奧拉島的多米尼加修道院，他過了 8 年極端清貧的生活。之後，他投入到傳教工作中。在兩名同仁的伴隨下，他出使到祕魯。回到墨西哥之後，他們用基督教信仰教化了許多印第安人。在尼加拉瓜，拉斯·卡薩斯組織了一次運動，目標直指地方長官，以阻止他發動對內陸的遠征，因為這種遠征總是嚴重傷害到當地的土著，並產生許多可恥的暴行。眾所周知，在一次遠征時，4,000 名印第安人隨著遠征隊搬運輜重，結果只有 6 個人活著回來。拉斯·

卡薩斯本人曾經對此作過描述。他說，當一名印第安人在飢餓疲憊中倒下，不能繼續前進時，遠征隊便把他的頭砍下來，作為使他早日擺脫鐐銬的快捷解脫方式。他從此就在相伴而行的搬運隊中消失了。「想一想，」卡薩斯說，「其他的印第安人會怎麼想？」

為了教化土著，拉斯·卡薩斯和他的同仁現在決心去圖朱露頓這一使西班牙人望而生畏的地區。他們把它叫作「戰鬥的土地」，因為當地居民曾經把他們打退了 3 次。然而，出自信仰的勇氣激勵了這些使徒，他們不顧生命危險，決心進入這塊土地。他們所做的第一件事，就是把教會的偉大教義翻譯成奎克語言的詩歌。第二個想法是如何使自己的詩歌引起印第安人的注意。他們找來了 4 個印第安商人幫忙，這 4 個人，每年都隨著商隊到圖朱露頓地區幾次。他們最終學會背誦詩歌，並譜成歌曲，可以用印第安樂器來伴奏。拉斯·卡薩斯還給商人們一點小小的報酬 —— 例如剪刀、刀、望遠鏡和鐘 —— 以取悅這些土著人。

商人們受到了酋長的隆重接待。晚上，當各部落首領聚集在一起時，他們拿出樂器，開始在樂曲的伴奏下演唱詩歌。演唱收到了良好的效果。幾天之後，商人們再一次演唱了布道歌。酋長便問這些詩歌是從哪裡學來的，並希望知道它們的由來和意義。他們回答說是從教士那裡學來的。「誰是教士呢？」於是商人們向酋長做了解釋。酋長接著邀請這些非同凡響的人去他的國家。這就是拉斯·卡薩斯和他的隨從被允許進入「戰鬥的土地」的來龍去脈。

西元 1539 年，拉斯·卡薩斯重新回到西班牙。由於熟悉印第安知識，他在那裡滯留了一段時期，寫那本名叫《印第安的沒落》的著作，這本書獲得了大量的讀者。他被授予庫斯科（在新托勒多）主教的職位，但他拒絕了。他再一次被授予新墨西哥的恰帕斯（注：墨西哥南部一州）主教職位，這一次，他的上司把是否接受當作良知問題向他施加壓力，使他最終

服從了上司的意志。他再一次航行到「新世界」，落腳在該省的首府西烏達瑞爾。主教的尊榮並沒有改變他的為人方式。服飾依然是樸素的法衣，破破爛爛、打滿補丁，房中家具簡陋之極。他拒絕赦免那些與法律法規對抗的蓄奴者。在廢除奴隸制的過程中，他遇到了強大的阻力，生命受到極大的威脅。有人稱他為「魔鬼主教」、「反對基督的主教」。可是他視若無睹，依然走著自己的路，一旦消除了某種惡行，他會為之欣喜若狂。西元1547年，他最後一次回到西班牙，辭去了主教職務。

拉斯·卡薩斯身上有一種無法征服的勇氣。他12次橫渡歐洲和美洲之間的大洋，4次到德國去參拜皇帝。他的生活充滿了最高的熱情，保持著一份旺盛的精力，他活到92歲的年紀，依然沒有邂逅死神。在短暫的患病之後，他於西元1566年7月死於瑪德瑞德。

拉斯·卡薩斯3世紀之前所悲哀的，我們今天仍然感到悲哀 —— 使徒或者在騎兵、步兵和炮兵之前衝鋒陷陣，或者在他們之後亦步亦趨；在異教徒能夠被轉化之前，就把他們殺掉。征服的癖好深深植根於一切殘酷暴行中。從西元1800年到西元1850年，英國人民至少捐獻了1,450萬英鎊，用於基督教傳教事業。這確實是英國教會的信仰、熱情和奉獻精神的高貴紀念碑。然而，就在同時，我們至少花費了12億英鎊，用於戰爭和購買戰爭物資 —— 這卻是我們信奉戰爭和戰爭物資的更大的紀念碑。

使徒們進入了非洲南部，可是在試圖進入非洲北部時，卻遇到了無數的困難。他們住在土著中間，把自己的頭腦、心靈和靈魂都獻給了這些土著。他們費盡心思，極力把土著帶入到基督教信仰 —— 愛的世界中。這些教養良好、習慣於舒適方便文明生活的人們，忍受著對於所有的人來說都是難以忍受的最嚴酷的貧窮。任何志在獲取的動機都無法支撐他們從事這種工作的信念。西元1820年，莫法特（Moffat）博士橫渡俄勒岡河去貝庫阿納諸部落傳教時，他自己每週的報酬才18英鎊，而給予妻子和家庭

的每週才 5 英鎊。

當莫法特在這些部落中傳教時，他並不懂他們的語言，也沒有人教他。他整個生活在那些人中間，對他們的憎惡毫不在意，也不怕他們的殘忍。他與他們一起行走、一起睡眠、一起散步、一起狩獵、一起休息、一起吃、一起喝。當他完全掌握他們的語言時，便開始宣講福音書。即使有時受到謀殺的威脅，工作也未收到任何明顯的成效，也不能動搖他在各式各樣的困難和打擊中頑強工作的決心。最終，他們相信了他，包括他所講的每一句話。這些曾經一度赤身露體、骯髒不堪的野蠻人，穿上了衣服，也變得清潔了。懶惰讓位給了勤奮。他們建起了房屋和花園。空虛靈魂的彌補與虛弱身體的鍛鍊，在他們身上同步進行。他們為年輕人辦起了學校，為成年人辦起了教堂。就這樣，教育工作和宗教事業在快速發展。

莫法特的養子李文斯頓（Livingstone）繼承了他的工作。他打開了非洲人的心靈，踏上了白人以前從未踏上過的野蠻部落的土地。在凶殘動物和仍然野蠻的人們中間，他走完了千萬里行程，經常從「牙縫裡的危險」中逃脫，然而他始終相信福音書的功效，即使是在最艱難的時候。他沒有活著看到南非戰爭的爆發，也沒有聽到千萬個反抗吞併他們的土地的人被屠殺的聲音。

人，即使是野蠻人，都是透過行為而非言語來判斷別人。「在真正仁慈的心裡，」古斯瑞博士說，「溫順的性格，慷慨的舉動，普通的慈善，都不言自明。與這樣的人相比，世上平凡的人們並不缺少什麼。你該怎麼使整個世界避免說『啊，你們這些宗教徒，並不比別人好多少，有時甚至更壞些』？在一位印第安首領對一位迫切希望他成為基督徒使徒所作的令人永生難忘的回答面前，你又該怎樣樹立自己高大的形象？這位印第安野蠻人，頭戴羽冠，身描彩畫，把自己標榜成最正直的人；他氣得嘴唇發顫，眼裡冒火。他回答說：『基督徒撒謊！基督徒騙人！基督徒是小偷、酒鬼、

殺人犯！基督徒掠奪了我的土地，屠殺了我的部落！』他傲慢的轉過臉去，補充說：『魔鬼呀，基督徒！我不會成為基督徒的！』也許，這樣的反應教會了我們應該如何謹慎的把宗教弄成一種職業。使基督教成為職業，就得有花費，就會使我們在以上帝的名義從事這種職業的同時，把它弄得面目全非。」

讓我們轉到地球的另外四分之一 —— 玻里尼西亞群島。在那裡，使徒們曾經做出過英雄的成就。例如，讓我們看看被稱為「埃若曼高烈士」的約翰・威廉斯（John Williams）的事例。他的生活富有浪漫色彩。童年與眾無殊 —— 被送到倫敦一名鐵器商那裡當學徒，然後從櫃檯去了工廠。可是在工廠，他表現出了機械天賦，擁有製鐵所需要的一切細密心思和專業技巧。少年時，他交上了一位沒有宗教信仰的朋友，後者對他的性格有著致命的影響。他們被公認為是無信仰者。可是好的影響占了上風，威廉斯最終加入了一個「共同進步協會」，並從此成為一名活躍的「主日學校」教師。

不久，去異教土地上傳教送經的工作，激起了他的強烈興趣。深思熟慮之後，他參加了「倫敦使徒協會」組織的服務，並最終被該會所接受。西元 1810 年，他 20 歲，在結束學徒期之前離開了他的主人。在學習文學和神學的同時，他經常參觀工廠和廠房，以便進一步提升自己的機械知識，從而把這種和平技術與宗教知識融在一起介紹給他將要為之工作的人們。

庫克船長在太平洋上發現了兩個大的島嶼群，在這些島嶼上，居住著許多野蠻人，其中有些相對溫順，有些則極端殘忍，但他們全部都是偶像崇拜者。在哈威斯（Haweis）博士和「南海使團」教父的建議下，「倫敦使徒協會」選擇那裡作為他們早期工作的場所。許多年以來，一些使徒先驅在這些島嶼上功效甚微，然而隨著時間的流逝，土著們逐漸接受了基督教，在一些島嶼，偶像崇拜儀式已被徹底拋棄了。

使徒們不斷的呼喚進一步的幫助。「倫敦使徒協會」了解到提供協助的必要性，於是派出約翰·威廉斯，雖然他的預備學習期相對來說太少了點，但他是一個年輕、熱心、認真的人。在開始航程之前，他與瑪麗·喬烏納（Mary Chauner）結了婚，後者被證明是他未來工作中不可多得的助手。在辭去學徒工作之後的 6 個月內，他與其他一些年輕的使徒一起登上了雪梨的土地。從那裡，他們出發前往協會所屬的島嶼之一即埃梅奧島。威廉斯先生一邊幫助別的使徒，一邊學習大溪地語，以進一步完善自身。在此期間，他常常為製作一些小器皿而做些鐵器工作，這是他們獻給大溪地國王波馬雷（Pomare）的小禮物。

不久，威廉斯先生轉到了胡阿希內島，之後又去了賴阿特阿島。後者是協會所屬各島中最大也是最中心的島嶼。在那裡，他的工作獲得了極大的成功。他在極力改善當地人民道德和體質狀況的同時，沒有忽視肩負使命的首要目標。當地土著道德水準極低，同時深陷根深蒂固的懶惰。群婚雜交在他們之間非常盛行。當威廉斯在他們當中獲得一定的影響力之後，他便引導其採用法定婚姻制。

下一步的目標是引導這些土著人為自己建造房屋。於是，威廉斯自己首先建造了一棟英國風格的舒適屋子，作為土著人仿效的榜樣。這棟屋子由許多房間組成，木質的地面，平整的牆壁，用珊瑚石灰粉刷一新。房間裡有桌子、椅子、沙發、床架、地毯和簾子。幾乎所有這些東西都產生於他勤勞的雙手。

善於模仿的土著人不久就效仿成風。在他的幫助下，他們為自己建起了房屋，從而學會享受文明生活的莊重和舒適。他還教會了他們建造船隻。預見到這些島嶼以後必定會發展商業貿易，他便引導他們種植菸草和甘蔗，為市場需求做準備。製糖廠所需要的在車床上滾動的輥子，也來自威廉斯的親手製造。

土著們開始有了一個良好的工業勞動開端，之後，他進而希望為他們的產品找到充分的市場，因而開始擴大自己對其他島嶼的和平征服。他相信，提高島嶼居民的文化和宗教水準，並與之建立起貿易關係，同等重要。為了實現這一目的，就需要有一艘船，因為小舟無法滿足要求。

　　抱著實現這種念頭的強烈願望，他於西元 1822 年來到雪梨，並購買了一艘名叫「奮進者」的 8 噸縱帆船。新南威爾斯的地方長官湯瑪斯·布里斯班（Thomas Brisbane），送給他許多母牛、小牛、綿羊，讓牠們在島上繁衍生息。在完成這個任務的同時，威廉斯時刻謹遵自己的首要使命。有人認為他的工作是布道，而非做生意。可他相信，只要這種事業的重要性得到人們的認同，倫敦的協會就會繼續向他提供支持。

　　西元 1823 年，他安全的回到賴阿特阿島，然後航行到哈威群島，去尋找拉羅湯加島。這個輝煌的島嶼，甚至連庫克船長不知疲倦的尋找都無法尋到。它僅僅在威廉斯已知的各島的一些傳統民間故事中才略顯一二。經過長期的尋找，威廉斯仍然沒有發現它，只好回到賴阿特阿。短暫休整之後，他終於再次出發。經過連續幾天的逆風航行，船上的物資幾乎已被耗光。這時，船長找到他：「先生，我們必須放棄尋找，否則，我們都會被餓死。」威廉斯再派一名土著到瞭望臺上去觀看，這已是他第五次登上瞭望臺了。忽然，他大聲驚呼：「拉羅湯加！我看到了！」

　　「就在我們決定是否放棄尋找目標的半小時之內，」威廉斯先生說，「太陽出來了，高高環繞在拉羅湯加島上的雲霧退去了。眼前的場景使我們大大的鬆了口氣，我們歡呼雀躍著：『這裡！這裡就是我們要尋找的土地！』這種情感的變化是如此之快、如此之強烈，直至許多年過去了，仍使我一直忘不了。興奮的臉色，快樂的表情，船上所有人的互相恭賀，顯示他們都享受著同樣的快樂。是的，這種歡呼聲也同樣包含著我們對主的衷心感謝聲，是他和藹的『引導我們走在正確的路上』。」

使徒威廉斯和他的隨從（鄰近島嶼的土著）在岸上受到了隆重的接待。教士們立刻宣布了他們的使命：教給島上居民關於真正的上帝的知識。拉羅湯加國王願意接受教化，他的臣民也與他意見一致。在島上待了一段時間之後，威廉斯留下一個土著教士，乘「奮進者號」帆船返回賴阿特阿。他打算把整個內維哥特以及其他島嶼都納入自己的計畫。正當他準備開始另一次探險之時，從倫敦傳來消息：使徒協會不贊同他的所作所為，擔心全世界所有亂七八糟的東西都會與他的使命混在一起。就在同一時候，新南威爾斯的商人接到了地方長官的一項財政命令，這一命令對來自南海群島的貿易將會產生強大的阻力。在這種情況下，威廉斯不得不離開「奮進者號」。他在船上裝滿了所有能夠搜集到的、市場價值最大的產品，然後出發到雪梨。上司命令他，不僅要賣掉商品，而且要賣掉船隻。

威廉斯繼續把駐地設在賴阿特阿，同時不斷的拜訪拉羅湯加島。西元1827 年，他與皮特曼（Pitman）夫婦待在一起，後者來此也是肩負了傳教的使命。他們發現，舊的偶像絕大多數已經被摧毀殆盡，人們的道德和宗教水準已經得到極大的提升。威廉斯先生這時的任務是把《聖經》的各章節翻譯成流行的方言，從此，讓操大溪地語言的使徒也能知曉書的內容。相應的，威廉斯把拉羅湯加方言確定為一種可書寫的形式，並為之制定了一套語法體系。在他的建議下，一座教堂建造起來了。教堂的設計和室內設施的安排都是按照他的計畫進行。土著及其首領對他的工作給予了快樂而自願的幫助，因此教堂在兩個月內就完工了。它的一釘一鐵都出自威廉斯之手。它的大廳能夠容納大約 3,000 人。

在建造教堂的過程中，發生了一件有趣的事。一天早上，威廉斯先生出門時忘了帶直角尺。他拿起一塊細木片，用木炭在上面寫了幾個字給他的妻子，要她把直角尺給送信人帶回來。他叫來一位小工頭，請他把木片帶給他的妻子。這位工頭拿過木片，問：「我應該怎麼說？」「你什麼也不

要說，木片將會顯示我想說的一切。」小工頭邊走邊想，這個人肯定是個大傻瓜。他把木片交給威廉斯太太，她接過看了看，就把它給扔了。然後，她拿來直角尺，交給小工頭。小工頭撿起木片，一路邊跑邊喊：「看這些英國人多聰明！他們能夠讓木片說話！」他在木片上繫了一根繩子，把它掛在脖子上。接連幾天，人們看到他總是被一大群人包圍著，他們正興致勃勃的聽他講木片能夠說話的故事。

海上總是沒有出現能使威廉斯先生返回他在賴阿特阿住所的船，他只好繼續在那裡工作。他建起了學校，教人們讀書。然而，與那些協會所屬各島的同胞相比，他們學得非常慢。首先教大溪地語，可是這種語言對他們而言就如同外國語。後來，沒有等到他把聖約翰福音書和加拉太使徒書翻譯成拉羅湯加語，人們就開始用自己的方言學習了，從此，他們進步神速。

一群放蕩的年輕人策劃了一次謀殺威廉斯及其同事的陰謀。他們計劃在威廉斯經過拉羅湯加去鄰近的塔哈島時，把他和他的同事扔進海裡。幸運的是，他們的陰謀被發現了。酋長舉行了一次會議，決定把這 4 個魁首處死。威廉斯站了出來，懇求酋長放他們一條生路。在一次聊天的時候，酋長問威廉斯，英國人在這種情況下將會怎麼做。他被告知，在英國，有一些既定的法律和法官，透過它（他）們向所有各類罪犯定罪和懲處。「我們為什麼就不能這樣呢？」酋長問道。

因而，酋長決定制定一套法律，作為公開審判的基礎。威廉斯和斯雷爾凱爾德（Threlkeld）以簡單明瞭的語言起草了這部法律，同時把防止壓迫的最有力措施 —— 由陪審團加以量刑 —— 包含了進去。接著，酋長任命了一位法官，負責審判罪犯。罪犯往往被判流放到荒島上 4 年。

在拉羅湯加等待的日子，一月接一月的過去，可是船隻仍不見蹤影。威廉斯決定採取一次最非凡的行動 —— 用自己的雙手建造一艘船。可是

工具極度缺乏，現有的又無法滿足用途。他的第一個步驟就是製造一支號角。島上共有 4 隻山羊，其中一隻正在餵奶，而其他 3 隻已被殺掉。三、四天的工作之後，威廉斯成功的用這些山羊皮做成了號角。可是號角隨即遭遇了不幸。在一個晚上，四處出沒的老鼠竭力咬食著山羊皮，以至於第二天早上，除了光禿禿的地板，就什麼也沒剩下了。威廉斯並沒有洩氣，可是接著又遇到一件麻煩事：按照同樣原理製成的幫浦，一丟到水裡，鏈條就必然斷掉。然而，重重的困難最後還是被他克服，他終於製成了一部能夠到達目的地的機器。

　　為了製成這個幫浦，他做遍了所有的鐵器工作。他以一塊有孔的石頭代替鐵匠爐，用一塊大石頭代替砧架，用一雙木工鉗代替煤鉗。沒有煤，他用木炭，這些木炭是用可可樹和其他樹的枝幹燒製的。沒有鋸子，他用鑿子把樹枝鑿開，然後叫土著們用石斧把它們砍下來。當他需要一塊彎曲的木板時，就把幾根竹子彎成需要的形狀，或者跑到森林裡尋找這種彎木。用這種方法，他獲得了兩塊符合需求的木板。由於鐵太少，他在木材和船板的內外鑽個大孔，用木條把它們拴起來，這樣整個船隻就牢固了。

　　他用可可樹皮把船隻的縫隙填滿，用芙蓉樹皮來做繩索。土著們睡的席子被用來做船帆，他把它們縫在一起來擋風。他建造了一個車床，車床的滑輪是用硬木做成的。他在一個木桶裡裝滿石頭，捆在繩子上製成錨。船隻的載重量約為七、八噸。在大約 15 週的工作之後，這艘名叫「和平使者」的船終於下水了。接著他為這艘船裝上舵，然而這麼重要的工作卻遇到了更大的困難。由於沒有足夠大的鐵來做舵桿，他便用一把鎬、一把木工斧頭、一把鋤頭將它製成。用這些七拼八湊的鐵器，他終於把舵也裝配上。就這樣，這艘神奇的船準備啟航了。

　　考慮到向相距 800 海里的大溪地群島的賴阿特阿島航行非常危險，他決定首先航行到相距只有 170 海里的愛圖塔基。拉羅湯加國王瑪科亞

（Makea）也跟著他加入了遠征隊。這艘帆船被證明是適合航海的。雖然由於土著船員缺乏經驗，船隻的前桅被折斷，但到愛圖塔基的航程除此之外就沒有什麼大的風波。不過，他們還是遇到了強風和巨浪。幸運的是，威廉斯有一個羅盤和一個四分儀，這使他一路上沒有碰到大的困難。可以說告訴國王第一個被看到的陸地的方向，是件很頭疼的事。因為接下來，他的問題永無止境，諸如我們是怎麼能夠如此確鑿的說出我們所無法看到的東西等，沒完沒了。他的口頭禪後來變成：「我再也不會叫那些在岸上戰鬥的人為『勇士』了。只有英國人，這些與海上風浪搏鬥的人，才真正配得上這個名字。」

「和平使者號」在愛圖塔基逗留了 8 天或 10 天，然後載著貨物踏上歸程。這些貨物主要包括豬、可可豆和貓！拉羅湯加本地豬又小又難養，於是這次就進口了 70 隻良種豬。至於為什麼貓也構成了這批貨物的一部分，原因是容易解釋的。拉羅湯加島上老鼠太多，多得就像埃及的十大災難之一。牠們跑到吃飯的桌子上，把飯菜偷吃光。牠們在椅子上打坐，在床上睡覺。「當我們全家跪下祈禱時，」威廉斯先生說，「牠們就會爬滿我們的全身。」

大鼠、小鼠、瘦鼠、胖鼠，

棕鼠、黑鼠、灰鼠，還有茶色鼠，

一些是老氣橫秋，另一些則生龍活虎，

父親、母親、嬸子、表姑，

傲慢的尾巴和剛硬的鬍鬚，

一家幾十口或是一大群，

哥哥、妹妹、妻子，還有丈夫。

事實上，老鼠每年吃掉了拉羅湯加島一半的糧食。牠們還吃掉了威廉

斯先生的號角、皮特曼夫人的鞋子。沒有別的食物可吃時，牠們會變成吃掉幼鼠的同類相食者。因而，貓就成了深受拉羅湯加居民歡迎的動物。牠們不久就把島上的老鼠清除乾淨。不過，牠們受到了新進口豬的協助，這些豬變得非常貪婪，牠們一起使這個無法讓人忍受的島國變得乾淨。

　　威廉斯先生並不滿足於把自己的使命僅僅限定在賴阿特阿。這裡一切都已轉好，可是還有更多的島嶼未被征服，於是他決心付諸行動。他全身充滿了活力，充滿了熱情，更充滿了勇氣。在西部，有幾大群島從來未曾被使徒光臨過，不管他們是哈帕伊、薩摩亞，還是「航海家」協會的成員們。威廉斯乘坐「和平使者號」帆船圍著這些群島轉了一圈，完成了他在其他地方同樣完成過的任務。他摧毀了偶像崇拜，建立了真正的對上帝的完美信仰。

　　「基督教」，威廉斯說，「不是靠人的權威，而是以它自身的道德力量來獲勝的 —— 透過它四處散布的光明及撒播的仁慈精神。因為，友善是打開人類心靈的鑰匙，不管這人是野蠻，還是文明。只要受到友善的對待，人們立刻就會嚮往真理，因為他們自然而然會把這種重大的轉變與過去那些殘暴首領的態度相比較，從而把轉變歸結為福音在人心中產生的作用。」、「在我們的語言中，有兩個單字是我最珍視的，它們就是『嘗試』和『信任』。在你『嘗試』做之前，你並不知道什麼是你能夠做到的，什麼又是你不能做到的。如果你使自己的嘗試立足於對上帝的『信任』中，那麼，一切能夠想像到的險山惡水，在你走過它們時都會自動消失，而所有你從未曾期望過的工具設施都會一一具備。」

　　最後，威廉斯先生決定重遊英國。他把「和平使者號」帆船送回大溪地賣掉，然後搭上了一艘開往家鄉倫敦的捕鯨船，於西元 1834 年 6 月抵達倫敦。他把自己取名為「拉羅湯加新約」的手稿送到「不列顛及外國聖經協會」，協會命令立即把它付印。在他所寫的一份紀錄中，描述了他那

非凡使徒生涯中最重要的所見所聞。（注：《南海群島出使記》，約翰・威廉斯著，倫敦使徒協會出版。該書評述了這些島嶼的自然歷史、起源、語言，以及島上居民的傳統和習俗。）這份紀錄一出現，立刻引起了人們最強烈的興趣。威廉斯在全國各地的會議上發言，與許多現有教會的高僧、許多在科學上獲得傑出成就的人、諸多達官顯貴成了朋友。人們紛紛捐款，以幫助他達成傳教的意願。倫敦市政公司一致同意捐獻 500 英鎊，以響應這次募捐。這次一共募集到 4,000 英鎊。用這筆錢，威廉斯買了一艘名叫「凱姆登」的船，專門用來傳教。西元 1838 年 4 月 11 日，這艘船載著威廉斯夫婦以及其他 16 對將會留在各自崗位上的使徒夫婦啟航了。

「凱姆登」安全抵達南海群島。在環繞各個已經建立了使節的島嶼一圈之後，威廉斯繼續前往西部更遠的島嶼拜訪。這些島嶼上的野蠻人還從來沒有受到過教化。遠征進行得很順利，「凱姆登」最後抵達了新赫布里底群島的埃若曼高島。一幫人從船上下來，登上了狄龍灣。然而，當地土著並不歡迎他們。顯然，過去曾經有一艘船到過該島，船上乘員給了當地土著粗暴的待遇。出於報復心理，這些土著對剛剛上岸的使徒進行了襲擊。威廉斯先生和他的朋友哈瑞斯（Harris）先生被殺死並被吞吃。

一個最高貴、最無私的人從此凋謝，這時他年僅 44 歲！他的人生責任就在於不斷的做善事。秉持始終不渝的堅定精神，從而把基督教和文明的種子撒播到四方。即使環境限制，慈善工作遭到擠壓，他也能耐心的等待時機。他知道，他撒播的種子終有一天能夠生根發芽、繁榮茂盛。他的事業並沒有隨著他生命的消失而逝去。即使是那些埃若曼高島的食人土著，也最終放棄了他們的偶像崇拜，誠摯的接受了基督教的真理。

威廉斯的衣缽後繼有人，一些高尚的工作者站在他的身後。喬治・謝爾溫（George A. Selwyn）在西元 1841 年被任命為紐西蘭首任主教時，就立即出發去執行傳教任務。（注：西德尼・史密斯在他的一封信中以嘲弄

的語氣寫道：「當紐西蘭主教準備在那裡接見食人土著的各路首領時，我給他們的建議是：『先生們，遺憾的是，在我的桌上沒有任何東西適合你們的胃口。但在我桌旁，你們卻可以找到大量冷凍過的助理牧師和烘烤過的教士。』如果這位主教無視我的謹慎的觀點，而他的參拜者卻同樣把他作為最後的菜餚的話，那麼我就只能補充說：『我真誠的希望他選擇拒絕。』對於後面這一觀點，這位主教本應該與我獲得真誠的一致；而我說的所有的觀點，他也應該將之視為一個有用的暗示，並牢記於心。」──《西德尼·史密斯回憶錄》）在他教區所在的大陸上不懈的工作 7 年之後，這位主教認為，為了完成英國大主教交給他的任務，他應該到紐西蘭和赤道之間的被叫作美拉尼西亞的 5 個群島上傳布福音，而現在，已經到了出發的時候。其後 12 年裡，這一傳教工作占去了他的大部分時間。開始時，人們對於傳教工作的觀點分為兩派：一派認為應謹慎從事，一派認為這完全可行。前者認為後者的觀點太浪漫，根本不可行，這當然是可以原諒的。

出於個人安全考量，謝爾溫的朋友們反對他的傳教計畫。他用一句格言回答他們：「商人生意做到哪裡，使徒就應該拯救靈魂到哪裡。」他向他的父親寫道：「到達勇敢的頂點，是一個使徒的責任，除非眼前有明知的確定的危險。在這些島上，如果要達到什麼目的，就必須得冒一定的危險。」

危險，毫無疑問是極大的，特別是他不允許在他的小船上出現任何種類的槍枝。一次，在新赫布里底的馬勒庫拉島，顯然只有「他的完美的精神和高貴的耐力（借用厄斯金的術語）把他和他的夥伴從幾年前在埃若曼高曾經降臨到威廉斯頭上，以及幾年後在努卡普曾經降臨到帕特森（Patteson）頭上的厄運中拯救了出來。」

有人勸他說，出外傳教將會使他極大的忽視現在的主教教區，而他「已經把太多的鐵放到了火裡」。他則反對說，他能夠對整個美拉尼西亞

地區加以個人視察和監護，這不僅不會受到傷害，而且會替自己在紐西蘭的工作帶來最大可能的好處。他的心已經飛到了那些遙遠的島嶼上，用一種兄弟之愛向那些生活在黑暗中的居民發出大聲呼喚。他似乎覺得，來自上帝的旨意正指引他成為一個如此堅定的水手，是上帝「把他的路刻在浪尖，把他的家刻在浪底」。

約翰·帕特森（John Patteson）這時站出來幫助謝爾溫主教。這又是一個高貴而無私的人。在選擇傳教事業或安心在家並獲得榮升這二者中，他選擇了前者。他於西元 1855 年來到紐西蘭，被任命為出使自從庫克船長發現澳洲以來就很少有人去過的一大群島嶼的使徒。這些其上居住著許多以「食人生番」著稱的土著的島嶼，構成了澳洲東北沿岸海灣的三分之一，由新赫布里底群島、班克斯群島、索羅門群島和聖克魯茲群島組成。島上居民被稱為「美拉尼西亞人」或「黑島民」，因為有許多黑人混居其中。

帕特森在紐西蘭待了一段時間之後 —— 在這期間，他學會了土著的語言及操縱使徒的縱帆船「橫渡南海者號」的航海術 —— 在主教的陪同下，啟程前往諾福克島，然後肩負著蘇格蘭長老會的使命到了埃伊特姆。他們沿途經過了威廉斯先生被殺的埃若曼高島 —— 這是一座森林密布的島嶼，其景色之美非筆墨所能形容。然後，他們前往薩摩亞諸教士被殺的法特島，經過了埃斯比利特·薩托的輝煌島嶼 —— 其上有一條高達 4,000 英尺的山脈。船隻接著到達瑞瑪爾島。登陸時，主教和他的同事不得不游泳上岸。他們與當地的毛利人成了朋友並從島上帶走了許多男孩。這些男孩被送往紐西蘭的聖約翰學院，作為教士來培養。

船隻抵達索羅門群島上的瑪拉島。在這裡，他們發現當地人雖然講毛利語，但以前的水手顯然教給了他們英語知識中最不齒於人的部分。聖克魯茲群島是下一個被他們看到的群島。當地土著搖著自己滿載著山藥和芋

頭的小舟歡迎他們。可是這些島上的人口太多，以至於任何安靜的工作都沒法做成。他們整個沿島航行了一周，看到了大火山口那熾熱的外表。他們繼續前往努卡普——今天，那裡充滿了憂鬱的懷念，因為帕特森主教就是在此地遇難的。土著們用小舟載來小麥和可可豆為他們送行。一長串的航行——圖布阿、法尼柯拉，以及班克斯諸島嶼——之後，「橫渡南海者號」回到了紐西蘭。

當然，紐西蘭同樣是他傳教工作的場所。他在給家裡的信中寫道：「別總以為島民是殘忍的。當你激起他的怒火之時，他們確實做出一些可怕的事，而且也幾乎都是食人者——往往在一次戰鬥之後舉行的慶功宴上，他們才如此，否則就不是。但如果你友善而謹慎的對待他們，我相信，拜訪他們是沒有任何危險的——拜訪的方法是：第一次僅僅在港口著陸；第二次也許可以到一個土著村子裡去；第三次在海岸邊睡；第四次在島上待十來天，如此類推。」他描述了自己教化土著的基本方法。他堅持認為上帝是按照自己的形象創造了人類。在雪梨的一次布道會上，他說：「愛，這源自人心中的愛，必須傳遞給他的兄弟……愛是使一切事物煥發活力的原則。在每一片星空下，在海浪閃爍的光影裡，在田野裡每一朵鮮花中，在上帝的每一件造物裡，特別是在每一個活著的人的靈魂中，都存在一種崇拜和祝福：為萬物偉大的創造者和保護者，他那深沉的美和愛。」

「我親愛的父親，」他說，「曾經以深沉的憂慮寫下了丁尼生事件。噢，親愛的！該怎麼感激你！是你，把我們從論戰的喧囂中解放出來；是你，讓我們發現了世上有如此千千萬萬的人，渴望得到從這些狂熱的爭論中粗暴抖落出來的瑣碎。無論高階的或低階的或廣大的教會，也不是任何別的名稱，而是忘掉一切差別、回歸事物原初狀態的急切願望，在那些野蠻人民看來才是自然的。」

帕特森懷著美好的希望和無畏的精神，繼續拜訪美拉尼西亞群島。他

深知男人和女人的區別。當女人出現時，他知道自己是安全的。不過，他用信任獲得了所有人的保護。他前往富圖納，踏著深及膝蓋的海水爬上了該島的海灘。然後他去了埃若曼高，接著去了法特，這裡居住著據說是那些海域中最野蠻的人。他們都是食人土著，曾經殺害了擱淺在該島的「皇君號」的全體乘員。他們當場吞食了其中的 9 個人，然後把其餘的 9 個人送給他們的朋友吃。

西元 1861 年，約翰·帕特森獲得了「美拉尼西亞群島出使主教」的尊榮，可他仍像往常那樣繼續著自己的工作。他赤手空拳的活動在土著中間，經常面臨死亡的威脅。說不定哪一天，他們立刻就會用一枝毒箭結束他的生命。可是，他總是充滿快樂和熱情。「感謝上帝！」他說，「我能夠退守到許多安全的舒適環境中。他完全看到了也知道這一點。他也看到了島民們，他愛他們，比我更甚不知多少倍。我相信，是他把我派到他們那裡。他將保佑那些在他們中按他的意志行事的真誠努力。光明正照射著美拉尼西亞。我對這種想法非常滿意，並且牢記著，這一切是否能夠在我有生之年實現是無關緊要的。我要做的，只是不停的工作。」

在一群被派往協助他的人面前，他再一次說道：「一個以傷感的眼神看待珊瑚島和可可豆的人，是比無用者更糟糕的人。這為任何一個抱著必死信念的人所不恥。相反，一個認為任何工作都『較紳士為低』的人，就恰好會這樣做。他極不樂意的看著一位主教做他認為有辱自己的事。如果一個正直的人被上帝的愛所感動並挺身而出，我們會給他什麼樣的歡迎，他不久將會工作得如何快樂，在我們所清楚知道的無數的祝福中，這一切將會一覽無餘。」

這些受命的牧師離開英國並不是為了錢。他們的報酬，一年只有 100 英鎊，之後才逐年增加到 150 英鎊。可他們教給土著們所有的東西 ── 節儉、謹慎、守時、整潔，以及諸如此類的習慣。有多少性格是從這些持

家的美德中養成的！帕特森主教不管走到哪裡，都會建立一些學校。他還會把島上的孩子帶在身邊，陪他航行，以便讓孩子理解他的語言，當然他也能理解孩子的語言。西元 1864 年，主教和他的夥伴在聖克魯茲遭到襲擊。其中一個名叫皮爾斯（Pearce）的人，胸口中了一枝長箭。艾德溫·諾布斯（Edwin Nobbs）則左眼中了一箭。一位名叫費舍爾·揚格（Fisher Young）的划槳手，他的左手腕被射穿了。主教把箭艱難的拔了出來 —— 那枝射進胸口的箭，他費了九牛二虎之力。費舍爾·揚格死於破傷風。在臨死前，他對主教說：「親吻我吧，我非常高興我能盡到自己的責任。」諾布斯死於同樣的病。皮爾斯的箭傷雖然在所有人當中最嚴重，但他後來康復了。

帕特森主教接著訪問諾福克島、皮特開爾島、新赫布里底群島、費基群島、索羅門群島、大溪地群島 —— 在每一處，他都不忘做善事，並贊助教會的新成員們。他把《新約》以及《舊約》的部分摘要以他們自己的語言印發給他們。在諾福克島的一個耶誕節裡，大約有 20 個人的一群人吵醒了他。這群人以比斯（Bice）先生為首，正在他的床邊唱聖誕頌歌。「這景象多麼令人快樂！」他說，「上床時，我把《讚美書》放在身邊，腦中帶著基布爾（Keble）先生的讚美詩入睡。現在，我已熟知『天使之歌』的莫塔曲調，還有那『光明照著異教徒』的歌聲，也出自我們這些異教專家之口了。他們唱得如此誠惶誠恐。在這天空潔白如洗、月光皎潔寧靜、天氣溫暖如春的靜寂夜晚，傳來的聲音聽著是如此的幽靜與清晰。我醒著在床上躺了很久，想著自己無比幸福的命運，想著自己曾經是、現在仍然是如何完整的享受著這美好的幸福。我逐漸迷失在上帝那崇高的善、仁慈和愛中。」

我們必須趕緊說明他前往聖克魯茲群島的最後一次航行。從昆士蘭來的綁架船正出沒於群島之間，目的是把土著強制帶到他們的種植園裡勞動。一些島嶼變得人跡全無。努卡普島也已經被昆士蘭人帶走了 5 個土

著。當大船靠近該島時，主教看到 5 艘獨木舟正在珊瑚礁邊遊蕩，便立刻想去安慰這些可憐的土著。他命令放下一艘小船，然後帶著 4 個人坐上去。小船一靠近那些獨木舟，主教便鑽進了其中的一艘。在裡頭，他看到兩名酋長，他們都是他以前的朋友。獨木舟靠岸後，小船裡的人看到主教上了岸，然後不見了。

小船與其他的獨木舟留在一起。一個土著突然從一艘獨木舟裡站起來，把他的長箭射向小船裡的人，其他的土著都採取了同樣的行動。大船上的人趕緊把小船拉回來，直到遠離箭的射程，但船上的 4 個人已經有 3 個人中箭。可是主教怎樣了？他在岸上被殺了。人們看到從岸邊過來兩艘獨木舟，其中一艘坐滿了土著，另一艘則是空的。土著們回到他們原來坐的獨木舟，另一個土著則撐著空獨木舟 —— 裡頭似乎有一堆東西 —— 繼續向大船靠近。大船迎了上去。撐舟的土著看了看獨木舟裡頭，然後對大船裡的人說：「這是主教的鞋子。」人們把獨木舟拉過來，看到裡頭躺著一具用土著的席子捲起來的屍體。人們把席子拿開，出現的是主教臉上那平靜的笑容。他的胸口蓋著一片棕櫚葉，拿走後，赫然出現的是 5 個傷口。「這情景是那麼奇異、神祕和壯美，」揚恩（Yonge）小姐說，「使人覺得這就像是教會初創時那個殉難的傳說。」在這個島上，沒有人熱愛我們的主教，也沒有人尊敬他。然而萬萬沒有想到，這就是他一直在尋求的死期，雖然他總是願意把自己的生命獻給自己所從事的事業。可以確定的是，他是死於這些土著的報復。惡劣的昆士蘭海盜從努卡普島偷了 5 個土著，而報應則降臨在主教的頭上！

他那依然甜蜜的平靜的笑容似乎在安慰那些處於悲痛之中的人們。他們失去了一個精神導師，他的笑容從此消失不見。第二天早上，約翰·科勒瑞基·帕特森（John Coleridge Patteson）的遺體被葬入太平洋的水底。像活著時那樣，在主的垂顧中安息了、逝去了。他死時安寧。

第十二章　履行自己的職責

幾年之後，也就是西元 1875 年，古迪納夫（Goodenough）準將和他的座艦「珍珠號」訪問了聖克魯茲島。他急切的想看到主教被殺的現場，雖然有許多人警告他別這樣做，因為這些土著都是些背信棄義的人。然而，準將還是上岸了。土著們這一次顯得很友善。可是當他第二次上岸時，他們的行動卻顯得疑心重重。他命令自己的人立刻回到船上。

在一封信中 —— 這是他最後的一封信，他描述了當時的情景：「我看見一個土著把箭搭在弦上，我立刻想到的是，這可能是一個惡作劇。可是念頭剛一產生，這枝箭就射中了我的左半身。我大喊：『到船上去！』然後把箭拔出來扔在海灘上。這時，只聽到又一枝箭從我身邊『嗖』的飛過。回到船上後，醫生馬上過來，他把我的傷口包紮起來，並進行了消毒處理。」5 天之後，他補充寫道：「我現在非常好，唯一的麻煩就是後背痛，這使我無法入眠。我並沒有感動 —— 」信到這裡就打住了，他沒有寫完這封信。

他感染了破傷風，一切活下來的希望都已破滅。一個極端平靜的人告訴他這一消息，後者早已把生死看透。他叫人把自己抬到甲板上，看到身邊聚集著許多人，他們已泣不成聲。他慈愛而溫柔的勸他們別悲傷，要他們踏著自己的腳印前進。他平靜的安息，屍體被葬到海底深處。一個英國損失不起的人，就這樣凋謝了。他是水手的崇高榜樣，也是一個仁慈的基督徒。

我們沒有篇幅再去提及其他基督教使徒的各種英雄行為 —— 例如出使日本、中國以及南北美洲的耶穌會，出使格陵蘭、美國和非洲的摩拉維亞弟兄會，第一個在美國印第安人中傳教的約翰·艾略特（John Elliot）和繼他而去的大衛·布萊納德（David Brainerd）、喬納森·愛德華茲（Jonathan Edwards）（注：當愛德華茲會長由於企圖改進他的聖會的道德狀況，而從他在北安普敦和康乃狄克的教會裡被趕出來時，他便出使到斯多克瑞

基的印第安人中向他們宣講福音。在他妻子的全力協助下，他在他們中間待了 6 年。在這期間，他寫成了自己最深刻也是最有價值的著作。他被解職的原因如下：他的一些年輕教徒獲得了幾本淫穢出版物，並且送給其他的教徒傳看。愛德華茲把他領導下的所有的部門負責人叫到一起，告訴了他們這些事。他提到了與事件有關的其中一個人的名字。事實顯示，這個鎮上幾乎所有的家庭都與這件事有著一定的關係。於是，聖會的首領們紛紛叫他們的牧師向愛德華茲提出最傲慢和最輕蔑的挑釁。最後，教會以 200 對 20 的多數票解除了愛德華茲的職務。這就是他到印第安人中間傳教的起因），出使印度的瑪爾丁（Martyn）、赫伯（Heber）、克理（Carey）、馬士曼（Marshman），出使緬甸的居德森（Judson）家族，在尚比亞犧牲的使徒查爾斯·麥肯齊（Charles Frederick Mackenzie），以及擔任澳洲基督教會長老的薩繆爾·馬斯登（Samuel Marsden）。一切榮譽屬於你們，高貴的基督教英雄們，知名的和不知名的！一切榮譽屬於那些把自己的時間和精力用於傳播撫慰、安定和拯救的知識的人；那些把自己的生命奉獻給信仰的人；那些救助貧窮者、痛苦者、未開化者，志在獲得比這短暫的生命所能給予的更高貴的福佑的人！

第十二章　履行自己的職責

第十三章

珍愛一切生命

那些無視於一切有生命的事物的人，他們所擁有的才能將永遠無法運用。

—— 華茲渥斯

無法無天的騎兵們飛馳而過，射傷了我的小鹿，牠即將死去。那些粗野的人，那些射殺你的人，必然要遭逢厄運。活著時，你從未傷害過他們。你的死亡同樣也不會為他們帶來任何好處。

—— 馬維爾（Marvell）

在每一隻動物的眼睛裡都有一片模糊的影像和一點人性的閃光，透過這點奇異的光亮，牠們的生命在警惕並渴望了解，我們之所以能夠控制牠們的那個偉大的奧祕，它要求人類承認牠們是生物中的夥伴，即使不是靈魂的夥伴。

—— 拉斯金

人類對不會說話的動物 —— 鳥類、獸類、馬群以及所有其他生命濫施了多少暴行啊！古羅馬的角鬥士已化為塵煙，但西班牙的鬥牛戲仍在上演。古羅馬的女士們樂於在公共圓形露天競技場看到角鬥士流血死去，而西班牙的女士們也對英格蘭勇士們厭惡的別過臉去的所謂奇觀狂喜的拍手稱快。卡瓦列羅（Caballero）說過：「有一個事實，我們必須並且帶著歉疚承認，即在西班牙，不管男人還是女人，以及下層階級，對動物都懷著極少的憐憫，甚至可以說，根本就沒有憐憫。」

但我們也不是清白的。不久前，縱狗咬牛還是我們的一項公共娛樂，鬥雞和耍獾戲一直到我們這個時代還依然普遍，這些娛樂活動得到了富人和窮人的一致支持。西元 1822 年，動物們的朋友 —— 高威的理查·馬丁（Richard Martin）先生，成功的使一項法律獲得了通過，這一法律以社會契約的形式賦予權利給動物們；但有兩個法官在審理一個訴訟案件時，宣

稱公牛無權享受該法律的保護。

西元 1829 年，一個力圖禁止縱狗咬牛活動的提案在下院以 73 票對 28 票的壓倒多數被否決。但是，公共輿論卻壯大起來，直至縱狗咬牛成為一項僅為窮人消遣的活動；而直到西元 1835 年，一個法案才獲得通過，取締了縱狗咬牛活動。禁止虐待動物協會就是在馬丁法案的基礎上建立起來的，動物們被置於法律保護之下，儘管有一些動物不幸被排除在外，但暴行之下還是有許多倖存者。

例如，鳥類就被排除在法律保護之外。你只要在女士節去一趟赫靈漢姆，就能看到鴿子所遭到的殘暴虐待。可憐的鴿子們被人們從籠子裡放出來，然後作為一盤賭局而射殺，牠們的血染紅了女士們的羅裙，此時響起的掌聲，猶如西班牙鬥牛場的掌聲一般狂熱。被射傷的鳥兒，拖著斷腿，設法飛出這片屠宰場，或者掉進某個隱蔽的地方，經過長期的痛苦掙扎而死去。難道這就是英格蘭女士教給她兒女的仁慈博愛之課嗎？

女裝上飾以鳥類羽翼的時尚對鳥類來說無疑是一段悲慘歲月。在所有國家，鳥兒們都被射殺，用來滿足「淑女們」對鳥翼的酷愛。《觀察》雜誌報導了一個婚禮，在婚禮上，11 位女儐相都穿著飾有天鵝絨毛和知更鳥羽毛的服裝。這麼一個婚禮是對鳥類的一個多麼殘忍的屠殺啊！那些知更鳥血淋淋的被懸掛在女士們的服裝上。但女士們就是允許這種屠殺，也不會允許自己不合時尚。

是的，殺戮鳥類作為一種貿易，目前已經使上帝的一些最漂亮的創造物瀕臨滅絕的處境。蜂鳥、翠鳥、雲雀、夜鶯統統被射殺。一個倫敦鳥販僅一次收到的貨物就有 3.2 萬隻死蜂鳥、8 萬隻水鳥和 80 萬雙鳥翼！

幾年前，議會通過了一項法案，其目的是「為了保護生育季節的野生鳥類」。隨後，又通過了一項法案「旨在保護野禽」。但這些法案收效甚微。為了女人們的消遣，野禽仍在被殺戮。四件最後之事（注：四件最後

之事指死亡、審判、天國和地獄）中的一件就是「裝飾著光滑野鴨毛」的女士便帽。如果她們在本地得不到裝飾品，那麼，為了她們，世界的各個角落都將遭到洗劫。印度是翠鳥的重要產地，那裡，翠鳥的羽翼最漂亮，因此，這些鳥兒就被射殺用來供應英格蘭市場。（注：一個「自然愛好者」從凱爾布爾寫信給拉合爾的一家報紙說：「幾天前的一個傍晚，我在大湖的岸邊散步，碰到了兩個帶著特殊形狀籃子的人，我問他們是什麼人，正在做什麼，他們回答說是來自馬德拉斯的捕鳥人。哪種鳥？翠鳥，並且他們向我展示了籃子中 200 隻翠鳥的羽毛，他們說回到馬德拉斯後，這些羽毛將為他們帶來 40 盧比的收入。這是他們每年一次的職業，而整年都有許多捕鳥人分布到全國各地，而所有的羽毛都被送到了英格蘭。當他們往南走時，我問他們是否要去往古茶那。他們說不是，古茶那不允許他們從事這項工作。多好的古茶那啊！我希望英屬印度殖民地的其他地方都向這一榜樣學習，或者如果現在不學，不久的將來它們也必將這樣做。因為顯而易見的是，如果對漂亮鳥兒的恣意毀滅持續很長時間，我們將有理由為最漂亮的野生羽毛部落之一的全部滅絕而哀悼。」）

英國人因他們對鳥兒的大屠殺和消遣而遭到挪威人的鄙視，而這些惡行是下層階級的英國遊客做的。克莉絲蒂娜‧潘奇（Christiania Punch）這樣評價我們的同胞：「自從英格蘭有膽子加入政治以來，時間已過去很久了：從那時起，她就很忠實的睡著（可能要參閱約翰‧羅素勛爵〔Lord John Russell〕關於丹麥的政策）。在上帝給人類的整個夏天，每一個英格蘭鄉巴佬都到這裡來禍害我們，釣魚、射獵和毀壞；這樣一來，我們所有的娛樂將很快陷於終止。」

由於英格蘭遊客的蜂擁而至，挪威議會通過了一部法律，禁止任何沒有特許證的外國人持槍或釣竿入境。飽覽挪威的壯美景色就已足夠了，絕不允許毀掉挪威的野禽和獵物。這部法律將最終結束對野禽的大規模捕殺。

19 世紀雲雀的捕獲量是龐大的。在薩福克的萊肯希思，2,000 打雲雀在 3 天內被殺掉並運往倫敦做成雲雀餡餅 —— 美食家的佳餚。事實上，雲雀餡餅已非常流行，大量捕捉鳥類的每一種手段都被採用了，不管是在英國國內還是國外。

讓我們來說說一個好人如何試圖拯救雲雀並擊敗那些美食家的故事。故事發生在僅僅幾年前的亞伯丁附近，將近 3 月中旬下了一場大雪，大地一片白茫茫，到處都是雪原。內陸鳥兒在天氣的壓力、寒冷和飢餓的驅趕下飛向海邊。天亮前，人們看到這些鳥兒，牠們拍翅而飛時兩翼的獨特動作恰是雲雀的飛翔特徵，雲雀是如此之多，海濱周圍幾乎是黑壓壓的一片。

許多人設下羅網、布下陷阱誘捕，用黏鳥膠捕捉，或是射殺這些雲雀，捕獲的數量極為可觀。時值冬末，鳥兒都已配對，夫妻同行。可憐的小傢伙們！牠們被艱難歲月所迫，共同去尋求牠們的幸福和命運。我們所說的那位好人發現一個賣雲雀的莽漢，在他腳邊，這位好人看到了滿滿一籠子鳥兒，這簡直就是一個加爾各答黑牢。鳥兒在籠中發狂的掙扎、互相推擠，企圖逃脫。這情景足以讓好人憂心傷情，於是他把所有的鳥兒都買了下來並送到自己的倉庫好好安頓。然後，他到禁止虐待動物協會去看看是否能做些什麼來終止這一無恥的非法買賣，但他傷心的發現，許多我們喜愛的鳥兒都受到西元 1876 年野禽保護法的保護，但雲雀卻奇怪的被排除在外。

於是，這位好人自己承擔起保護雲雀的責任。他告訴那些殺鳥的人，讓他們把鳥活捉，他將以城裡獵物販子給他們的價錢收購。那些人同意了他的報價，因為他們知道在某種情況下，這些鳥兒將會被殺了吃掉，而在另一種情況下，牠們將得到細心照料並被放飛。送到好人這裡的雲雀數量如此之多 —— 超過了 1,000 隻 —— 以至於除了他倉庫裡籠中的雲雀外，他也獲得了使用村裡大房子來安置這些鳥兒的權力。清晨，雲雀的歌聲幾

乎振聾發聵，而其他成群的鳥兒也聚集在房子周圍，欣賞這美妙的音樂大合唱。

大風雪過去了，雪融化了，青草和黑土地又呈現在人們眼前。囚徒們就要被釋放了。房子的窗戶全部打開，鳥兒們全都飛出屋子，婉轉啼鳴，歌聲不斷，滿天翻飛。籠中的雲雀也從倉庫中放飛到城郊一個美麗舒適的地方。房門打開了，鳥兒的恩人站在一旁看著他的朋友們飛逃牢籠。看鳥兒飛逃實在是一種非常奇特的感覺，一些鳥兒疾射而出，展翅高飛，迸發出歌聲。

> 迸發出牠們的心聲，
> 譜一曲未經雕琢的輝煌樂章。

其他的鳥兒在地面盤旋，消失在附近的叢林中。你可以想像，但卻難以完全表達出，我們的北方朋友在一樁小小善行中感受到的快樂。雲雀們定居下來，把巢築在附近，並在此哺育兒女；從那時起，這座城市就被雲雀的美妙樂聲包圍了。

> 高昂些，再高昂些，
> 你從地面飛向天空，
> 宛如一片火雲；
> 向著藍天深處飛翔。
> 在歌唱中翱翔，在翱翔中歌唱。

偉大的李奧納多・達文西 —— 一個善待鳥兒和動物的偉人 —— 偉大的建築師、軍事工程師、哲學家、藝術家 —— 習慣於買來籠中鳥以便使牠們恢復自由。有一幅畫，畫中就是這位高尚的藝術家所做的善行，被放飛的鳥兒盤旋在牠們恩人的周圍，空空的鳥籠放在他的腳邊。這幅畫在巴黎的羅浮宮可以看到。

古代的隱士對動物非常熱愛，他們是動物唯一的朋友。鳥兒常飛翔在他們左右，甚至野生動物們也到那裡尋求保護。動物們似乎會預感到在那裡不會受到傷害。當一個荷槍實彈的人出現時，甚至連鳥兒都知道並感覺到存在的危險。烏鴉從莊稼漢的犁溝裡叼起食物快速飛起，瞬間消失；儘管烏鴉自己覓食將促成來年的豐收。

聖方濟各有一個觀念，視所有生物皆為他的兄弟姐妹，他不僅讓他的觀念突破詩歌的局限，運用到真實的現實中，並且，他甚至向鳥兒布道，他對所有生物說話，彷彿牠們都有智力；而且，他樂於承認在動物的各種特性中有神的完美的某種痕跡存在。「如果你的心是公正的，」另一位古代哲人說，「那麼每個生物都是生命的一面鏡子，都是一本神聖的教義。」

一種獨特的感情在福斯灣的巴斯岩滋生。塘鵝使該地成為殺鳥者喜愛光顧的地方。遊艇和汽船在岩石周圍遊弋，連續幾個小時不停的用槍炮猛烈齊射。鳥兒，不管是幼鳥還是成鳥，紛紛從空中跌下，受傷或者死去都聽天由命。受傷的鳥兒或者斷了腿或者傷了翼，只好顛簸在永不平靜的大海中，拖著殘廢的身體流浪，在難以描述的痛苦中死去。但是，野蠻的人們卻把這稱為「娛樂活動」。

鳥類比某些人更富有人情味。遭遇困難時，牠們彼此互相幫助。當班夫郡的愛德華（Edward）射傷一隻燕鷗時，他吃驚的發現另兩隻未受傷的燕鷗托起牠們的兄弟，把牠推到牠們的翅膀上，帶著牠向大海飛去。愛德華也許射下了許多燕鷗，但「他欣然容許燕鷗採取仁慈的行動，展示了一個人類自己也無須恥於模仿的愛的典範」。

「哄趕狩獵」主要是從德國引入我們這個國家的。整群的鷓鴣、野雞、野兔等等被飼養人從幾英里外趕到一些隱蔽場所，然後被成百成百的射殺，這竟然被叫作「娛樂活動」。約克郡的大主教說道：「我冒昧的希望，英格蘭紳士們曾一度滿意的向國外公布的，他們和他們的朋友在幾天

之內就殺死了 2,000 頭被趕進樹林等死的獵物，這種現象將成為一段奇特的歷史，而這一天也為時不遠。此外，陷入陷阱中的鳥兒，絲毫沒有逃脫機會，一再被射傷，牠們不停的拍翅欲飛，身陷囹圄，成為強壯男人們取樂的一種方式，而婦女們在以此娛樂消磨假期時，顯得毫無愛心和憐憫。這從中反射出一個陰影，一項關於人性卑劣的令人痛苦的研究。」

難道這就是英格蘭沉淪的騎士精神？難道對這種慘無人道的殘暴行為的渴望就是人性的最高意義？查爾斯·納皮爾爵士（西元 1782 年～西元 1853 年，英國將軍，曾參加半島戰爭和西元 1812 年美英戰爭，後任信德總督〔西元 1843 年～西元 1847 年〕，在第二次錫克戰爭〔西元 1848 年～西元 1849 年〕中任英軍總司令）放棄了這種娛樂，惻隱心使他不忍傷害這些不會說話的動物；但是，他卻打贏了米亞尼會戰。因此說勇敢在某種意義上並不是殘忍的代名詞。他無法忍受那些從無辜動物的嗚咽和垂死尖叫中得到的享受和娛樂。奧崔門（Outram）將軍 —— 印度勇敢無畏的騎士 —— 攜妻子在埃及尋求健康時，他的一個朋友了解到他們無肉下飯，就打下一隻鳥送給他們。奧崔門儘管愛好運動，但卻難過的說：「我已發誓永不射殺鳥兒。」鳥肉烹飪後，奧崔門拒絕食用，朋友只好把肉給了一位年老的農婦，「我們盡了我們的所能宴請了將軍，但在某些方面，我們知道已犯下錯誤。」

在古代小畫像中，西恩納的阿爾伯圖斯（Albertus）被打扮成懷抱一隻野兔的形象，因為他常在野兔被獵人追捕時保護牠們。他成為超越這一景象之上的道德典範，如同悲傷的雅克（Jacques）為嗚咽的馴鹿嘆息和發表評論一樣。聖金口約翰（注：希臘教父〔西元 347 年～西元 407 年〕：君士坦丁堡牧首說過：「一個人在養狗捕捉野獸時，實際上，他自己已墮入野蠻；另一個人在養牛和驢駄運貨物時，卻不顧被飢餓折磨的人；他們揮金如土，製造出大量用大理石雕刻的人，卻從不顧活生生的生命，在這樣邪

惡的國度裡，鐵石心腸成為通行原則。」

法國某地一位小說家這樣評價英國人：「讓我們出去殺掉些什麼吧！」這是他對英國紳士所作所為的看法。但他卻忘了自己的同胞。我們還養著我們的鳥兒，儘管牠們在多年的嚴冬中因飢寒而死，並且還有更多是因射殺和大規模趕殺而亡。但鳥兒依然是這片土地的榮耀 —— 榮耀歸於主！在法國，沉默的田野沒有來自天空的音樂，雲雀被網捕吃掉，有著豔麗羽毛的鳥兒已被射殺，牠們的羽翼插在女士華麗的無簷帽上。在全國各地，麻雀、雀科鳴鳥、知更鳥和夜鶯都已銷聲匿跡，全被殺光吃掉。（就鳥兒而言，法國是片黑暗寂靜的土地。眼睛徒勞的四處搜尋，耳朵徒勞的諦聽，自然母親就坐在那裡哀悼她那逝去的兒女。所能指責的就是共和制度和農民所有權。它們斷然宣稱與自然決裂，這麼一來，自然只能與她的老友，即封建主義和貴族政治緊密團結了。如果有報導說法國某地有數量可觀的鳥兒，漂亮的羽毛和令人心動的歌聲從大都市幾英里之外都能看到和聽到，那人們就會穿著奇裝異服，帶著獵槍和大袋子，牽著難以名狀的凶狗傾巢出動，準備整天整天的窺探，以圖在射程內輕鬆的找到一個射殺受害者的機會。 —— 《泰晤士報》）

但現在，懲罰降臨了。樹木被啃光了，葡萄樹被木虱毀壞了，灌木的葉子被毛蟲吞食殆盡，懸掛在木枝上的毛蟲到處可見，蟎蟲和木虱的天敵 —— 鳥兒已被殺光，因此蟲害災禍已蔓延到全法國。莊稼被連根吃光，一些地區的葡萄樹徹底不結果。就這樣，人類的喪盡天良猶如詛咒一樣，回報給作惡者自身。沃特頓（Waterton）曾算過，一對麻雀一天所消滅的蟎蟲能在一個星期吃掉半英畝幼玉米。

我們高興的看到，在公共教育部長的鼓勵和幫助下，法國在保護鳥類和動物方面已採取了一些措施。少年們 —— 因為通常是年幼的孩子們模仿殘暴行為 —— 被教導對不會說話的動物以及所有依靠人類照顧的生物

要仁慈、人道。這是法國騎士精神賦予的新規則，無疑，它將被證實是有強大效果的，目前已有多個照料和保護動物的青少年社團。在美國也有類似的運動，2,000名男孩子已加入費城動物保護協會的青少年部，善待不能說話的動物正被諄諄教導，尊敬和同情的雙層義務已被強烈的要求履行。

在向孩子們填塞無用的知識上，我們浪費了多少時間啊！在教導孩子們有益的人道思想上，我們花費的時間卻又是何其之少！他們的學識來自課本，但這一點並不能保證他們擁有仁愛心和善良。親切、仁慈和文雅的舉止難以灌輸入他們的大腦，即使受到了教育，但心靈仍一片荒蕪。確實，要尋找到那些能夠激發內心天性情感的教師恐怕很難。體罰隨處可見、經常使用，它直接、可感知、摸得到。因此，人們通常所感受的是它帶來的明顯的直接效果，而那些隱藏在內心深處的、微妙的最終效果或者天性，卻因為難解和遙不可及，而通常被人們忽視或低估。

科隆的尤弗迪烏斯（Euffordius）在經過一間教室時，聽到裡面傳出喧鬧的哭聲，他推門進去，舉起拐杖，像獅子一樣向老師和他的助手衝去，把孩子從他們的手中救了出來，「你們在做什麼，暴君？」他喊道，「讓你們到這裡來是教書，不是扼殺學生！」

某些父母和老師對孩子們的虐待暴行難以用言語形容。孩子們被認定為和他們的父母、老師有著同樣的智力特性、同樣的性情、同樣的學習能力，但不能和別人學得一樣快的孩子就要遭到毒打，或者以某種方式受到侮辱。成年人忘了孩子們由此所遭受的極度不幸。小孩的眼界是如此有限，以至於他看不到醫治苦惱的良方；而悲傷將從此占據他那整個小小的生命天空。

「父親們，別激怒你們的孩子，以免他們失去自信。」如果一個孩子總是生活在痛苦中，那麼，其帶來的結果就是害羞和內心的厭惡。即使小孩子也能感到被冤枉，一種痛苦的滋味會注入他幼小的心靈。我們實在無法

想像，毫無憐憫心的父親失去了大有前途的兒子後，終生沉浸在為人父母的嚴厲自責中會是什麼樣子。他對一個朋友說：「我的兒子過去認為我殘忍，是的，他有太多理由那樣認為；但他卻不知道在內心深處我是多麼愛他，可現在一切都太遲了！」

當聽到父母責打孩子時，我們常常這樣想，他們真應該把這種懲罰加到自己身上。他們已成為用自己的道德本性塑造後代的工具。孩子並不會自己形成脾氣，身為一個孩子，他也不會控制自己脾氣的發展方向。如果父母賦予孩子易怒的脾氣，那麼，他們就有義務訓練自制、克制和耐心，因此，日常生活的影響就在歲月的流逝中糾正和修復孩子出生後的種種缺點。

但「孩子的意志必然會崩潰的」！再沒有什麼觀點比這更荒謬的了。意志奠定了性格的基礎，缺乏意志的力量，就沒有決斷的能力。必須強調的是，不要破壞孩子的意願，要教育他往正確的方向行走，而且也不能透過簡單的暴力或恐嚇手段去破壞孩子的意願。這方面，不勝枚舉的例子可以用來印證這一說法。

如果家長或老師主要依靠皮肉之苦來控制孩子的意志，那麼，孩子就會不知不覺的把義務、順從與恐懼、害怕連結在一起；並且如果你以這種方式把控制別人的意志與疼痛連結起來，你就已經盡你所能打下了一個壞性格的基礎 —— 一個壞兒子、一個壞丈夫、一個壞父親、一個壞鄰居和一個壞公民。（注：里希特說：「任何的第一次對孩子來說都將永遠存續；第一種顏色，第一首曲子，第一朵花，都會描繪他生活的前景……第一個內心或外部熱愛的目標、不公正等，都會在他日後成長的歲月裡投下永遠無法估量的陰影。」）父母們把自己的缺點敲打進孩子身上，他們可能沒有注意到這一點，但這千真萬確。毫無疑問，靠痛苦來控制別人的意志，將不同程度的導致全方位的惱怒、不公行為、殘忍暴行、壓抑和專橫。

第十三章 珍愛一切生命

不久前，一名慈善學校的男學生自縊身亡後，另一名「慈善學校的舊生」並沒有屈服於學校的壓力，挺身而出，描述了這個捐資豐厚的慈善學校實施的懲罰。他說：「懲罰僅僅是他們嚴酷的簡單暴行，而且實施常常缺乏公正。」（注：安德魯‧A‧W‧德魯〔Andrew A. W. Drew〕牧師大人在就這個問題寫給《泰晤士報》的一封信中發出了呼籲，他說道：「幸運的是，我自己從未受過鞭笞，但有生之年，我永遠不會忘記我目睹的另一個男孩遭受鞭笞的那一幕。那是一個叫布朗特〔Blount〕的瘦小虛弱的小兄弟，睡在我旁邊的床鋪上。一個大男孩強迫布朗特從班長的糖盒裡拿幾塊糖來。大男孩自己把糖全吃了，小男孩一口也沒得到。這件事被班長知道後，報告了斯圖爾特老師，老師像懲罰小偷似的鞭打了布朗特而沒有懲罰大男孩。那天夜裡，可憐的小布朗特無法入睡，最後求我幫助他，於是我把他的襯衫脫掉，發現脊背，從肩膀到腰有一大塊撕裂的肉，血黏住了襯衫，這使得脫襯衫時他的表情非常痛苦。然後，我用食指和拇指從他的脊背上至少拔出了一打樺條碎片，這些碎片已深深嵌入肉中。這個男孩的脊背看起來不像人的脊背，更像一塊生肉。……先生，跟這相比，老貝利〔英國倫敦中央刑事法院的俗稱〕現代行刑手的鞭刑略為輕微些，正如報紙所告訴我們的，犯人的後背只是微微發紅，但沒有血流濺。」讓貴刊的讀者們來談一談他們對基督慈善組織實施的鞭笞體罰的看法吧。）還有另外一點需要指出，老師對學生施暴為學生植入了一粒對別人來說也是暴虐的種子。捶打將教會學生殘暴的對待他們的權力指向對象。正如他們的疼痛感被忽視一樣，他們也會對別人的痛苦置若罔聞。他們開始把痛苦加諸曾和他們同齡的低年級同學身上，把痛苦加諸口不能言但知覺敏感的動物身上，從中找到樂趣。

施於動物身上的暴虐無以計數，我們認為，這源於人們在家中或學校裡受到的體罰。你可以在許多場合看到這一點：一大群男孩子在村鎮的公

開場所上圍攻一頭可憐的驢子，或溺死一隻貓，或把一個平底鍋拴在一隻狗的尾巴上，或旋轉小金龜，或其他各式各樣的孩子氣的消遣。家長們和老師們應當小心的教育孩子們，對所有有生命的東西應予以溫和的恭敬，並棄絕施加所有不必要的痛苦。正如孩子們必須棄絕他人所有加諸自己身上的痛苦一樣，自己對於其他弱小生命也應如此。要懂得善待生命與善待自己的道理其實是一脈相通的。

我們已經提到過驢子。這種動物絕非不溫和，牠以頑強的穩健背負重物。在瑞士，你會看到驢子馱運沉重的木材，沿著懸崖邊上埋頭行路，按時馱著物品回家。驢子是窮人的日常幫手。人們常說頑固的驢子，但這源於牠們所受的虐待。我們所了解的驢子，其實情深義重 —— 最心甘情願、鍥而不捨的勞動者。

「不會說話的動物」這一表達可能是荒謬的，因為動物們儘管不能說話，但似乎有互相交流的方法，牠們或低聲咕嚕，或大聲喊叫，牠們用任意信號互相交流，甚至聽得懂人類的語言，當聽到叫喚時，牠們就會跑過來，狗、馬、大象，還有其他動物，都服從人類的呼聲。

在所有的動物中，狗最值得信賴。狗有愛心、順從、守紀律、有良心，甚至還有理性。

布羅漢姆勛爵（Lord Brougham）講述了一個牧羊人在一場大火中丟失了他的柯利牧羊犬的故事。這隻狗到處尋找他，最後終於嗅到了主人足跡的氣味。牠循著氣味沿著一條路奔跑，一直來到一個三岔路口，牠嗅了第一條路，又嗅了第二條路，然後，對第三條路聞都沒聞就疾奔過去。這隻狗的邏輯推理似乎是這樣的：我的主人沒有走這裡，第一條路；他沒有走這裡，第二條路；因此，他必然是走了這裡，第三條路。證明完畢。

再來看看良心。一隻狗在某個黑夜裡竄出狗窩，向一位老婦人咬去，老婦人尖叫起來，這隻狗立即鬆了口，原來正是這位老婦餵養了牠！這狗

313

該多麼悲痛啊！如果牠會說話，牠就會說：「我咬了我最親密的朋友 ——
她餵養我，處處給我愛心，我是個多麼殘忍的畜生啊！」這狗對自己的忘
恩負義痛心疾首，牠一直在窩裡待了 3 天，甚至不出來吃食。最後，老
婦人原諒了牠，與牠修好。狗兒表達出的熱愛和感激竟然令老婦人不知
所措。

是的，狗的情真意切令人動容！每個人都知道忠誠的義犬巴比（Bob-
by）的故事。巴比在愛丁堡格雷弗萊斯教堂墓地參加了主人的葬禮，死者
的墳墓前未豎立石碑作為標記，但巴比在這個地方已經守護了 4 年，牠永
遠不會忘記埋葬主人的地點。無論春夏秋冬，風霜雨雪無阻，巴比守護在
那裡。儘管牠總是被鞭打或被驅出墓地，但牠總是回到那裡。牠愛主人勝
過自己，即使變得皮包骨頭 —— 一隻被絕食擊垮的狗。

最後，這事被稅務官知道了，他想對這隻狗徵稅，但沒有人聲稱是狗
的主人，牠的主人已長眠地下。有人給牠食物，也有人想收養牠，但牠不
願離開墓地，牠那無私的愛，一直伴隨牠漫長 4 年的守護與等待，直至最
後也進入死亡。於是，人們在格雷弗萊斯教堂公墓門外的街道上豎立了一
塊紀念碑，永久紀念忠誠而有獻身精神的巴比。對人類來說，這簡直為我
們上了一堂感恩與愛心的寶貴一課！

霍爾（Hall）上校講過華特·司各特爵士童年時代的一個小故事。這個
小故事對爵士此後的生活影響極大。有一天，一隻狗向他奔來，他撿起一
塊石頭砸斷了狗的腿。可憐的狗用盡剩下的力量爬到跟前舔著他的腳。爵
士是個宅心仁厚的人，他說，這件小事是他一生中最苦澀的悔恨。他永遠
無法忘記這件事。從那以後，他經常帶著他的寵物出入各個場合，並設立
了一項善待每一個生物的基金。在寫小說時，他總要帶著愛犬 —— 梅達
（Maida）、尼姆羅德（Nimrod）和布萊恩（Brian）。梅達是他的最愛，在他
活著時，梅達死了，他就在門前為梅達豎起了一座帶梅達雕像的紀念碑。

在他的小說《伍德斯托克》中，他以貝維斯（Bevis）這隻狗為老梅達精心繪製了深情的肖像以示紀念。

狗的忠貞和依戀令人驚嘆。我們不是有威爾斯著名的義犬傑勒特（Gelert）嗎？不是有在阿爾卑斯山的雪堆裡拯救了許多生命的義犬聖伯納茲（St. Bernards）嗎？不是有約翰・布朗（John Brown）博士精彩描述的聞名遐邇的拉布（Rab）和尼伯（Nipper）嗎？不是有當被致命的仇人馬奎爾（Macaire）襲擊時，努力保護它的主人奧布裡・德・蒙特迪戴爾（Aubry de Montdidier），並最終使人們發現凶手的義犬蒙塔吉斯（Montargis）嗎？不是有被范戴克（Vandyke）繪畫紀念的以其聰明和勇敢使主人免遭暗殺的里奇蒙大公（Duke of Richmond）的義犬嗎？

華特・司各特爵士在他的雜誌上講述了一隻狗把主人從被即將活活燒死的危險境地中拯救出來的故事。他說：「克爾勛爵（Lord R. Kerr）告訴我們，他收到了福布斯勛爵（Lord Forbes，愛爾蘭格拉納德公爵〔Earl Granard〕的兒子）的一封信，信中說他在福布斯堡臥房中睡覺時，被一陣窒息感驚醒，窒息使他喪失了挪動手腳的力量，但還有意識──房子著火了。他的房間到處是火焰，就在此時，他的大狗迅速跳上床，叼著他的襯衫，把他拖進了樓梯間，那裡的新鮮空氣使他恢復了抵抗力，這才得以逃脫。」這與大多數情況下犬類對人的保護不盡相同。在大多數情況下，這種動物常常憑藉自己的能力和技巧跳入水中，而大火對牠的傷害無異於對人的傷害。

最後，還有龐貝古城和赫基雷尼亞城發生的狗的故事。前者的鑄形化石是從發現牠的灰洞裡取出的，牠死於窒息和痛苦，但就像哨兵一樣，從未離開哨所半步。赫基雷尼亞城的狗德爾塔（Delta）在身後留下了令人驚嘆的勇敢紀錄。在發掘出的被埋城市中，牠的骨架被發現伸展在一個 12 歲男孩的骨架上，極可能是要恪盡職責來保護孩子不被窒息或燒著。男孩

和忠誠的德爾塔一起死去了，但狗的項圈依然在訴說著牠那高貴的勇敢，它講述著德爾塔 3 次救主的故事 —— 從海裡，從強盜手裡，從狼群中。

由此可以看到，人的道德和智力傾向在動物的記憶中有著相當程度的印記，牠們有能力去愛，忠誠，感恩，有責任感，有良心，講情誼，還有最高貴的自我犧牲精神。哈特利（Hartley）在《觀察人類》一書中寫道，在狗看來，我們似乎就是牠的上帝，牠的統治者，有權以主的名義獲得牠們的效忠；他還說，我們同樣終生有義務去做牠們的保護人和恩人。

達爾文說：「狗的某些帶著對主人深深的眷愛這種精神狀況，近似人類先祖的某些特徵，牠們的愛帶著自我屈服、些許恐懼，還可能帶著別的情感。狗在離開一段時間後，回到主人身邊的行為，我還可以加上猴子回到牠熱愛的飼養人身邊的行為，遠不同於回到牠的同伴身邊的行為。在後一種情況下，彼此的喜悅似乎少一些，平等感在每個動作間都流露出來。」因此，尼克遜（Nicholson）說，許多動物比許多人、比某些人種都更聰明、更善良。

比如，這裡就有一個野獸比人善良得多的例子。在坎伯蘭郡，一個農民養有一條狗，這個農民打賭說他的狗無須幫助和指揮，就能把羊群從坎伯蘭郡趕到 100 英里之外的利物浦。想想那複雜曲折的道路吧，這群動物會和運輸車輛在路上相遇，且路途遙遠，狗能夠趕著羊群順利抵達目的地的機會實在太渺茫了。儘管如此，幾天之後，牧羊犬還是趕著這群羊到了利物浦。牠完成了任務，但在路途中忍飢挨餓，交付完貨物後，牠一頭栽在利物浦的街道上死了 —— 牠是他的主人殘忍暴行的一個受害者。

每個人都會記得安德魯克里斯（Androcles）與獅子的故事。當看到一頭獅子走近時，安德魯克里斯藏身於一個岩洞中，害怕自己會被牠吃掉。但獅子一瘸一拐的走著，神情似乎非常痛苦。安德魯克里斯鼓起勇氣，走到牠面前，舉起爪子，從那上面拔出了一大塊使肉潰爛化膿的木頭碎片。

獅子非常感激，向安德魯克里斯搖尾致謝。後來，安德魯克里斯被抓起來送到羅馬去與野獸搏鬥，一頭獅子被放出來吞食他。而這頭獅子正是安德魯克里斯曾經為其解除痛苦的獅子，這隻動物仍然感激的記著牠的救命恩人，牠沒有吞食他，反而走上去搖尾討好他。亞壁（Appian，西元前 4 世紀古羅馬監察官）聲稱自己在羅馬競技場，親眼目擊了安德魯克里斯與獅子相遇的這個場景。

動物有什麼權利嗎？除了那些法律明文規定的之外，當然沒有其他的法律權利。但牠有權利生存和享受生活的樂趣。約翰‧勞倫斯（John Lawrence）說，正義包括憐憫和同情，這顯然是指感覺和情感；而任何形式的正義都可以適用這一點，傑瑞米‧邊沁（Jeremy Bentham）說：「問題不是牠們能不能進行邏輯推理，也不是牠們會不會說話，而是牠們能不能承受痛苦，這才是整個問題的要義。最文明的人們的良心告訴他們要善待動物，要顧及動物的快樂，就像看待自己的快樂一樣。」

「任何人都能夠認為或用文字確認獸類是機器，沒有知識，沒有感覺，所有的動作都千篇一律，不會學會任何事情，不會做好任何事情。但人類又怎能這樣武斷呢？這隻鳥在倚牆築巢時做出一個半圓形的窩，在一個角裡築巢時，做的窩像一個四分儀，而在樹上做窩時，又是一個圓形。難道說牠做的事都是千篇一律的嗎？這隻獵犬經過 3 個月的訓練後，難道和剛牽到你手裡時懂的一樣多嗎？難道你的紅腹灰雀，在你第一次聽牠叫時會重複一個調子？或者這麼說吧，難道在你能讓牠重複一個調子前，沒有經過一段時間嗎？牠難道沒有時常尋找並不斷練習來獲得進步嗎？

「談話中，你們給了我感覺、記憶和想法，於是我緘口不語，有些憂鬱的回家，熱切焦慮的尋找一張報紙。我記得把它放在了辦公桌裡，打開辦公桌，拿起報紙，帶著明顯的喜悅開始閱讀，你可以由此推斷我感到了痛苦與快樂，並認為我有記憶有知識。

「同樣的，來想一想找不到主人的狗吧！牠非常悲傷的在每條街道上尋找主人，焦慮不安的回到家裡，樓上樓下、一個房間一個房間的尋找，直到最後在盥洗室裡找到他。牠用輕聲低語、各種姿勢和撫吻來表達牠的高興之情。

「這隻狗，對人有著如此之多的熱愛之情，卻被一些毫無教養的鑑賞家抓起來，釘在桌子上，活生生的解剖，以便生動的向你展示狗的靜脈。所有相同的感覺器官你自己都有，但你卻把牠的肚子剖開來看。現在，解剖家，你要說什麼？回答我，難道大自然在這個動物體內創造的所有情感泉源，牠感覺不到嗎？難道牠的神經沒有感受歡樂和痛苦的能力嗎？可恥啊可恥！我們為什麼又不控訴大自然的這一弱點和自相矛盾的卑鄙呢？

「但學究氣的醫生們卻問：獸類的靈魂是什麼？這個問題，我不能理解。……誰造出了這世上所有的東西？誰注入了這所有的力量？是他，一位超越了所有的萬能的上帝，他使田野裡青草生長，他使地球被太陽吸引著轉動。」

很奇怪，一個不會說話的動物怎麼會使自己在人的心中縈繞，甚至連一隻貓也會依戀的跟著一個人回家。詩人埃比尼澤・埃利奧特（Ebenezer Elliott）說過：「如果不是為了我的貓和狗，我想我幾乎無法活下去。」曾經有一個小男孩從學校出走，不知道自己該怎麼辦，他變得不安，渴望逃跑，想看一看世界和這個世界所容納的萬物。但他非常愛老泰比（the old Tabby，寓言故事中貓的名字），擔心泰比會被淹死或送人，因此他就繼續留在了家裡。他這麼做很好，因為最終所有的事情都證明對他有利。

麻薩諸塞州康科特的梭羅（Thoreau）對動物的愛就像古代的隱士那樣。西元 1845 年，他搬進了瓦爾登湖附近的森林。在那裡，他開始搭建一間房子，這使浣熊和松鼠感到驚訝，但不久，動物們就知道他對牠們沒有惡意。他會躺在枯木上或岩石邊，靜靜的一動不動，松鼠、浣熊、旱獺

開始漸漸靠近他，甚至接觸他。牠們知道了世上有一個不會殺傷牠們的人，這消息傳遍了整個森林，在人和鳥、動物之間形成了一種和諧的共鳴，動物們聽從他的呼喚，甚至連蛇都會繞著他的腿遊走。如果把一隻松鼠從樹上抱走，這小動物都會拒絕離開梭羅，而把頭藏到他的馬甲裡。邊河裡的魚知道他，牠們會讓他把牠們從手中撈起來而充滿信心的認為不會受到傷害。梭羅把屋子搭建在一個松鼠窩上，松鼠起初很害怕，但最後總跑到他腳邊來撿麵包屑，然後，牠就會在他的鞋和衣服上亂跑。最後，松鼠非常馴服，以至於當他坐在凳子上時，牠就爬上他的衣服，沿著袖子跑，並且繞著他吃飯時看的報紙一圈圈的轉著玩。當他拿出一小塊乾酪時，松鼠就來了，坐在他手裡，一小口一小口的吃著乾酪，吃完後，牠像蚊子那樣洗臉洗爪子，然後大搖大擺的走開。我們從來未曾聽說過人和動物之間的這種融洽關係，除了肯能姆‧迪格比（Kenelm Digby）在《天主教道德觀念》一書中廣泛記載的隱士的例子。

希歐多爾‧帕克（Theodore Parker）撿起一塊石頭正要向池塘裡的一隻烏龜扔去時，感到被自己體內某種東西阻止了。他回到家裡問母親那個東西是什麼，母親告訴他這就是人們通常所說的良心，但她更喜歡稱它為內心深處上帝的聲音。帕克說：「這是我生活的轉捩點。」實際上，就是他接受永恆聖靈的神德對我們自己靈魂說話這一事實的方式。

伍德（J. S. Wood）牧師大人說過：「沒有任何東西比人的意志中那種體貼、仁慈的對待低等動物的做法更有力量了。帶頭親切和仁慈的做出不可更改的決定，是人類手中不可抵禦的武器；我不相信，如果是由一位正直的人著手這一工作的話，會有不被征服的動物。

「用堅定和仁慈的混合手法，即使再狂野的『巡洋艦』烈馬也會在 3 個小時內變得溫順馴服，對其征服者最細微的信號都會俯首貼耳，並且不帶一絲憤恨的聽由主人擺布。

「有一天，我看到拉瑞（Rarey）先生在馴一匹漂亮的阿拉伯小黑馬，馬像一頭老虎似的朝他咆哮，又踢又咬，同時還嘶鳴尖叫，接著就是用下頜而不是用腳後跟攻擊拉瑞先生。……半小時之後，拉瑞已經和馬一起躺在了地上，他的頭枕在馬的一條後腿上，馬的另一條後腿放在他的太陽穴上。……他已經讓馬的記憶裡留下了深刻印象，那就是：任何傷害都不是故意的，因此，馬沒有感到恐懼和憤怒，而是逐漸形成了對拉瑞的愛。拉瑞並沒有對馬施加痛苦，但卻讓馬明白他的意志是必須服從的。」

對鳥類和動物的大量暴行到處都有，部分原因是缺乏思考而導致。在義大利，這方面的暴行令人作嘔。鳥兒通常成為兒童的消遣玩具，在鳥腿上拴一根繩子，鳥要飛的話，就被繩子拽下來。當鳥的飛翔力量耗盡後，牠通常就被活生生的把毛拔光、撕扯得粉碎。孩子們不懂，一個動物、一隻鳥都是我們同類的生命，當受到勸誡時，他們的回答是：「None Cristiano」—— 他不是一個基督徒。

在拿坡里，你會看到敏捷的小馬拉著滿滿一車乘客疾馳而過。馬具勒入牠們的側腹，通紅一片。沿街而行，你會看到許多沒有用的馬躺在路邊。牠們在等待著治療，等到傷癒，又得開始工作。一天早上，一輛敞篷馬車在羅馬大道上行駛，顯然嚴重超載，車上有帶著蔬菜產品趕往市場的男人和女人，其中還有個神父。馬兒像往常一樣疾馳，路面很溼，一不小心，馬失前蹄倒下了，隨著一聲尖叫，一群乘客從馬車上跌下來 —— 女人們、圓白菜、男人們、橘子，還有神父。這可真是精彩的一幕。馬被拉起來，車上又裝滿了籃子。女人們、男人們，還有那個神父又爬進車子。馬兒在鞭打下，又沿著大街疾馳而去。

「英格蘭可不存在奴隸制！」英國人自豪的說。但是看一看馬拉巴士、出租馬車和運貨馬車，你可以驚奇的發現有存在著對馬的奴隸制。早在西元 1642 年，內閣高階職員詹姆斯・豪威爾（James Howell）就說過，

英格蘭被稱作「馬的地獄，不是沒有理由的」。出租馬車被精疲力竭的動物拉著，牠們的一隻腳或幾隻腳無比疼痛，你會看到其中一匹馬輕輕抬起前蹄，又輕輕的放下。可能牠行走的路滿是大石頭，使牠不得不蹣跚前行。問一問拉貨車的馬所受到的對待吧。牠注定要挨腳踢挨鞭打，拉著重物緊張得跟蹌蹣跚，無助的忍受寒暑和飢餓，度過漫長的勞碌生涯，直到最後被送到廢馬屠宰場的院子裡。

為了緩解負擔沉重的馬的痛苦，一位好心的女士每天都帶著僕人走出家門，爬上從倫敦大橋邊泰晤士河延伸過來的陡峭街道，一步一步的往路上鋪撒沙礫。我們常常看到她在車來車往中，在來往馬匹的鼻子下面，沿路撒沙礫。這項工作她做了好多年，去世時，她也沒有忘記那些可憐的馬。她留下了一筆可觀的財產，交給保管委員會，這筆錢被指定為「永遠」用於往陡峭滑溜的倫敦街道鋪沙礫。她的名字不應被忘記，麗莎塔·萊斯特（Lisetta Rest）小姐，在巴京塔街的諸聖教堂擔任風琴演奏師整整43 年。

問一問拉客車的馬吧！牠被可惡的勒馬韁繩擦傷，拉著驕傲的美人們沿街而行，嘴邊滿是泡沫，有時滿嘴血水，牠會說些什麼呢？男人們和女人們都像是牠無情的暴君，那些漂亮的女士們卻是為了反對虐待動物而去參加反對活體解剖大會！（注：下面這封信摘自西元 1880 年 4 月 28 日《泰晤士報》：「先生 —— 基於無助的痛苦，我請求藉貴報一角來抗議對拉客車的馬日復一日的虐待 —— 牠們通常是最有價值的那種馬。除了緊緊的勒馬韁繩外，現在用的銜鐵又對馬帶來了直接的痛苦。昨天，在邦德大街，一輛設備齊全的敞篷馬車由一對裝飾華麗的灰馬拉著，從我身邊駛過。勒馬韁繩繃得異常的緊，右邊那匹馬的嘴裡滿是血沫。我想，馬車的所有者，那對年輕夫婦能懂得這種痛苦嗎？這種風景對那些像我一樣愛馬和研究馬的處於舒適生活狀態的人來說，是令人揪心斷腸的。我們是馬親

密的觀察者，一眼就能看出牠們是否舒服。是的，什麼都逃不過我們的眼睛，午後，駕車奔馳的馬，幾乎如我所描述的那樣痛苦——或者滿嘴血沫，或者被銜鐵折磨得舌頭腫脹幾近發黑，馬頭被拉到反常的位置，當然還有別的痛苦跡象。我要問，這些加之於馬身上的不幸痛苦是因為無知、輕率，還是因為人的無情殘忍而造成的呢？讓我來請求那些馬的主人對牠們仁慈些吧！牠們是上帝造物中最高貴的生命，是人類最誠摯最忠實的僕人。」）人類已經奴役了馬、驢、駱駝、馴鹿以及其他動物。牠們服從人的命令，擔起人的重擔，牠們喪失了終生自由而過著痛苦勞碌的日子。牠們在鞭子、勒馬索和鐵鍊下呻吟畏縮，在利物浦的一次障礙賽馬中，至少5匹馬在賽後不得不被殺死，其中3匹馬跌斷了脊背，兩匹摔斷了腿。

亞瑟·海普斯說過：「有時我想，馬的被征服對世界來說是個不幸。馬是被人類虐待得最慘的動物，牠的被征服對人類來說並不完全是件好事。在幫助人類時，馬所受到的欺凌，從遠古時代開始就一直是過分的，牠是我們在『黑暗時期』的掠奪中負債累累的動物，並且我有一個強烈的念頭，那就是，馬在最血腥的戰爭中是主要的工具。我真希望人們不得不自己把大炮拉到山坡上，那樣他們不造反才怪，而一個被迫在整個戰役中步行的司令官肯定很快就會厭倦戰爭。」

在寫於約 3,400 年前的《約伯記》一書中，我們看到了對戰馬的描述：「你給馬兒力量了嗎？你是否用雷霆之怒遮蔽了馬頸呢？……牠鼻孔中的榮耀令人敬畏。牠在山谷中爬行，為自己的力量而喜悅；牠繼續行進，與武裝的人們迎面相遇，牠嘲笑恐懼，毫不畏懼，絕不在刀劍面前退縮。從很遠的地方，牠就嗅到了戰爭的味道……上校的威嚇和喊叫。」

幾個世紀後，維吉爾在〈第三田園詩〉中再次歌頌戰馬：

這烈性的戰馬，聽到遠方的呼喚

那輕快的喇叭聲和戰爭的呼喊

刺痛了牠的耳膜，歡喜得發顫

翻山越水，騰空奮蹄，牠期待著約定而來的戰鬥。

　　雅典帕德嫩神廟裡厚絨布上的戰馬現在被塑成埃爾金大理石像放在大英博物館，顯示出古希臘人對這些高貴動物的尊敬。牠們耀武揚威的騰空奮蹄，疾奔如飛，彷彿要投入戰鬥。在後來一段時期，我們知道，墨西哥和祕魯的被征服主要歸功於馬的幫助，土著人把騎馬的勇士視為上帝，在他的飛馬驅趕下，他們四處奔逃，成千上萬的被消滅。但這些國家在沒有使用馬匹的情況下獲得了高度的文明，當西班牙人蹂躪這個國度時，發現成千座帶有花園的房子建築完好。亞瑟·海普斯爵士說：「我懷疑，是否有一個墨西哥人過得如我們成百萬的同胞那樣差。」因此，這一問題總是一再重複的出現：在文明上，我們真的獲得進步了嗎？我們比處在智慧頂峰時期的古希臘人、羅馬人和墨西哥人更進步嗎？

第十三章　珍愛一切生命

第十四章
一生的責任

因此，當一個人離開人世之後，

他留給後代的光芒

將超越茫茫的視野，永遠

照亮人們前進的道路。

—— 朗費羅

基於他的高潔，繆斯獻上了她那天賜的抒情詩，

非為別的，只為激起那最高貴的情感，

這詩絕不是墮落的語句、腐朽的思想，

絕不是當他死去時想要抹去的行句。

—— 李特爾頓（Lord Littleton）《論湯瑪斯》

如你將永遠活著般去學習，就像明日你將死亡般去活著。

—— 艾倫·德·里爾（Alain de Lille）

　　責任始於出生，終於死亡，陪伴我們終身。諸善奉行，諸惡莫做。責任始於對兒童的養育，它命令我們以身作則，去培育、指導、教育並影響他們，引領人走上行善之路。

　　責任陪伴我們終生，走出家門幫助別人。主人對僕人負有責任，反之，僕人對主人亦然。每個人對鄰居、家鄉、國家都有責任，在對所有人所履行的義務中其實已包含有極大的責任。除非一個人意識到這種感覺並積極的去實踐，否則他就不可能過一種真實的生活。

　　在人類社會中，社會權利要求他們履行自己的責任，當責任感減弱時，社會就會走向崩潰。華特·司各特爵士說：「如果人類不再互相幫助，這一種族就將瀕臨滅亡。從母親包紮孩子的頭部那一刻起，到一些友善的幫手幫我們揩去死神的瘴氣，缺乏彼此間的幫助，我們就不可能生存。因此，所有需要幫助的人都有權利從同類夥伴那裡請求相助；同樣的，沒有

任何一個有能力給予幫助的人能夠毫不內疚的拒絕幫助。」

在前面的章節裡，我們已經努力展示出了一個好榜樣的偉大品性，它在所有事物中屬於最無價的一種。用我們的力量去樹起最好的榜樣是我們的一種最高責任。榜樣比訓誡更有說服力，是男人們和女人們品格的最佳塑造者。生活得高尚是最好的宣教師，樹立一個崇高的榜樣是一個人可以留給後人的最昂貴的遺產，而做出高貴品格的榜樣是一個人可以為子孫後代的幸福做出的最有價值的貢獻。

所有這些都要求信仰、勇氣、謙虛和無私的品性。誘惑包圍著所有的人，但只要信仰和勇氣存在，我們就能藐視並戰勝誘惑。責任要求我們要正派、有愛心。正義棄絕各種形式的自私、壓迫和殘忍。忠於上帝就包含著確信在全世界善良必定戰勝邪惡的信念。埃倫的厄斯金（Erskine of Ellon）先生說過：「善對惡的勝利，其實就是所有邪惡的東西都轉化為善的東西，就是把黑暗變成光明，把欺詐變成誠實。」

在某些時候，即使最善良最勇敢的人，也可能感到軟弱和猶豫不決 —— 譬如自己信仰的支柱在動搖，但如果他們如此，就會借助最重要的信條，從消沉中重新站立。我們必須相信，天地萬物已被主明智的安排妥當，每個人都必須順應他無法改變的宿命；上帝所做的一切都是善的；所有的人都應是我們的兄弟姐妹；我們必須熱愛、珍愛並使他們過得更好，即使對那些可能傷害我們的人也應如此。

沒有人能夠真的相信否定的方法會帶來益處。否定對人並無益處，它可以摧毀，但卻不能建設。它對我們較好的一面意味著毀滅，它把忠誠和希望推向滅亡。惡行不能僅靠陳腐庸俗的責難措辭，而必須用真正的、積極的、可行的善行來擊敗。

甚至科學也在信仰上獲得了勝利。否定絕不會幫助牛頓從大自然中辛苦的發掘出運動定律的祕密；正是出於信仰，克卜勒才辛苦工作，道耳頓

（Dalton）和法拉第才辛勤勞作。普里查德（Pritchard）教授說：「並非出自懷疑，而是基於信仰，老赫歇爾（Herschel）才在他的一個姐姐的照顧下，一小時接一小時的轉著那令人生厭但謹慎的圈子，一直到他最終做成了反射望遠鏡並深信反射望遠鏡能在適當的時候向他展示物質天空的構造才停止。而他那有著同樣深切自信的天才兒子也自我流放到遙遠的南方，直到完成了他父親開始的工作後才回到故鄉。除此之外，他還用數十年時間寫成了《天文學綱要》，把父子兩人的名聲永遠留在了科學史上。」

否定只會把我們拋進沮喪和絕望中，除了享樂，一切都被懷疑——對上帝的信仰，對一切的信仰。「除此之外，一切都是狂熱、迷惑、自私、黑暗，人格被拋棄，靈魂找不到嚮導，生命的價值對於我們而言，將只能在遵守上帝的律法和意圖道路上的行為機遇來估量，唯此道路方能尋到自由——否則，人就不可能有真正的生活。」

從前，有一個人躺在病床上問自己：「我這一生中做過什麼好事嗎？我把誰的心變得輕鬆愉快了呢？我把誰的悲痛減輕了？我為誰的家庭祝福了？我行過什麼善？這世界，因為我生活於其中而得到哪些改善了呢？」對這些自我提問從語言上回答顯得空洞。這個人從病床上站起來後，成了一個更加睿智善良的人，從那時起，他就把自己和自己的財富用於善事行徑，並由此找到了大量的行善機會。他所需要的意志和堅毅，在上帝的律法中都可以找到。宗教只是永恆之愛的規約，愛比希望偉大，比信仰偉大，是上帝給予我們的唯一要求，擁有愛，就意味著履行我們的全部義務。

責任感使人生之路變得平穩，幫助我們去理解、學習、服從。責任感給了我們力量去戰勝困難、抵制誘惑，並由此奮鬥不息；給了我們力量去成為誠實、仁慈和真實的人。所有的經驗都告訴我們：人是自我塑造的人。我們努力戰勝作惡的傾向而努力向善，漸漸的，我們就成為我們所努

力成為的那樣。日復一日的堅持使這一奮鬥變得相對容易，種瓜得瓜，種豆得豆，播下什麼種子，就收穫什麼果實。

在任何努力中，想出類拔萃、脫穎而出，其正確方式就是以最明確最完美的榜樣為目標而加以效仿。透過努力獲得進步，儘管無法達到盡善盡美。好品格總會產生影響，也許我們在「社會」中沒什麼文化，能力很弱，沒有財產、地位，但是，如果具備極為傑出的好品格的話，最終必將產生影響、博得尊敬。事實上能力的邊界很少是因為使用而耗盡，而恰恰相反，常常是因為懶惰而鏽蝕爛腐。唯有熱情與勤勉才能賦予人生以美麗和輝煌。

伯瑟斯（Perthes）說：「我知道，一種迅速的應變才能是塵世生命之鹽，沒有它，大自然就只是一具乾巴巴的骨架；但是，天分越高，責任就越大。」他還對一個年輕人說：「要充滿希望和信心的勇往直前：這是一位飽經生活磨難和熱情的老人給你的忠告。不論發生什麼，我們都必須永遠昂首挺胸，而為了這一目標，我們必須滿心歡喜的把自己投入多姿多采的生活的各種變化影響中去。……這種人類生活的觀念只是通往一個更高目標的途徑，絕不會阻止我們愉快的使用它；並且，事實上我們必須這麼做，否則，我們行動的精力就會把我們徹底擊敗。」

青年時期是成長和運動時期，是一個人生命的春天。年輕人步入世界，以各種方式展示他的生活。他被父母悉心呵護，並從那裡汲取了個人尊嚴和人生價值的高尚觀念，並因此千方百計的維護他們的榮譽，不能做任何使父母看了臉紅的事情。他應當帶著深深的感激之情，珍愛那些流傳給他一個潔淨品格並從事了幾個世紀努力和善行的誠實之人。「要證明你自己與父母是相稱的。」這是希臘七賢之一的佩里安德（Periander）的名言。他們慷慨努力的品德是逝者的化身，他們對待別人如同對待家庭成員一樣，不屈不撓的毅力使他們的榮譽永遠輝煌。但是，如果年輕人的心智

不受教化，看不到希望之花，那麼，我們也只能是帶著絕望或者沮喪去期待他成年了。

話語和榜樣的作用常常在年輕人身上重現，並影響他們為善或為惡。因為沒有什麼 —— 甚至連一個詞或榜樣 —— 永遠會被忘記或丟棄。在犯了錯之後，我們不可能不受到緊隨其後的懲罰。如果我們破壞了永恆正義的一個法則，它將在整個世界得到回應。語言和行為可能被看作是微不足道的事，但它絕非暫時，而是永恆的。一個無益的詞或不好字眼絕不會消失，它可能在將來 —— 此後幾十年甚至 100 年 —— 在我們死亡之後很長時間，又突然流行。聖馬太（St. Matthew）說：「人們所說的每一個無聊的詞，都會在末日審判時重重記上一筆，並且就憑這些，你就應該受到審判，甚至因為曾經這樣說過而受到譴責。」

壞的行為和壞榜樣同樣也會復活，它們絕不會消失，而是影響著每個時期。如同遺產那樣代代相傳，一個生命的記憶並不會隨著它的死亡而消失。發生過的事將繼續保持下去，永遠不會完了。馬姆斯伯里的托馬斯（Thomas of Malmesbury）說過：「在每個人的現世生活中，沒有一種行為不是一長串後果的肇始，這就如同沒有一個人的遠見能夠高到足以讓我們明瞭一個終點的前景一樣。」巴貝奇（Babbage）說：「每個原子都印著善或惡，同時保持著哲學家和聖人們賦予它的意圖，以各種方式與所有卑微低劣的東西雜交混合在一起。空氣本身就是一個龐大的圖書館，滿紙都永久的寫著人們說過、密談過和做過的一切事情。」

因此，每一個字、每一種思想和行為都會對人的命運產生影響。每個生命，不論過得好或壞，都帶著它一長串影響結果，延伸到尚未出生的一代代人身上。所有這些都旨在使人們在他的每一種思想、詞語和行為中烙上深深的責任感。查爾默斯（Chalmers）博士說過：「我看過一本名叫《羅切斯特伯爵的最後時刻》的小冊子，並深受震撼。在讀這本小冊子時，我

開始確信，一本有害的小冊子可能會成為傳播惡毒的工具。」

　　壞書比壞話更可怕。如惡行一樣，它對後代子孫的思想和意志都將產生影響，雖然作者已化為塵土，但印出的書卻存在，壞書作者倒是因此種形式獲得了永生，他的書繼續散播惡習、不道德和無神論。弗里德里希‧施勒格爾（Frederick Schlegel）說：「繪畫藝術就其本身而言，屬於最光榮最有益的事物之一，但現在已經淪為有害小冊子和誹謗性圖畫快速廣泛流通的濫用品。它已經引發了一種無價值的膚淺作品潮流的危險湧入，這同樣有害於評價的可靠性和品味的純粹性 —— 一片空洞的欺騙和單調的喧鬧海洋，在這片海洋裡，時代精神四處飄搖，到處出現徹底迷失沉思的方向和真理的指明星之龐大而頻繁的危險。」

　　還有，「這些人已被意見分歧所孤立，甚而被興趣相異彼此隔離。貪婪是他們的靈魂，他們當中誰有家庭？誰有國家？每個人都只有他自己，除此之外別無他物。慷慨大度的情感、榮譽、忠貞、虔誠，所有這些過去常使先輩們熱血沸騰的東西，對他們而言似乎只剩下空洞的回音。……斤斤計較占據了這些人的心靈，良心是令他們吃驚之物，軀體打上恥辱的烙印。」

　　因此，施勒格爾探討了作者的責任。彼此要為做下的善事負責，同樣也要為教唆的惡行負債。這不潔的書進入了我們的圖書館，乃至我們的家庭。它寫法非常狡猾，以獨特的寫作風格吸引著讀者，但滿紙傳播的都是邪惡的思想。斯特恩（Sterne）曾說過：「如果邪惡失去公開露面的機會，它將失去一半罪惡。」但這是一種有害的觀念。公開露面之物可以讓我們噁心，但隱蔽的可憎行為飾以輕鬆活潑的詞藻，卻可能更加深入我們的頭腦。瞧瞧！那些年輕女士們閱讀的道德敗壞的小說吧，這就是一個例子。這種小說儘管充斥著淫蕩、不潔和道德毒藥，卻採用了明快亮麗的風格，它常以一宗謀殺案開始，以不貞和通姦告終，彷彿這些作者的目的就是要展示如癌症一般的腐爛生活，這些不信教的小說家中最登峰造極的是英國婦人。

　　於是，就有那種使人不斷咯咯傻笑的書面世 —— 無疑是膚淺頭腦的一種象徵。惡意的玩笑、譏諷善良、褒揚邪惡成為可怕的風景。這些都是有別於好書、好小說的壞書！好書並不是偽善的書，而是激勵健康、純潔和勇敢的書。洛克哈特（Lockhart）評論岳父司各特時說：「我們可以用一些辦法來描述對永久繼承下來的圖書的感激之情，它們在 30 年前一版再版，擁有無可媲美的魅力；並且都灌注著高雅健康的規範；有著令人心神清爽和頗受鼓舞的精神；對卑鄙的激情，不論出於報復或沉迷肉欲的都予以蔑視；人性的博愛，明顯區別於道德的不嚴謹和無同情心的嚴厲；明智對於犬儒主義來說太深刻了，而柔情絕不會墮落為自作多情；在思想、觀念、感情和風格上都富有生氣，這都被同一個純粹積極的原則驅動著 —— 一條富有人性之路；要求助於我們天性中所有的善良和忠誠，而棄絕所有低等自私的成分。」

　　這一讚頌很高，但卻是中肯應得的。華特・司各特爵士快要走完人生旅程時，錢尼（Cheney）博士對他創作小說的純潔性表示祝賀，他答道：「我快要為自己的職業生涯畫上句號了，很快我就要退出舞臺。可能我是當代最多產的作家，而更令人欣慰的是，我寫作時盡量沒有動搖一個人的信仰、毀壞一個人的原則。我的作品中不存在任何當我躺在臨終床上時會感到受汙損的東西。」

　　同樣，查爾斯・狄更斯（Charles Dickens）也可以說是人民的使徒。曼徹斯特大主教說：「我讀過狄更斯先生的絕大多數著作，就我所看的而言，沒有一頁書、一個句子被任何不潔或可能暗示著一種不道德或有害思想的東西玷汙過。我相信，這些作品對我們的人民將充滿著難以估量的有益影響。這些書使讀者從襤褸的外表下看到了真正樸素的美德，為我們上了基督徒同情心的偉大一課；儘管在所有事情上，查爾斯・狄更斯並不如我們所期望的那樣，甚或他應該就是那樣的人，但我們不是他的法官，他

生命所經歷的審判環境自有公正的歷史老人裁決。這位偉大的小說家，在最需要超拔和淨化人類生活的地方為此所做的一切，英格蘭人應該感恩戴德。」

好書和壞書一樣，都會在作者死後長期存在。一本寫於 2,000 年前的書可能會為如今一個人的生活定下目標，已無法說話的死者那令人牢記的情感，可能吸引人的注意力並改變人的性格。另外，壞書也仍然提高聲音，驅使年輕人犯罪和去做羞恥之事，這些作者們從墳墓裡發出咆哮，把恥辱和惡名傳遍全世界。

一本書就是一種活生生的聲音，它是一個行走在地面上的幽靈。它仍然是在時空上一個與我們阻隔的人那活生生的思想。人已消失，紀念碑已化為齏粉，而留下來未死的是人的思想。柏拉圖是什麼？他很久以前就已化為塵埃，但思想言行仍然活著。

壞書不停的傳播著邪惡的道德毒品。害人的作者即使躺在墳墓裡，也一代代扼殺著他們的遺族。好書是人一生的珍寶，而壞書則是一個邪惡的幽靈。好書教導正直、真誠和善良；而壞書則教導惡習、自私和無信仰。作者已逝，而他們的作品卻長存，這樣一種思想應該給作家們一個關於文學作品不朽責任的深刻印象。

華茲渥斯的一位密友這樣記載著他對詩人的回憶：「我最後一次看見他時，他正陷入內心的憂愁中，並開始屈服於老年疾病。他說：『不管全世界的人怎麼看待我和我的詩，現在這都沒什麼；但有一件事，對我這一把年紀的人來說是個安慰 —— 我的全部作品，從青年時代的早期作品開始，沒有一行是為了迎合我們天性中較卑劣的激烈情緒，而使我想刪除的。這對我是一個安慰；在離開人世時，我不能用我的作品去損害別人。』」

在結束本章之前，我們再看一個俄國人克雷洛夫（Krilof）的寓言吧，這則寓言在不只一個事例中證明對作家有益。寓言名字叫「作家與強盜」。

「在幽暗的地獄，兩個罪人同時出現在審判官面前。一個是強盜，他過去常在大路上搶劫財物，最終走向了絞刑架；另一個是滿身榮耀的作家，他在自己的作品裡注入了一些淡淡的毒藥，推銷無神論並傳播邪惡，他就像塞王（Siren）（注：塞王，希臘神話故事中半人半鳥的女海妖，以美妙歌聲誘惑過往海員。）一樣，聲音甜美但非常危險。在地獄，審判儀式簡單，沒有無益的拖延。判決立即就宣告了，兩口龐大的鐵鍋被兩條可怕的鐵鍊懸在空中，每口大鍋裡放進一個罪人，在裝強盜的鍋下面，一大堆木柴被堆起來，一位復仇女神親自點燃了柴火，可怕的火焰熊熊燃燒，地獄大廳屋頂的大石頭都開始裂縫，劈啪作響。作家的判決似乎看起來並不嚴厲，在他下面，起初一點火星幾乎沒有光芒，但火燒的時間越長，就越來越大。

「至今為止，幾個世紀過去了，煮作家鐵鍋下的火仍未熄滅，強盜下面的火卻已沉寂很久。作家下面的火一刻比一刻猛烈，看到自己的痛苦絲毫沒有緩解，他最後在火焰中大聲責備諸神缺乏正義；在人世時他譽滿全球，如果片面追求過於直率的寫作，他為此受到的懲罰將會越重；他並不認為自己的罪孽比強盜深重。於是，一個地獄女神在他面前出現，她的頭髮中，蛇吐著信子，嘶嘶作響，她的手中血淋淋的鞭子仍滴著黑血。

「『無恥之徒！』她喊道，『難道你沒有責罵過上帝嗎？你還想把自己與強盜相比嗎？他的罪孽可比不上你的罪孽深重。強盜只是在生時犯下了暴行和違法之事，使得在地獄輪迴受苦。而你呢？很久以前，你的骨頭就已化為灰塵，但太陽無一日不在升起後，照出你寫的那些東西產生的新罪惡。你的作品之流毒不僅沒有減弱，反而廣為傳播，隨著歲月的流逝，毒害愈加厲害。看看那裡，』她讓作家花幾分鐘仰視一下人世間，『瞧瞧你

的作品引發的犯罪和苦難！看看那些為他們的家庭帶來羞辱的孩子，他們把自己的父母逼進了絕望之中。是誰腐蝕了他們的頭腦和心靈？是你！是誰無情的撕碎了社會的契約，像幼稚愚行一般譏笑婚姻的神聖和權威、法律的正當性的所有觀念，致使他們要為全人類的不幸負責？是你這個惡棍！難道不是你把無神論抬高到啟蒙這一名譽嗎？難道不是你把邪惡和激情置於最美好迷人的光芒之中嗎？現在，你看看吧！整個國家在你的教導下誤入歧途，充滿了謀殺和搶劫、爭吵和叛亂，逐步走向毀滅。對這個國家的每一滴眼淚、每一滴鮮血，你都應該為此受到詛咒。現在，你還敢口出惡言咒罵上帝嗎？你寫的書為這世上帶來了多少的災禍啊！因此，你就在這裡繼續受苦吧！因為在這裡，你所受到的懲罰與你應得的應該是相當的。』這樣，憤怒的復仇女神說完，砰的一聲把鐵鍋的蓋子蓋上了。」

第十四章 一生的責任

第十五章
靈魂的昇華

第十五章　靈魂的昇華

當黑暗籠罩大地，
搖搖欲墜的柱子終於坍塌，
那些可憐的塵埃，
塑造出的莊嚴形體，屬於上帝仁慈的溫暖，
托起它！我們別無選擇。

　　　　　　—— 溫德爾·霍姆斯（O. Wendell Holmes）

一種你聽不見的聲音，向我呼喚，
它說我不能停留；
一隻你看不見的手，緩慢向我伸出，
我將從這裡，沿著它的方向行走。

　　　　　　　　　　　　—— 蒂克爾（Tickel）

喚，生命！喚，死亡！喚，世界！喚，時間！
喚，墳墓，這些，才是一切事物的歸宿，
是你用深沉的悲哀
使我們的命運變得如此高尚。
我們熱愛的生命，就在這裡。失去它，就像失去大陽，它逝如飛
箭，而又有誰能覺察出它微妙的運動。
……地球一刻不停的轉動，當黑暗將臨，太陽也會因此而降落
嗎？

　　　　　　　　　　—— 亨利·史密斯（Henry Smith）

　　年輕人帶著喜悅和熱情走入人生，世界在他面前流光溢彩，他們似乎
將擁有一個遙遠而陽光燦爛的前程。但時間迅速澆熄了他們的熱情，早晨
充沛的精力無法在一整天之後保持到夜晚。青春易逝，年齡變大，最終，
他必須順從的變老。

但生命的終點其實就是他以往生活的結果，言行不可改變，它們與性格混在一起，傳給來世。過去永遠與我們同在，傑里米·泰勒說：「每一種罪惡，都在第一次開口時展露笑容，在臉上煥發容光，在唇上抹上蜜糖。」當生命成熟時，作惡者並未在他的作惡途中停止，他只能惴惴不安的期待充滿恐懼和絕望的老年生活。

但是，善的信仰形成一套任何武器都無法戳穿的盔甲。塞西爾（Cecil）說：「真正的宗教是生活、健康和靈魂的教育；無論是誰，只要真正擁有它，就因奇異的鼓勵而能強有力的去說好每一句話，做好每一件工作。」

但我們必須走了，我們曾熟悉的地方將再也不會認識我們。看不見的使者常常就在附近。卡萊爾說：「對忙人和閒人一視同仁的使者，總在人們享受快樂或工作時把人逮走，改變人的容顏並把他送走。」巴爾札克說：「可憐的愛德華正值青春盛年，就被奪去了生命。他已把馬車和賽馬騎師作為特使送到了人間最大的主宰 —— 死神那裡。」

這適用於所有人，我們每天都在用自己的牙齒自掘墳墓。沙漏是生命的徽章，它緩慢的漏著，直到不可避免的漏完最後一粒，然後歸於寂靜 —— 死亡。即使是君主也要跨過他先輩的墳墓來接受加冕，以後又被他們拉入墳墓。

在埃斯科里亞爾修道院時，威爾基看到了提香創作的名畫〈最後的晚餐〉，一位年老的聖傑羅姆人對他說：「我每天都坐在這裡看這幅畫，至今已將近 60 年了。在這段時間裡，我的同伴們一個接一個的長眠地下，他們當中有的是前輩，有的是我的同齡人，而許多或大多數比我年輕一代的人都已逝去，而畫中的人依然沒變！我一直看著他們，有時認為他們才是真實的人，而我們只不過是影子。」但日子到了，這個老修道士自己也被死神帶走了。

老年人必須為年輕人讓路，這對那些比他們自己更年輕的人同樣也適用。當日子老去，我們只能像植物般停止生長，成了自己和別人的負擔，而最糟糕的是，我們仍然渴望活得更長。「當我看到周圍那許多的老年人時，」伯瑟斯說，「我就想起腓特烈二世（Frederick the Great）對他那些面對必死無疑的命運而猶豫的擲彈兵所做的訓誡：『你們這些狗東西！難道你們會永遠活著嗎？』」

偉大的居魯士（Cyrus）曾在自己的墓碑上刻下這樣的話語：「哎，人哪！不管你是誰，不管你何時到來（因為我知道你會來），我是居魯士，波斯帝國的締造者；不要忌妒我葬身所在的三尺之地。」亞歷山大大帝來此謁陵時，被這一碑銘深深感動，因為這一碑銘把俗世萬事的變幻無常和興衰成敗都呈現在了他面前。居魯士之墓已被掘開，亞歷山大大帝下令把褻瀆神明的掘墓人判處死刑。

薛西斯一世（Xerxes I）一生所做的唯一一件明智的事就是他看到自己全副武裝的 100 多萬軍隊時的沉思 —— 這龐大的軍隊中沒有一個人能夠長命百歲。這一想法似乎是感情剎那瞬間的真理之光。

伯里克里斯（Pericles）在生命的最後時刻說，儘管人們都在為他所做的、而別人可能會和他做得一樣好的事情而稱讚他，但他們卻忽視了他品格中最偉大最光榮的部分 ——「沒有一個雅典人會永遠把財富用於哀悼。」

絕望會抓住那些欲望無邊並最終看到自己野心之極限的人。亞歷山大大帝之所以哭泣，是因為再也沒有王國可以征服。印度的第一個穆罕默德征服者馬哈茂德（Mahmoud）蘇丹的經歷也如出一轍，他感到自己快死時，命令把所有的金銀財寶都擺在面前。他俯視著這些財富，哭得像個孩子。「哎！」他說道：「身心的疲憊是多麼危險的事呀！為了得到這些財寶，我忍耐了多少苦難！為了保護這些財寶，我操勞了多少心！可是現在我就

要死了，就要離開它們了！」他被葬在自己的宮殿裡，據說他那悲傷的魂靈後來就在此徘徊。

還有那可憐的曼徹斯特製造商，他積下了萬貫家財，他把一大堆沙弗林（注：英國舊時面值 1 英鎊的金幣）堆放在床單上，心滿意足的撫摸它們，目不轉睛的欣賞它們，雙手放滿金幣，並把金幣一個接一個川流不息的從上往下扔，發出叮叮噹噹的聲音來飽耳福。而他死了之後，卻並不比他門口的乞丐富多少。

法蘭西國王查理九世（Charles IX）之死是可怕的。他曾下令在一個恐怖之夜屠殺了聖巴多羅買的胡格諾教徒，在臨終時，他被這一屠殺的恐怖景象所困擾，因而對自己的外科醫生阿姆布羅斯·帕雷（Ambrose Parlé）說：「我不知道為什麼，但過去幾天，我總感覺在發燒，身心不寧，無時不刻，不管睡著還是醒著，被殺害者滿是鮮血的屍體，在我眼前纏繞。噢，我多麼希望當時能赦免了那些無辜而愚昧的人！」他死於大屠殺兩年之後，直到生命的最後一刻，聖巴多羅買大屠殺當日的恐懼還一刻不停的縈繞在他心頭。

西德尼·史密斯曾參觀霍華德城堡，他和塞繆爾·羅米利爵士（Sir Samuel Romilly）站在門廊的臺階上，凝視著眼前美麗的景色和極目所覽的家族陵墓，好一會他舉起雙臂喊道：「啊！正是這些東西使死亡如此之可怕。」

當紅衣主教馬薩林（Mazarin）被告知他的生命只剩下兩個月的時間後，他在充滿精美藝術品的美麗走廊踱步，喊道：「我必須放棄那一切。為得到所有這些東西，我忍受了多少痛苦！而現在，我再也不想看見它們了！」布里納（Brienne）來看望他，紅衣主教挽住他的手臂，說到：「我非常虛弱，沒辦法看許多東西了。」而後，他再次陷入憂傷，「我的朋友，你看到柯勒喬（Corregio）那美麗的油畫了嗎？還有提香的維納斯、阿尼巴列·卡拉契（Annibale Carracci）那無與倫比的油畫！噢！我可憐的朋友，

我必須放棄所有這一切。再見了，我深愛的價值高昂的油畫！」但還有比死亡更糟的事。死亡不是能夠降臨到人身上的最大災難，死亡摧毀人，但也使人尊貴。愛比死亡更偉大，履行責任使死亡變得寧靜，恥辱使死亡變得可怕。亨利·范內爵士（Sir Harry Vane）在塔丘被執行死刑前說：「我讚美上帝，我並未失去我為之受難的正義目標！」當華特·雷利爵士（Sir Walter Raleigh）被押到砧板上時，行刑官告知他得頭朝東躺下，他答道：「不管頭朝哪裡，我的心無比端正。」

從前，當一個大元帥瀕臨死亡時，他身邊的那些人都稱頌他獲得的一個個勝利和他從敵人那裡奪得的國旗數量。「啊！」這位老戰士卻說，「你們稱之為『光榮的』行動是多麼不起眼哪！所有這些都頂不上上帝的一杯冷開水。」

約翰·莫爾爵士（Sir John Moore）在拉科魯尼亞戰場上被擊倒在地，軍醫迅速過來幫他療傷，他叫道：「不，不！你對我沒有用，到戰士們那裡去，在那裡你可能更有用。」尼爾森（Nelson）臨終前的最後一句話是：「感謝上帝，我已說了我的義務，我已盡了我的義務！」華特·司各特爵士在臨終床上對兒子說：「我親愛的兒子，你要做個好人，要做一個品德高尚、虔誠的好人。除此之外，在你躺在這裡時，別的任何東西都不能給你安慰。」「好好活著！」山繆·詹森（Samuel Johnsoa）臨終前說道。

康德（Kant）80 歲辭世，幾乎直到最後一刻他還保持著精力。在生病期間，他對於自己不久於人世說了許多。「我不畏懼死亡，」他說，「因為我知道如何去死。我向你們保證，如果我知道今夜將是我的最後時刻，我將舉起雙手說『讚美上帝』！如果我曾為同類帶來痛苦，那麼，情況就會兩樣了。」

康德曾說過：「如果剝奪人的希望和睡眠，你就把他變成了世界上最悲慘的生命。因此，我們感到生命那令人疲憊的重負，遠遠超過我們這弱

小的天性所能承受的限度，而只有滿懷希望的艱難攀登皮斯加山時才會感到快樂。」

　　我們進入生命的方式只有一種，而走出生命的途徑卻有上千種。生與死只不過是生命的自我循環。上帝給了我們生命，並授予對生命之鑰的管理權。我們能去做、去勞動、去愛我們的同類，並承擔起對他們的義務。傑里米・泰勒說：「判斷虔誠與否的方法就是履行我們的義務。宗教是一種聖潔的知識，更是一種聖潔的生活。事實上，在天國，我們首先必須看，然後去愛；而在這裡，在塵世，我們必須首先去愛，愛將會開啟我們的雙眼和心靈，然後我們才能去看、去感覺、去理解。」

　　如果我們能正視未來，那麼，我們就必須勇敢的天天工作。正是堅信死後會有另一種存在，在那裡，每雙眼中的淚水都會擦乾，我們才能夠度過今生的憂愁和困苦。一個人在來世的真正財富是他今生對同類所行的善。當他臨死時，人們會說：「他留下了什麼財產？」但考驗他的天使將問：「你來此之前都做了什麼善事？」

　　陽光下的一切都要面對終結。最後一頁書，最後一次布道，最後一次演說，生命的最後一個動作，死前的最後一句話。「把我的靈魂從牢獄中解救出來吧，我將感謝主的英明。」這是亞西西的方濟各（St Francis of Assisi）的臨終話語。「這裡長眠著……」是常用的墓誌銘。到那時，所有心靈的祕密都將最終剖析出來 —— 在最後一天。

　　　即使歲月如斯，如約取走

　　　屬於我們的青春、歡樂，及所有的一切，

　　　而留下一具年老的屍骨。

　　　即使我們躺入黑暗寂靜的墳墓，

　　　徘徊於所有未竟的路途，

第十五章 靈魂的昇華

結束我們的時代故事，

上帝仍將會使我從這墳墓泥土中復活。

為此，我信之甚篤。

活著的職責：

以良知支配自由、拒絕誘惑做自我、學會服從與自律，塞謬爾·斯邁爾斯談生而為人的責任

作　　者：[英] 塞謬爾·斯邁爾斯（Samuel Smiles）

翻　　譯：王濚萱

發 行 人：黃振庭

出 版 者：崧燁文化事業有限公司

發 行 者：崧燁文化事業有限公司

E-mail：sonbookservice@gmail.com

粉 絲 頁：https://www.facebook.com/sonbookss/

網　　址：https://sonbook.net/

地　　址：台北市中正區重慶南路一段六十一號八樓
815 室

Rm. 815, 8F., No.61, Sec. 1, Chongqing S. Rd.,
Zhongzheng Dist., Taipei City 100, Taiwan

電　　話：(02)2370-3310

傳　　真：(02)2388-1990

印　　刷：京峯彩色印刷有限公司（京峰數位）

律師顧問：廣華律師事務所 張珮琦律師

定　　價：450 元

發行日期：2023 年 06 月第一版

◎本書以 POD 印製

國家圖書館出版品預行編目資料

活著的職責：以良知支配自由、拒絕誘惑做自我、學會服從與自律，塞謬爾·斯邁爾斯談生而為人的責任 / [英] 塞謬爾·斯邁爾斯（Samuel Smiles）著，王濚萱 譯 . -- 第一版 . -- 臺北市：崧燁文化事業有限公司 , 2023.06
面；　公分
POD 版
ISBN 978-626-357-407-6(平裝)
1.CST: 修身
192.1　　112007402

電子書購買

臉書